国家社科基金项目"司法伦理的实效性问题"
（项目号：13BFX003）结项成果

司法伦理的
实效性问题研究

王淑荣◎著

人 民 出 版 社

目　　录

前　序

　　硕士研究生学习期间本人主要是进行理论法学的研究，在从事理论法学研究的过程中，越发觉得法理学内涵的哲学理性，而法的哲学理性不仅蕴含着理论法学的本体价值，更体现出法哲学中道德学理论，而道德学理论的实践则表征为道德的伦理性。而理论的存在正是为行为实践和社会发展提供最好的支撑，正如马克思说：理论一旦掌握群众，就会产生巨大力量。而法学理论掌握群众的途径是法律运行结果的公正性，是否被广大公民认可和接受，认可和接受到何种程度，法律发挥社会效用的价值大小。而法律是否公正直接表现于审判的公平公正性。鉴于此，自 2003 年以来，我开始了对法社会学的关注，并越来越觉得司法的公正对实现社会公正的重要性，而且直接影响着国家治理现代化的实现进程。所以，在学术方面就偏重于司法伦理的研究方向，发表了与此相关内容的学术论文 30 余篇，关于法官职业伦理内容的专著一部，并且近年来主持或完成的国家社会科学基金项目重点项目《社会主义核心价值观引领司法公正研究》；国家社会科学基金项目《司法伦理的实效性问题研究》；省社科基金项目《法官伦理对维护社会公正秩序的价值研究》；教育部人文社会科学研究项目《法官职业伦理的法治功能研究》；省教育厅项目《法官职业伦理对实现司法公正的价值功能》；省科技厅项目《吉林省社会治理中的公正正义导向研究——以共享发展理念为视角》；横向项目《司法公正的影响因素研究》等，均是围绕着司法伦理和司法公正问题展开的研究，并从司法伦理的理论研究发展到了司法伦理的实效性及价值研究。

本论题的研究恰适逢当时国内出现了几件冤假错案的案例，这些案例的出现，从法理视角看：冤假错案案例的出现，其内在原因不是在于法律自身的"良法"本质的公正性不足，而是因为在法律实践过程中，司法主体的内心道德法则失范，进而导致其行为的规范超出了作为一个法律人的应该遵守的规则。一个人当内心的道德法则失衡，就会导致其行为伦理缺失，司法中的伦理直接影响着司法主体的事实判断，影响司法主体审判的价值判断，从而破坏法律的公正，这直接影响着社会的公平正义。因法官德行问题引起司法权力的不合理使用，导致司法的不公正，容易导致公民对法律的公正性产生怀疑。这些质疑会直接影响到法律的权威性，法律的权威表现在法律在社会生活中的作用与价值，表现在法律运行结果对社会生活的影响力，表现在法律在社会中的公信力，表现在社会公民对法律的信仰，而一旦法律权威受到质疑，则使法律在社会生活中的作用力、影响力和公信力都会受到不良影响。因此，可以说司法伦理在法律实践中的价值作用，就是司法伦理实效性的表现。

从道德层面看：道德是人的行为规范，道德是隐藏在人的心灵中的实践理性自己颁布的法则。但人总是要与他人发生某种关系，在这些关系中，道德发挥着调节的作用。道德是人之为人的一个内在尺度。作为法官的职业道德，也就是使法官成为法官。这句判断看起来是同义反复，但实际上是指，法官要从法官职业的神圣性出发，摆脱一切私人利益的干扰而对涉嫌违法的行为作出公正的审判。公正的审判应该具有效用性价值，即维护国家共同体的和谐和稳定，法律乃是国家精神的象征。一个国家是否具有高尚的共同体的理性精神，主要是通过司法权的尊严确立起来的。因此，法官作为司法权的代表就是这种国家精神的象征。从主观上看，法官的职业道德就表现为"法律信仰"，而从客观上看，就表现为"国家精神"。法官的职业道德不同于其他个体的人的道德，因为法官是国家司法权的代表，因此，这种道德是和"国家精神"联系在一起的。在一定意义上，法官的职业道德体现在法官个人的法律信仰之中，同时也体现在通过法官而彰显的"国家精神"。

从道德的效用性价值来看：法官的道德在于因为避免个体主观的偏好，而客观公正地从国家普遍司法权的立场从事审判活动。因此，法官捍卫和维护的是国家至高无上的法权。国家作为一个政治共同体，他的性质决定着国家权力的性质，司法权是国家政治共同体的重要权力，由国家性质决定的司法权的内容本质，也决定了司法权的至高无上性，司法权能否正确行使，关乎着法律的公正性，更关乎着社会的公正性。社会的公正意味着社会的各种资源能够合理配置，公民的权利能够得到充分保障，司法权的目的是就捍卫共同体的普遍利益，从而保证共同体的每个成员不受到其他行为的侵犯，也就是保证国家共同体成员的根本的"自由"。正如马克思恩格斯在《共产党宣言》中论述的国家是"自由人的联合体"，公民个人的自由在"共同体"中应该得到全面充分的发展。这也就是说，法律的存在，是保护公民的自由的（包括行为自由和权利行使自由），诚然，也包括对破坏自由的行为进行惩罚和制裁。这也充分体现了司法伦理的实效性价值。

而司法权力行使的主体——法官群体，是国家司法权力的执行者，是法律是否实现公正的最后守门人，公民能否实现权利和自由，国家共同体的秩序能否得到捍卫，取决于法官是否遵循国家共体的普遍法则，能否能够合理利用国家赋予的司法权力，进行公正的审判。而就审判的公正与否，除了法官的职业能力和职业精神外，最重要的因素就是法官的职业道德，在这个意义上，法官的职业道德的效用性价值就体现为共同体国家秩序的捍卫，所以我从学理上进行系统的研究，以挖掘出司法伦理的实效性及问题掣肘因素和可行性的"和解"方案。

本书根据社会关注的热点问题预设了几个必须解决的问题：1. 在学理层面认知司法伦理本质是什么？内部结构图景如何？因为只有对司法伦理的基本理论有明确的理性认知，才能在实践中检验其发挥效能程度。2. 在实践层面探究制约司法伦理发挥作用的要素有哪些？存在的根源在哪里？因为这直接关涉能否能够找到矛盾和解的办法，实现伦理在实践中的价值效能。3.怎样判断司法伦理在司法实践中是发挥了实际效能？评价标准是什么？这关乎主题研究的观点立场和理论支撑。4.有了评价标准，那如何提升司法伦理的实效性呢？依据问题分析和评价标准得出结论。

本书的研究的思路：是以"静态的""理论的"学理研究为基础，以"动态的""理性的"的问题意识及价值判断为目的，以明晰研究的价值指向为目标的思路展开的研究。即：前提论（引论）——本体论（基础）——实践论（主题）——价值论（旨归）。一、前提论研究（引言）：即研究背景与基本概念界定，为主题研究作以引论；二、本体论研究（第1、2章）：司法伦理本质与司法伦理结构，对司法伦理进行本质论的学理解读，对在司法实践中的伦理结构分析，为司法伦理实践效能研究提供理论依据；三、实践论研究（第3、4、5章）：问题意识——评价标准——应对策略，以问题意识探究掣肘司法伦理实效性的因素，进而预设司法伦理是否具有实效性的评判标准，得出解决问题的结论；四、价值论研究（第6章）：司法伦理实效性的价值旨归，即司法伦理实效性得以实现的社会价值。

本书主要研究的内容：1."中国特色社会主义司法伦理的本质"研究，表明中国特色社会主义司法伦理的根本性质，是以马克思主义的意识形态为指导，以中国特色社会主义公有制的国家制度为基础，以中国共产党领导为保障。基本价值立场是以国家共同体为最高伦理实体的司法伦理。2."中国特色司法实践中的伦理结构"研究，主要探讨的是司法实践中伦理的基本存在结构要素，即良法、司法道德、司法公正、司法制度四位一体立体结构。"良法"为司法伦理提供充分的客观保证；法官内心的道德法则是保证司法伦理实效性的主观条件；司法公正是司法伦理的"价值本体"；司法伦理在司法制度当中获得自身的确定性，司法伦理是四者融为一体的结果。3."制约中国特色司法伦理实效性的因素分析"研究，探究制约司法伦理实效性的因素，才能对症下药，提高司法伦理的实效性的目的。在司法的"实践场域"中制约司法伦理实效性的因素包括司法主体的价值观偏见、司法行为主体见的利益博弈、司法制度的完备性以及司法程序的科学性等。并找到了破解制约司法伦理实效性的根源和和解的可能性。4."司法伦理实效性的评判标准"研究，是本课题的关键问题。判断司法伦理是否具有实效性，不能凭借经验的尺度，而是要有一定的客观的评判标准。离开客观的评判标准，就无法得知司法伦理是否具有实效性以及具有多大的实效性。本书提出了"实践评判标准""终极评判标准"两类评价标准。并提出了适用适度原则、权责统一原则、责任"不谅解"原则。这些原则是评判司法伦理实效性的根本依据。5."提升司法伦理实效性的对策探索"部分是本书的研究目的。本论题提出了提升司法伦理实效性的实践对策体系。即司法伦理主体自身的价值观教育、法律信仰树立，司法制度对市场经济消极因素的修正，司法程序的科学性提升，确立司法伦理实效性的制约机制。6."提高中国特色司法伦理实效性的社会价值"是问题研究的价值指向。提高司法伦理实效性可实现社会主义核心价值观引领司法公正，而司法公正又引领社会公正的实现，进而促进中国法治建设的进程。

本书提出了法社会学领域研究的新观点：1.本成果创造性地提出了司法伦理的本质，是以国家共同体为最高伦理实体的司法伦理；2.创造性地提出中国特色司法实践中的伦理包括良法、司法道德、司法公正、司法制度"四位一体"的结构模型；3.首次提出了检验司法伦理实效性的"实践评判标准""终极评判标准"，并提出了适用适度原则、权责统一原则、责任"不谅解"原则。是对以往司法伦理理论问题研究的一个有益补充和突破；4.对制约中国特色司法伦理实效性因素的分析和提升司法伦理实效性对策的探索是对司法伦理实效性问题实证研究的有效补充。

本书研究的学术意义：首先，创造性解读了司法伦理的"法理"与本质，丰富了法学基础理论的研究，为法社会学研究提供民研究新思路。提出了司法伦理的本质是实现法律自由，它起源于法律的客观抽象性与行为的具体性，以及公民和法官对待法律事件的主观性的张力。为学术界以后研究司法伦理及司法公正提供了新视角。其次，创造性地提出中国特色司法伦理实效性的评判标准：司法伦理实效性的判断生成；司法伦理实效性评价原则；司法伦理实效性的实践评判标准；司法伦理实效性的终极评判标准；司法伦理实效性的评判指标体系。最后，创造性地提出了中国特色社会主义司法领域中的核心价值观，即社会主义核心价值观是中国当代的国家主流的价值观，司法伦理是核心价值观在司法领域里的具体运用。司法伦理的根本价值导向，是由核心价值观提供的。为落实社会主义核心价值观融入法治建设提供了理论支撑。

研究成果的社会意义：首先，促进治理现代化的实现。我们国家倡导法治与德治相结合的方式，研究司法伦理内化于心、外化于行的规范和保障作用，能够在新形势下，深入贯彻和落实习近平总书记系列讲话重要精神和治国理政新理念、新思想、新战略，全面落实依法治国方略，充分保障司法公正，充分发挥法治建设对道德建设的促进作用，建构完善国家治理体系，促进治理现代化的实现。其次，研究司法伦理实效性有助于加强核心价值观的具体认知，有助于巩固核心价值观的践行效果，有助于扩大核心价值观的社会效力；实现司法公正引领社会公正。再次，司法伦理实效性是司法公正的直观性结果，是对社会公正的基础性建构，是对社会公正的普遍性延展。最后，司法伦理实效性研究能够推进中国特色社会主义法治国家的进程。它是现代国家治理能力的实证依据，是法治国家的核心客观基础，是建设法治国家的标志性典范。

导　　论

第一节　中国特色司法伦理实效性问题的研究背景

党的十八大以来，中国共产党提出了全面依法治国的重要方略，并进行了一系列实践，习近平总书记围绕全面依法治国问题发表了一系列重要论述。中国共产党第十八届中央委员会第四次全体会议通过了《中共中央关于全面推进依法治国若干重大问题的决定》，对全面推进依法治国作出了全面的战略部署；在党的十九大报告中，习近平总书记进一步指出要深化依法治国实践。全面依法治国是中国特色社会主义新时代国家治理的一场深刻革命，依法治国的终极价值是实现社会公正，而社会公正的前提是司法公正，司法公正是社会公正的最后一道防线。司法公正取决于司法主体正确运用法律进行公正裁判，裁判是否公正，除了司法主体的裁判能力，还取决于司法主体的伦理水平。所以，司法主体的伦理水平直接影响着司法是否公正，进而影响着法治进程。因此，从法律的实践层面看，加强中国特色社会主义司法伦理的实效性，是全面依法治国的重要组成部分。

一、"依法治国"理念的提出与国家发展战略

"依法治国"方略是我们党几代领导集体的智慧，是法治中国建设经验

的总结，是马克思主义法学理论与中国具体实际相结合的最新成果，是中国共产党领导中国人民进行法治中国建设的内核，是中国共产党治国理政过程中必须遵循的基本原则，是完善中国治理体系和实现治理能力现代化的保障。

中国共产党依法治国思想的逐步形成是在改革开放之后。党的十一届三中全会以后，对民主与法制建设进行深入研究探索，党的十五大确立了"依法治国，建设社会主义法治国家"的治国方略和奋斗目标，这是中国共产党对社会主义法治建设坚持不懈的探索和努力的结果，这也为建设法治中国提供了理论的指导和实践的引领。但是，依法治国基本方略的形成和发展经历了曲折漫长的历程，才形成了新时代法治理论体系。

（一）依法治国理论的提出

中国古代仅仅是将法作为手段或工具，并没有严格意义上的依法治国方略。1949 年 9 月 29 日，中国人民政治协商会议第一届全体会议通过了起临时宪法作用的《中国人民政治协商会议共同纲领》，虽不是真正意义上的宪法，却为宪法的订立奠定了基础。中华人民共和国成立后，中国共产党在进行经济建设的同时，非常重视法制建设。1954 年，新中国第一次全国人民代表大会制定了中国第一部《中华人民共和国宪法》，体现了民主集中制的原则，体现了人民民主专政的国家性质，把党、国家、人民的意志上升到宪法的高度予以保证，有利于维护人民利益和新生的国家政权，有利于依法打击反革命和敌视破坏社会主义的分子，保障人民民主，有利于新中国的民主法制建设，为中国制定各项法律法规提供了依据，为新中国各项建设，尤其是经济建设提供了保障。从而，我国的法制有了初步发展，但是很快就被人为夸大的阶级斗争取代。1966 年发生了"文化大革命"，中国进入了动乱年代，也进入了无法纪无规则的时代，导致了中国经济、政治、社会生活的无序状态。"文化大革命"结束以后，我们党于 1978 年召开了中共十一届三中全会，在总结"文革"深刻教训的基础上，我们党开始探索治国理政的新方法。全会强调将国家的工作重心由以阶级斗争为纲转移到经济建设上来，以发展社会主义民主与健全社会主义法制来为经济建设保驾护航。"为了保障人民民主，必须加强社会主义法制，使民主制度化、法律化，使这种制度和法律具有稳定性、连续性和极大的权威，做到有法可依，有法必依，执法必严，违法必究……要保证人民在自己的法律面前人人平等，不允许任何人有超于法律之上的特权。"①

这时期，依法治国方略虽然没有明确提出，但"有法可依，有法必依，执法必严，违法必究"十六字方针的提出和《宪法》等一系列重要法律的修订，标志着依法治国理念的形成，也体现和阐释了"依法治国"的基本精神。

（二）依法治国理论的形成和发展阶段

1997 年，党的十五大报告指出："建设有中国特色社会主义的政治，就是在中国共产党领导下，在人民当家作主的基础上，依法治国，发展社会主义民主政治。""依法治国，是党领导人民治理国家的基本方略，是发展社会主义市场经济的客观需要，是社会文明进步的重要标志，是国家长治久安的重要保障。"② 报告中将"法制国家"改为"法治国家"，虽仅有一字之差，但其内涵是有区别的，它表示不再将"法"仅仅作为一种形而下的理性工具，而是作为形而上的治国理政的指导原则和治国方略。

1999 年 3 月，中华人民共和国第九届全国人民代表大会第二次会议通过了宪法修正案，宪法第五条第一款规定："中华人民共和国实行依法治国，建设社会主义法治国家。"从而使"依法治国"上升为一项宪法原则。宪法是国家的根本大法，是治国的总章程，"依法治国"以宪法的形式确定下来，

---

① 《改革开放三十年重要文献选编》上，人民出版社 2008 年版，第 19 页。

② 江泽民：《高举邓小平理论伟大旗帜，把建设有中国特色社会主义事业全面推向二十一世纪》，《人民日报》1997 年 9 月 12 日。

治国方略和治国原则有了保障。

党的十五大正式提出了"依法治国"基本方略，中国共产党第十六次全国代表大会进一步明确"发展社会主义民主政治，最根本的是要把坚持党的领导、人民当家作主和依法治国有机统一起来。党的领导是人民当家作主和依法治国的根本保证，人民当家作主是社会主义民主政治的本质要求，依法治国是党领导人民治理国家的基本方略"①。"三统一"的法治原则使"依法治国"基本方略的根本原则得以确立。

2004年9月，党的十六届四中全会回顾了党的执政历程，提出了"必须坚持科学执政、民主执政、依法执政，不断完善党的领导方式和执政方式"。这表明，我们的党已经深刻认识到，在新的发展时期，只有坚持依法治国和党的领导相结合，才能提升党的执政能力和执政水平、改进执政方式，促进依法治国的进一步深化和发展。

2007年10月，胡锦涛同志在中国共产党第十七次全国代表大会上强调："全面落实依法治国基本方略，加快建设社会主义法治国家。依法治国是社会主义民主政治的基本要求。要坚持科学立法、民主立法，完善中国特色社会主义法律体系。"②坚持"党的领导、人民当家作主、依法治国"的有机统一是发展中国特色社会主义民主政治、建设中国特色社会主义法治国家的前提要件。"依法治国"方略的正式确立，促进了中国特色社会主义法律体系的形成，中国的法治建设由此取得了重大进展。

（三）依法治国理论的完善阶段

2012年11月，党的十八大正式提出了"全面推进依法治国"的方针

---

① 江泽民：《全面建设小康社会，开创中国特色社会主义事业新局面》，《人民日报》2002年11月8日。

② 胡锦涛：《高举中国特色社会主义伟大旗帜，为夺取全面建设小康社会新胜利而奋斗》，《人民日报》2007年10月15日。

和策略，确立了依法治国的新任务和新目标，即到全面建成小康社会时，"人民民主不断扩大。民主制度更加完善，民主形式更加丰富，人民积极性、主动性、创造性进一步发挥。依法治国基本方略全面落实，法治政府基本建成，司法公信力不断提高，人权得到切实尊重和保障"①。习近平同志多次强调依法治国的重要性，并提出了"建设法治中国"的治国理政目标。

2013 年，党的第十八届三中全会审议通过了《中共中央关于全面深化改革若干重大问题的决定》，在全面深化改革的攻坚时期，作为改革的重中之重，就是要不断推进法治国家、法治政府、法治社会建设，为全面实现法治中国指明了方向："建设法治中国，必须坚持依法治国、依法执政、依法行政共同推进，坚持法治国家、法治政府、法治社会一体建设。深化司法体制改革，加快建设公正高效权威的社会主义司法制度，维护人民权益，让人民群众在每一个司法案件中都感受到公平正义。"②

2014 年 10 月，党的十八届四中全会审议通过了《中共中央关于全面推进依法治国若干重大问题的决定》，对全面推进依法治国作出全面的、长期的、政策性的战略部署。全会系统、深刻地总结了十一届三中全会以来我国社会主义法治建设的成功经验，以及法治建设存在的许多不适应、不符合的问题，进而对全面依法治国理论加以重新定性与完善："全面推进依法治国，总目标是建设中国特色社会主义法治体系，建设社会主义法治国家。""坚持依法治国首先要坚持依宪治国，坚持依法执政首先要坚持依宪执政。"③这次全会规划了具体实施依法治国以及建设法治中国的完整"施工图"，为实现

---

① 胡锦涛：《坚定不移沿着中国特色社会主义道路前进　为全面建成小康社会而奋斗》《人民日报》2012 年 11 月 8 日。

② 《中共中央关于全面深化改革若干重大问题的决定》，《人民日报》2013 年 11 月 15 日。

③ 《中共中央关于全面推进依法治国若干重大问题的决定》，《人民日报》2014 年 10 月 29 日。

"两个一百年"的奋斗目标，实现中华民族伟大复兴的中国梦提供了法律和制度保障。

"依法治国"基本方略的形成、发展历程，展现了中国共产党坚持不懈地探求适合中国发展的道路，不断推进中国特色社会主义法治体系建设，坚持"法治国家、法治政府、法治社会"的三位一体的建构模式，实现科学立法、严格执法、公正司法，促进国家治理体系现代化建设。

二、"依法治国"与"以德治国"相得益彰的国家意识

中国古代德治思想源远流长，儒家的德治思想为统治者所推崇，但因儒家思想过度重视统治者个人以及道德教化在国家治理中的作用，因此，中国古代形成了以德为主、法治为辅，即德主刑辅的治国理念。在新时代的中国法治建设中，我们国家一直倡导德治与法治相结合，发挥二者的相互促进作用，以社会主义道德促进法治建设，德治为全体公民规定行为规范和道德要求，同时也为法治建设提供了基本价值准则。全社会共同认可的道德法则是一个国家和民族最持久和最深层的力量，也是凝聚共识、汇聚力量的重要基石。在法治建设中贯彻道德要求，用法治承载道德理念，发挥法治对道德的制度支撑作用；在法治建设中树立道德导向，把社会主义道德要求融入立法、执法、司法过程中，中国特色社会主义法治才能成为良法善治。在法治中体现社会主义道德要求，发挥法治的惩恶扬善功能，也是德治促进法治实现的重要表现。

在国家治理现代化进程中，要充分发挥道德的教化以及德行修养的作用，以此来配合法治对国家实行有效的治理。《中共中央关于全面推进依法治国若干重大问题的决定》中强调："坚持依法治国和以德治国相结合。国家和社会治理需要法律和道德共同发挥作用。必须坚持一手抓法治、一手抓德治，大力弘扬社会主义核心价值观，弘扬中华传统美德，培育社会公德、

职业道德、家庭美德、个人品德，既重视发挥法律的规范作用，又重视发挥道德的教化作用，以法治体现道德理念、强化法律对道德建设的促进作用，以道德滋养法治精神、强化道德对法治文化的支撑作用，实现法律和道德相辅相成、法治和德治相得益彰。"①

2016 年 12 月，习近平总书记在主持中共中央政治局进行第三十七次集体学习时强调："法律是准绳，任何时候都必须遵循；道德是基石，任何时候都不可忽视。在新的历史条件下，我们要把依法治国基本方略、依法执政基本方式落实好，把法治中国建设好，必须坚持依法治国和以德治国相结合，使法治和德治在国家治理中相互补充、相互促进、相得益彰，推进国家治理体系和治理能力现代化。"② 这是在新的历史条件下，对我国历史上德治与法治思想的借鉴与升华。它充分说明了我们党治国理政的思路更加明确，国家治理体系和治理能力日益科学化、现代化。

依法治国和以德治国的关系，实质上就是法律与道德、法治与德治的关系。治国理政需要相应的行为规范以调整社会关系，道德和法律都是人们获得行为规范的途径，具有相应的约束力。法治是外在的刚性手段，是他治、他律；而德治是内在的柔性手段，是自治、自律。二者相辅相成，缺一不可。法律和道德作为上层建筑的重要组成部分，存在着共同的经济基础和阶级基础，是为解放和发展生产力，为维护社会和谐稳定服务的，是规范社会成员行为、调整社会关系、维护社会秩序的重要手段，二者具有相同的终极价值目标，即都是为社会的经济发展、巩固国家的经济基础服务的。

习近平总书记强调："要把道德要求贯彻到法治建设中。以法治承载道德理念，道德才有可靠制度支撑。法律法规要树立鲜明道德导向，弘扬美德

---

① 《中共中央关于全面推进依法治国若干重大问题的决定》，《人民日报》2014 年 10 月 29 日。

② 《坚持依法治国和以德治国相结合　推进国家治理体系和治理能力现代化》，《人民日报》2016 年 12 月 11 日。

义行，立法、执法、司法都要体现社会主义道德要求，都要把社会主义核心价值观贯穿其中，使社会主义法治成为良法善治。要把实践中广泛认同、较为成熟、操作性强的道德要求及时上升为法律规范，引导全社会崇德向善。要坚持严格执法，弘扬真善美、打击假恶丑。要坚持公正司法，发挥司法断案惩恶扬善功能。"① 社会主义道德需要有良好的法治氛围，这需要通过严格的执法和公正的司法营造，以促进道德的养成。

依法治国和以德治国相得益彰的国家意识，是我们党治国理政经验的总结和升华，是基于中国历史传统和现实国情作出的科学决策，是全面推进依法治国的重要保证，是推进国家治理体系和治理能力现代化的重要举措。

三、司法改革中司法主体责任终身制的诉求

深化司法改革，是全面深化改革和全面依法治国不可或缺的要求，是推进国家治理体系和治理能力现代化的重要举措。党的十八大以来，以习近平同志为核心的党中央坚持走中国特色社会主义法治道路，着力破解影响司法公正、制约司法能力的深层次问题，对新一轮司法改革作出了系统化的顶层设计，密集出台了一大批政策文件，锲而不舍地推动各项改革措施落地，取得了明显成效。

中国的司法改革主要从以下几个方面入手：首先，实现分类管理与员额制，实现分类管理与员额制使司法主体专业化、职业化水平提升，办案质量提高。其次，落实司法责任制。司法责任制改革对提高司法质量、效率和公信力具有重要意义，"让审理者裁判、由裁判者负责"是司法责任制改革的主要目标。只有构建权责统一的法官检察官司法责任制，将司法权真正放给

---

① 《坚持依法治国和以德治国相结合　推进国家治理体系和治理能力现代化》，《人民日报》2016 年 12 月 11 日。

法官检察官，才能保障"谁办案谁负责、谁决定谁负责"目标的落实到位，实现公正司法，公正是司法的灵魂和生命。再次，提高司法职业保障。增加职业的尊荣感，提高司法主体工作积极性。最后，人财物省级统管有效降低了外部干预。这一举措使司法环境更加生态，抑制各种权力机关对司法的不当干预。

体制建设成效如何，改革成效怎样，归根结底要以人民群众的获得感来衡量。司法为让群众有获得感，司法体制改革正在从人民群众反映最突出、要求最强烈的问题入手，从制约司法能力、影响司法公信的环节入手，使体制改革成果不断满足人民群众的愿望诉求。

2015 年 2 月，最高人民法院在第四个五年改革纲要（2014—2018）暨《最高人民法院关于全面深化人民法院改革的意见》中指出："完善主审法官、合议庭办案责任制。按照权责利相统一的原则，明确主审法官、合议庭及其成员的办案责任与免责条件，实现评价机制、问责机制、惩戒机制、退出机制与保障机制的有效衔接。"[①] 同年 3 月 24 日，中共中央政治局就深化司法体制改革、保证司法公正进行第二十一次集体学习。习近平总书记在主持学习时强调："要紧紧牵住司法责任制这个'牛鼻子'，凡是进入法官、检察官员额的，要在司法一线办案，对案件质量终身负责。法官、检察官要有审案判案的权力，也要加强对他们的监督制约，把对司法权的法律监督、社会监督、舆论监督等落实到位，保证法官、检察官做到'以至公无私之心，行正大光明之事'，把司法权关进制度的笼子，让公平正义的阳光照进人民心田，让老百姓看到实实在在的改革成效。"[②] 2015 年 9 月，最高人民法院出台《关于完善人民法院司法责任制的若干意见》，最高人民检察院出台《关于完善人民检察院司法责任制的若干意见》，两个意见中明确指出推行法官、检察

---

① 最高人民法院：《最高人民法院关于全面深化人民法院改革的意见》，《人民法院报》2015 年 2 月 27 日。

② 《习近平谈治国理政》第二卷，外文出版社 2017 年版，第 131 页。

官办案责任制。实行人员分类管理，落实法官、检察官员额制。法官、检察官必须在司法一线办案，并对办案质量终身负责。推动司法主体分类管理，建立法官、检察官员额制度是一项重大改革探索和制度创新。建立法官、检察官员额制，是为了有效控制法官、检察官的人数，推进法官、检察官科学化、精英化，同时有助于提升司法的效率以及质量的重要制度。①

2016 年，最高人民法院发布的《中国法院的司法改革》白皮书指出："法官员额制改革有序推进，对人民法院来说，法官员额制改革是一场深刻的自我革命。无论领导干部，还是普通法官，不管职务高低和资历深浅，所有人在遴选标准和入额条件上均一视同仁。审判权也是判断权，人民群众普遍希望行使判断权的法官品行端正、精通业务、经验丰富，能够把精力主要放在审好案子上，而不是陷入各类行政性或事务性工作中。建立法官员额制，就是要通过严格考核，选拔最优秀的法官进入员额，并为他们配备法官助理、书记员等审判辅助人员，确保法院85%的人力资源配置到办案一线。"②实行员额制的目的不仅要控制法官、检察官的人数，更在于提升入额法官、检察官的素质和能力，这里的素质和能力不仅指职业素质和职业能力，同时还要提升入额法官、检察官的个人道德素质和能力水平。经过遴选的司法主体，要具备明确的政治方向，还要突出司法能力、办案业绩、职业操守等考核，以打造出一支具有高素质、高水平、专业化的法官、检察官队伍。

长期以来，我国司法权在运行过程中常常伴有行政化倾向：一些案件在办理时需要经过层层批示，导致审者不判、判者不审，审判分离，权责不清情况的出现；还有的法官为了规避个人责任，往往将案件向厅长、院长汇报决定，这些问题的存在会影响司法的质量，也会造成责任不明的问题，难以有效保障司法公正，也难以追究错案责任制。实行司法责任制，目的在于让

① 《关于完善人民检察院司法责任制的若干意见》，《检察日报》2015 年 9 月 29 日。
② 最高人民法院：《中国法院的司法改革》，人民法院出版社 2016 年版，第 37—38 页。

审判者公正裁判，对裁判结果负责，实现权责统一，真正做到谁审理、谁裁判、谁负责。

司法伦理可以被看作是关于法官良知的一种道德判断。司法伦理是一种责任伦理，它关注的不仅是伦理规范，还关注这些规范而产生的实际影响。从本质来讲，司法伦理就是以道德理性来规定、规范与引导司法主体的司法实践。司法责任制的重点在于培养具有司法伦理的司法主体，司法伦理作为一种伦理约束，能够在事前就起到预防效果，尤其是能够渗透于审判工作之中，产生自觉的动力。作为正义的化身，法官、检察官的伦理道德水平会直接影响司法的公正性，甚至会影响审判结果，影响司法公正，更会影响公众对司法机关和司法主体的信任，影响司法公信力。因此，选拔或培养具有高尚道德的法官、检察官案件自理、责任自负，对于司法独立、司法公正具有至关重要的意义。所以，重视司法主体伦理道德水平是实现司法公正的重要因素。

四、社会主义核心价值观引领法治建设的精神导向

党的十八大以来，党中央把社会主义核心价值观建设放在十分重要的位置，印发《关于培育和践行社会主义核心价值观的意见》，进行战略规划和总体部署。党的十八大报告中指出，积极培育和践行社会主义核心价值观。富强、民主、文明、和谐是国家层面的价值目标；自由、平等、公正、法治是社会层面的价值取向；爱国、敬业、诚信、友善是公民个人层面的价值准则。这高度凝练的二十四个字将国家、社会、个人三个层面有机统一，是社会主义制度本质属性的反映。法治作为社会主义核心价值观社会层面的价值取向之一，是我们党治国理政的基本方式，是社会主义民主政治的基本要求，是实现自由、平等、公正的基本保证，能够从根本上维护和保障人民的根本利益。

2016 年 12 月，中共中央办公厅、国务院办公厅印发了《关于进一步把社会主义核心价值观融入法治建设的指导意见》(以下简称《意见》)中指出："社会主义核心价值观是社会主义法治建设的灵魂。把社会主义核心价值观融入法治建设，是坚持依法治国和以德治国相结合的必然要求，是加强社会主义核心价值观建设的重要途径。""进一步把社会主义核心价值观融入法治建设，必须全面贯彻党的十八大和十八届三中、四中、五中、六中全会精神，深入贯彻习近平总书记系列重要讲话精神和治国理政新理念、新思想、新战略，全面落实依法治国基本方略，坚持依法治国和以德治国相结合，把社会主义核心价值观融入法治国家、法治政府、法治社会建设全过程，融入科学立法、严格执法、公正司法、全民守法各环节，以法治体现道德理念、强化法律对道德建设的促进作用，推动社会主义核心价值观更加深入人心，为实现'两个一百年'奋斗目标、实现中华民族伟大复兴的中国梦提供强大价值引导力、文化凝聚力和精神推动力。"① 从意见的内容来看，将社会主义核心价值观融入法治建设，是因为在当前的法治建设过程中社会主义核心价值观贯彻的不够深入。"与推进国家治理体系和治理能力现代化建设的要求相比，把社会主义核心价值观融入法治建设还存在不小差距。有的法规和政策价值导向不鲜明，针对性、可操作性不强，保障不够有力；一些地方和部门在执法司法过程中存在与社会主义核心价值观要求不符的现象；部分社会成员尊法学法守法用法意识不强，全民法治观念需要进一步提高；等等。要从巩固全体人民团结奋斗的共同思想道德基础的战略高度，充分认识把社会主义核心价值观融入法治建设的重要性紧迫性，切实发挥法治的规范和保障作用，推动社会主义核心价值观内化于心、外化于行。"②

---

① 《中办国办印发〈关于进一步把社会主义核心价值观融入法治建设的指导意见〉》，《人民日报》2016 年 12 月 26 日。

② 《中办国办印发〈关于进一步把社会主义核心价值观融入法治建设的指导意见〉》，《人民日报》2016 年 12 月 26 日。

　　将社会主义核心价值观与法治建设相结合，一方面，将社会主义核心价值观融入制定政策制度、法律法规的过程中，提供根本的价值遵循与价值依托，进而将社会主义核心价值观贯彻到法治国家、法治政府与法治社会的实践中，落实到立法、执法、司法、守法等环节。社会主义核心价值观的培育与践行同样离不开法治，一部良好的法律，必须是这个社会和国家的主流价值观的展示。另一方面，通过法律的权威增强人们培育和践行社会主义核心价值观的自觉性。科学立法、严格执法，公正司法、全民守法，捍卫宪法和法律尊严，维护社会公平正义。将社会主义核心价值观融入法治建设进程，培育社会主义法治文化，弘扬社会主义法治精神，提升全社会学法、遵法、守法、用法意识。

　　我们国家发展到今天，法治已经成为不二之选。只有实行法治，国家才能得到良法善治，社会才能得到和谐安宁，人民才能得到公平幸福。法治建设对于当今中国的意义是不言而喻的，它是走向法治中国的必由之路，是全面推进依法治国的具体体现。法治中国的建设是一项宏大的社会工程，需要必要的价值引领。社会主义核心价值观正作为正确的价值导向，在其正确的引领之下，法治中国建设才不会迷失前进方向，才能取得预期的成果，才能有力推进全面依法治国伟大事业向前发展。

　　《意见》指出："用司法公正引领社会公正。司法是维护社会公平正义的最后一道防线，司法公正对社会公正具有重要引领作用。"①"司法过程中的价值运用，是法律意义上价值正当性的最后保障，也是保护正当价值观的最后机会。"②司法公正能够引领社会公正，反之，司法不公会对社会公正造成致命的破坏。司法作为案件审理与裁判的过程，司法主体就是案件的审理者

---

① 《中办国办印发〈关于进一步把社会主义核心价值观融入法治建设的指导意见〉》，《人民日报》2016 年 12 月 26 日。

② 卓泽渊、王瑶：《热话题与冷思考——关于"把社会主义核心价值观融入法治建设"的对话》，《当代世界与社会主义》2017 年第 4 期。

与裁判者。司法主体的价值观对于案件的审理与裁判有决定性的影响。因此，司法主体的价值观必须要与社会主流意识形态和价值取向相一致。同时，司法主体通过司法活动来实现法定的价值目标，这就要求司法主体能够准确把握法律制度与规范中的价值内涵。司法主体的责任在于使法律制度的价值内涵通过司法活动成为价值现实。因此，司法机关要把公正的社会价值的追求融入法治中国建设中来，以社会主义核心价值观为价值准则，融入司法环节，坚持司法为民，坚持实体公正与程序公正，推动司法公开，坚持司法独立以维护司法权威。以社会主义核心价值观引领司法公正，以司法公正引领社会公正，实现法治中国。

第二节　司法伦理的一般本质及其基本特征

"司法伦理"这一概念的含义很清晰，就是指司法实践中的伦理规范。可以说司法伦理是伦理中的一个特殊领域，是在司法实践活动中所贯彻的伦理，司法伦理与一般伦理之间不同，司法伦理的主体具有特定性，司法的本质、内容较一般伦理具有特殊性，在此就司法主体的范畴及司法伦理的本质特征进行探讨。

一、司法主体的概念界定

对于主体的概念界定，查阅《汉语大辞典》，其定义是指：（1）指君主的统治地位；（2）事物的主要部分。作为哲学意义上的主体，李德顺在《价值论——一种主体性的研究》一书中将其定义为实践者、认识者或任何对象性活动的行为者本身。简言之，主体就是指对象行为中作为行为者的个人。由此可见，主体的含义在不同的语境所表达的内容都是不同的，并且在不同学科中其所表达的含义也存在较大偏差。因此，我们在对主体这一词汇进行界定时，要结合具体实际语境，不能生搬硬套，科学的对其阐释以及应用。

关于司法的含义，学术界存在很多观点。从狭义上理解司法仅指法院的裁判活动。[①] 这种观点显然把司法限定于法院的审判。比较开放的观点认为："它是国家司法机关依据法定职权和法定程序，具体应用法律处理案件的专门活动。"[②] 这种观点由于未能明确司法机关的确切内涵，也就无法揭示司法的本质特征。还有一种观点把司法等同于"诉讼"，认为："司法是国家解决纠纷、惩罚犯罪的诉讼活动。"在特定语境下把司法作为与审判等值的概念，例如，"司法是社会公平正义的最后一道防线"。[③] 那么司法就应该界定为：司法是具有国家赋予其权力的国家机关在法定职权范围内，依据法律，按照法定程序处理各类案件的特殊职业活动。

目前学术界对司法主体的涵盖氛围众说纷纭，主要有以下几种说法：第一种说法是，司法主体是指"享有司法职权、以自己的名义实施司法行为并承担相应法律责任的国家司法机关"[④]。在我国，司法主体包括侦查主体、检察主体、审判主体和刑罚执行主体。第二种说法是，司法主体包括司法机关和司法主体。从严格意义上讲，司法机关就是指法院，司法主体就是指法官司法的职能要通过法院和法官来实现，"法院和法官应保持其应有的独立性，不能隶属于行政主体，也不能与行政主体混为一谈"[⑤]。还有一种说法是，司法主体是指司法工作人员。按照我国《刑法》的规定，"司法工作人员，是指由侦查、检察、审判、监管职责的工作人员"。这包括人民法院、人民检

---

①　王利明：《司法改革研究》，法律出版社 2000 年版，第 6 页。

②　张文显：《法理学》，高等教育出版社 2003 年版，第 276 页。

③　张文显：《司法的实践理性》，法律出版社 2016 年版，第 2 页。

④　刘后务：《论司法主体》，《韶关学院学报》（社会科学版）2001 年第 11 期。

⑤　马铁夫：《司法、司法权与司法主体》，《湖南工业职业技术学院学报》2011 年第 1 期。

察院、公安和国家安全机关的侦察员及监狱工作人员，其中，主要是指法官和检察官。世界各国通常将司法主体限定在法官和检察官两类人员。

本书将司法主体的范畴界定为在司法活动中行使司法权的法官和检察官。《中华人民共和国法官法》（以下简称《法官法》）中将法官定义为："法官是依法行使国家审判权的审判人员，包括最高人民法院、地方各级人民法院和军事法院等专门人民法院的院长、副院长、审判委员会委员、庭长、副庭长和审判员。"[①] 而《法官法》第四十一条则对法官的考核内容作了明确规定，包括："审判工作实绩、职业道德、专业水平、工作能力、审判作风。重点考核审判工作实绩。"[②] 从司法伦理角度来说，法官品德是法官"内在的法"，它是法官的个人意识与行为所反映的司法责任的伦理规范。《中华人民共和国检察官法》中将检察官定义为，检察官是依法行使国家检察权的检察人员，"包括最高人民检察院、地方各级人民检察院和军事检察院等专门人民检察院的检察长、副检察长、检察委员会委员和检察员"，第四十二条规定，对检察官的考核内容包括"检察工作实绩、职业道德、专业水平、工作能力、工作作风。重点考核检察工作实绩"。[③]

在司法改革前，影响司法主体司法公正的原因，首先是因司法主体的角色身份是公务员，既然是公务员，就应该遵守公务员法，这就难免在人才选拔和任用上、财政管理上均受到政府部门的干涉和影响，导致行政化色彩浓重，严重影响了司法独立和中立。其次是责任划分不明确，角色责任模糊，遇到敏感案件会出现推诿责任，"踢皮球"的现象，严重影响了司法公正。最后是部分司法主体内在的职业道德以及自律意识的弱化所导致的非理性行为，导致司法过程存在司法不公现象。部分司法主体面对金钱诱惑以及各种权力的不正当干预，在具体司法过程中不顾是非与事实证据，曲意迎合不当

---

① 《中华人民共和国法官法》，《人民日报》2019 年 7 月 28 日。
② 《中华人民共和国法官法》，《人民日报》2019 年 7 月 28 日。
③ 《中华人民共和国检察官法》，《法制日报》2019 年 4 月 24 日。

权力要求，肆意践踏法律的尊严，将司法权这一社会资源扭曲地视为获取私利的个人资源。面对现存的现实问题，需要提升作为司法主体的法官和检察官的道德水平。作为守卫社会公平正义的最后一道防线的司法主体，完全需要其自身高尚的道德情操作为保障。

因此，我国司法体制改革的目的就是要保障司法的公正和法律价值的真正实现。司法责任制改革的核心要义就是要落实法官、检察官的办案主体地位，对入额法官、检察官，将权力放到位，并要求其承担相应的责任，实现谁办案谁负责、谁决定谁负责。最高人民法院在《关于完善人民法院司法责任制的若干意见》指出："独任法官审理案件形成的裁判文书，由独任法官直接签署。合议庭审理案件形成的裁判文书，由承办法官、合议庭其他成员、审判长依次签署；审判长作为承办法官的，由审判长最后签署。审判组织的法官依次签署完毕后，裁判文书即可印发。除审判委员会讨论决定的案件以外，院长、副院长、庭长对其未直接参加审理案件的裁判文书不再进行审核签发。"[1] 最高人民检察院在《关于完善人民检察院司法责任制的若干意见》规定："审查逮捕、审查起诉案件，一般由独任检察官承办，重大、疑难、复杂案件也可以由检察官办案组承办。独任检察官、主任检察官对检察长（分管副检察长）负责，在职权范围内对办案事项作出决定。"[2]

二、司法伦理的本质内涵

伦理一词，从词源意义上来说，最早起源于希腊文的"ethos"，其最初的意义指的是个人或团体的气质或精神特质。今天我们见到的最多的是英翻的"ethic"，它是西方语言文字几经变化的结果，同时其词语的内涵也由原

---

① 《最高人民法院关于完善人民法院司法责任制的若干意见》，《法制日报》2015 年 9 月 22 日。

② 《关于完善人民检察院司法责任制的若干意见》，《检察日报》2015 年 9 月 29 日。

来的意义演变成了如今的"伦理及道德规范"。而最早使用"ethos"一词，将其赋予道德品行、道德规范含义的是古希腊思想家、伦理学家亚里士多德，在他创造了伦理学之后，"伦理"一词就被作为专门用于研究人类道德问题的科学术语一直沿用下来。

有关伦理问题的研究，已经覆盖了很多学科，出现了众多的交叉学科，如社会伦理、经济伦理、家庭伦理、消费伦理、环境伦理、法律伦理等，不同的伦理研究范畴，对伦理都有着范畴内的解释与说明，其含义自然也是不同的，要解决的问题也必然存在着差别。司法伦理属于法律伦理研究的范畴，作为法律伦理研究中的一个重要分支，自然也有其独特的、丰富的内涵。司法伦理研究的内容必须是司法主体在司法过程中，怎样提升伦理水平，完成司法主体的角色责任，避免伦理缺失，导致审判不公，影响司法公正，影响法律的价值的实现，甚而影响司法公信力，影响法律的权威，影响社会公正。作为司法建设的重要内容，搞好司法伦理的研究对当前我国社会主义法治国家建设有着重要且深远的意义。明确司法伦理的本质内涵是做好司法伦理研究工作的第一步。

司法伦理，不同于其他形式的伦理，它是与法律相结合而形成的，是法律职业伦理的核心内容。司法伦理的提出基于以下两点：一是法律的客观抽象性。法律一经产生，它便作为一种客观存在的形式而存在，非经一定的法律程序，任何人不能随意变更它，破坏它，而只能依法办事，在法律允许的范围内从事各项活动。如果人们没有做任何违法乱纪的事情，人们甚至不能感受到法律的存在。而司法主体必须依据法理，理性司法，实现法治精神，这也是法律客观抽象性的重要表现。二是司法行为的具体性。任何司法行为总是具体可感的，司法行为由司法主体作出，而由于司法主体并不总是完全客观的，他们在作出一定的司法行为时，除了必须依据既有的法律条文之外，还会受到业已形成的公序良俗的社会道德观念的影响，同时，自身所具有道德观念和法律信仰，也会影响到具体的司法行为。正是由于司法行为的具体性使得客观抽象的法律得以转化，变得能够为人们所切身的感知和体会，公民在感受具体的司法行为时，会形成各自的主观上的判断。由此，我们可以明确的是，司法伦理要以既有的法律为基础，它产生于由司法主体主导的、具体的司法行为之中。

司法伦理作为伦理研究的一个分支，自然也具有其他伦理的共性。伦理是属"人"的，只要研究伦理，必然少不了"人"的参与，司法伦理同样如此，司法伦理的研究，法律制定主体是"人"，司法主体也是"人"，只有这样，伦理才有其承载者，有了承载者，即可在司法载体（诉讼与审判）上进行法律的合法运行。司法伦理中的"人"指的就是司法主体，具体来说就是法官和检察官，因为无论何种司法行为都是由他们来主导，由他们来实施。司法伦理所关注就是司法主体自身所具有的法律信仰和道德观念，同时还关注司法主体在行使司法权力的过程中所运用的原则、制度、规范以及司法主体自身所具有的责任意识。良好的道德品质和法律观念会提升司法主体履行义务和运用各项原则制度的意识，一个有责任感的司法主体也必然会自觉地提高对自身的要求，不断提升自身的职业能力。

综上，可以对司法伦理作出如下界定：司法伦理是由司法主体（主要是指法官和检察官）主导的，以现行的法律为基础，以自身已有的法律信仰和道德观念为依托，在践行法律的过程中，做出合理合法的司法行为的理念。司法伦理作为一种法律理念，其实质是保证司法的合目的性与合道德性，实现司法公正，从而引领社会公正，实现中国特色社会主义法治国家。要准确把握司法伦理的概念，还需要注意以下几点：

第一，司法伦理必须要有司法主体的参与，并且要以司法主体为主导。如前所述，伦理是属"人"的，单纯的物体没有伦理之说，动物也没有伦理之说，只有在这些事物与人相结合，与人产生了相互关系之后，才可能产生伦理上的讨论。司法伦理也是如此，离开了司法主体，伦理就失去了存在的根基，也就无所谓司法伦理了。同时，在司法伦理范畴中，司法主体主要就是指法官和检察官，这是因为无论何种司法事件，法官和检察官都是最终的裁判者，他们所做出的司法行为的影响力直接影响司法的公信力，公民在判断司法行为的正义与否时，也都是通过判断法官和检察官所作出的最后裁决为依据；同时，在理论研究中，"主体"是一个哲学术语，从哲学角度来讲，能充当主体的只能是人，由此将司法主体确立为法官和检察官既符合现实的需要，也符合理论研究的要求。

第二，司法伦理必须要以现行法律为基础，不能脱离法律而存在。中国特色社会主义法治国家的一个重要要求就是公正司法，要做到公正司法就必须要以事实为依据，以法律为准绳，如果脱离了法律，就是最大的伦理缺失，司法也就失去了存在的前提，也就谈不上公正司法了。司法伦理能够存在的前提是必须要保证司法的有效性，而要保证司法的有效性就必须时时刻刻做到依法办事。

第三，司法伦理要以司法主体已有的道德理念为依托，不能做出与既有的道德传统、社会已有公序良俗的理念相违背的事情来。伦理和道德虽然属于不同的学术研究范畴，但它们有许多相通之处。一般来说，伦理的范畴比道德的范畴要广的多，凡是符合道德规范要求的内容，也符合伦理规范的要求；而从实际使用范围上来说，人们也总是用是否合乎道德去评价人和事，只有当事件的性质远远的超出道德所能规范的范畴时，人们才会用伦理去评价。因此，我们在把握司法伦理时，必须要深刻认识到司法主体自身所具备的道德理念的重要性，只要是不符合道德规范的，也肯定为司法伦理所排斥。准确把握司法伦理的含义是我们进行下一步研究的基础。

三、司法伦理的主要内容

（一）司法公正

作为正义的化身，司法主体的职责之一就是维护社会公正，而公正作为司法伦理的内容之一，是司法主体应该具有的典型的素质和德性，是法律职业伦理的最高层次和最核心部分，也是法律的价值目标和价值追求。毫不夸张地说，一切法律的制定和司法活动的开展都是在追求和维护公正，一般认为，司法活动提供的产品是"道义的力量"，它能够伸张正义、恢复正义，在道义上为人们提供精神支持，为社会创精神环境。司法活动首先要公正地解决一定的社会矛盾及其相应的法律冲突，作为居中的裁判者，司法主体必须将公正的要求内化于心，再通过司法审判等活动外化于行。司法主体是否公正地审理案件、遵循正义的原则，在这个过程中是否不失偏颇，是否维护基本的人权和人格尊严，是否担负全面维护社会秩序的使命，最终是否真正实现裁判活动的公正，这些要求远非简单的职业准则可以完全概括的。上述价值的实现都是检验司法伦理价值和意义的重要表征，是评价司法伦理的作用是否达到了它预期效果的关键。当然，司法活动绝不仅仅是解决纠纷、终止矛盾的活动，整个司法活动过程传达出一种精神力量，也就是我们所说的"道义的力量"。这样，公正裁判的产生是在法律规则和法律伦理的共同作用下产生的，在这个过程中，司法主体的职业伦理占据非常重要的作用，如果一个司法主体只有专业知识而职业伦理缺失，那么案件的审理过程就是司法主体机械的按照法律的要求来贯彻国家意志的过程，在这个过程中他不会顾及当事人的需求和社会公平正义的要求，这样一来，司法主体就变成了运用法律的机器，司法的目的和价值也就无法实现。因此，公正不仅是司法主体职业道德的衡量标准，更是司法主体职业伦理的基本要求和内容。公正的判决能够满足社会成员对公平和正义的追求，使人们在内心树立起对法律尊严的敬畏和对法律规则的服从。正义的实现通过司法来保证，司法的水平取决于司法主体的行为，司法越公正，越能增强司法公信力，从而就越能吸引人们通过司法的途径而非其他非法的、不正当的途径去寻求正义。因此，公正作为一种基本的道德要求和法律准绳，从伦理角度来看是理想的道德标准，从法律角度来看是法律的最高形态。当下，随着司法主体自由裁量权的扩大，司法主体与当事人两者之间的关系也随之变的微妙起来，公正作为司法主体职业伦理的内容，也成为司法主体个人素质、德性的因素和问题，成为司法主体职能的重要组成部分。

（二）司法中立

司法中立意味着法院以及司法主体的审判活动不受包括政府、媒体等在内的其他因素的影响，在案件的判断过程中至少不应当受这些非法律因素的影响。司法的本质是在审判过程中作出公正裁决，司法主体作为裁判者，必须对双方当事人保持中立，不得与其中任何一方存在利益关系，不得私自利用职权偏袒、倾向或歧视、压制任何一方。中立一词在司法伦理中的基本含义是指司法主体在行使司法权时，要切实做到客观、公正，它强调绝对的不偏不倚，既要保持中立的态度和地位，又要与当事人双方保持相等的"司法距离（又被称为等腰三角形的距离）"，这种相等不是形式上的相等，更不是表面意义的相等，而是排除一切私人关系，消除非公共性的道德取向，从内心深处由内而外表现出来的一种代表公平和正义的中立。总的来说，司法中立的内涵包括以下几个方面：一是无私利。无个人利益，即司法主体与代理人、与争议的案件无关联性。二是无偏见，即司法主体对法律原则有自己的看法，不基于信仰差异、性别歧视、价值偏向等因素对代理人作出不平等对待。中立是司法公正的必要条件，因为只有司法主体的态度中立，居中裁判，其公正、准确的判断结果才能产生，案件的实体公正才能得以实现，程序公正的内在要求才有施展的空间，否则判决的结果只会有所偏袒，从而引起一方当事人的不满，影响司法公信力，进一步影响法律的权威，导致社会秩序的混乱。

有些司法主体的意志力不坚定，抵抗干预能力较差，那么一旦他们的某些行为有违中立的价值取向，那么就可能立刻减弱人们对司法的信任。因此，不管司法主体是在私人行为还是公共行为中，都应该有意识地保持一种公正、中立的态度，坚持职业伦理的基本原则。有学者概括了司法主体职业伦理之一的中立需要在诸多方面保持和实施的空间，在我国现阶段包含四个基本方面，即信仰中立——对一切有着不同思想和信仰人适用平等的法律；价值中立——对多种价值均衡考虑不可有任何的偏向；道德中立——在各种道德观中保持中立绝不成为某一种道德的卫道士；角色中立——与双方当事人保持距离中立不偏向于任何一方。由此可见，司法主体中立的职业伦理对他们的要求涉及方方面面，从不同的角度对其提出严苛的要求。任何社会对于司法主体品质的要求相比其他职业都要严苛的多，个中原因也是基于司法职业的特殊职能。因为，司法的首要功能是解决纠纷、平息社会冲突；然而，司法又绝不仅仅是为了解决纠纷而存在，在更宏大的制度设计层面，司法活动为社会创设公正的生存环境，为国家的长久发展提供民众基础和精神动力。而司法伦理的内容和司法主体践行司法伦理所产生的社会价值都超越了伦理本身的伦理价值，彰显了法治国家理论和实践的时代意义。

（三）司法独立

司法主体的独立是实现司法公正的前提和基础，是司法主体应当具备的重要品德。独立的根本目的是保障司法行为的公正性，一个独立的、不受外界干扰和影响的司法主体，更可能作出公正的裁判，否则司法主体就容易受到外界的干扰与影响，决定容易被左右，这样一来，不当裁判就极易发生。所谓独立，有三个方面的含义：首先，司法主体的工作独立于政府和其他任何部门，不受任何权力部门的干涉，即司法主体要独立于政治。其次，司法主体个人的思想和行为独立，不受他人的诱导和干预，即司法主体的良心不受其他任何权力和力量的左右。最后，司法主体的审判过程必须要平等关注当事人双方，不受任意一方任何形式的阻挠，即司法主体要保持正直纯洁的形象。就第一个层面来说，司法权是一种独立的权力，与立法权、行政权并行，它不受立法机关、行政机关、社会团体和任何个人的非法干涉，任何力量无权左右司法主体基于法律和道德作出的裁决。就第二个层面来说，独立是对于法律职业者的普遍要求，同样也是司法主体职业伦理的一个重要表征。司法主体独立地审判案件，只服从法律，除法律以外司法主体不服从任何的权威，包括法院内部上下级关系，更不屈从于任何利益的诱惑。

在日常工作和生活中，司法主体不得于庭外与当事人进行单方面的接触，因为这可能为不正当的幕后交易提供时空条件。此外，司法主体应尽自己的最大努力杜绝社会当中的人际关系和互惠关系，因为这容易使人建立起一种以付出和回报作为游戏规则的思维和行为方式，这会极大削弱法律规则的社会规制作用。就第三个层面来说，司法主体职业的特殊性决定了司法主体的工作甚至生活必然受到一定的约束，司法主体审判的案件不应涉及裁判者的个人利益，司法主体也不得对裁判结果所直接影响的当事人存有偏见或偏袒，而应该独立于双方当事人之外，一视同仁，公正对待。司法主体的独立地位能够保证司法公正的实现，而正如上述所言，司法是否公正是当事人是否选择、社会是否认同司法主体裁判的关键所在。因此，法律职业要求之下的独立和司法伦理要求之下的独立应该对司法主体的行为同时发挥作用，而司法伦理之下的独立的要求，在很大程度上是一种自我的约束，也就是上面所说的一种自律，即司法主体自己内在地坚持独立的精神和品德，如果司法主体自身不认可独立的要求，那么任何外在的维护其独立性的措施和方法都无济于事。司法主体的独立地位能保障司法公正的实现，而司法是否公正是当事人是否选择、社会是否认同司法主体裁判的关键所在。因此，司法主体的独立是实现司法公正的基础和前提，是司法主体所应具备的重要品德。法治国家赋予司法主体独立的地位，以保障司法公正维护公平正义，不仅是当事人，也是社会民众的期望和要求。

四、司法伦理的基本特征

司法伦理作为伦理的一种，具有一般伦理的共同特征，同时，司法伦理作为与法律相关的伦理，是法律与道德相结合的产物，又不同于一般伦理，具有自己独特的特点。

（一）司法伦理的一般特征

司法伦理具有与其他伦理一样的共性特征：首先，属人性。在现实生活中，能够进行伦理研究的对象有很多，比如经济伦理、生活伦理、环境伦理、社会伦理、情感伦理等，但无论是何种形式的伦理研究对象，都有一个共同的特性，那就是属人性。所谓属人性，就是它们都少不了人的参与，因为伦理只存在于人类之中，离开了人，伦理就无从谈起。司法伦理归根结底是一种伦理形式，司法伦理的产生需要有司法主体参与其中，这也就向我们揭示了司法伦理的属人特征，如果没有了司法主体，也就没有司法伦理的存在。其次，道德性。所谓道德性，指的是任何一种伦理形式应当是合乎道德规范的，应当与社会所要求和倡导的道德准则相一致。伦理离不开道德，合乎道德的也必然是合乎伦理的，由此，道德性也必然成为各种伦理共有的特性。

（二）司法伦理的具体特征

司法伦理除了具有与其他伦理共同的一般特征外，还具有自身独有的特征：

1.法律至上性。司法伦理的产生需要以法律为基础，尊重法律，维护法律的权威是司法伦理最重要的特征之一。法律至上，强调的是司法主体必须要严格遵守法律，坚决服从法律，彻彻底底的依照法律办事，要把法律当作自己想问题、办事情的总依据。具体来说，主要包含两个方面：一是司法主体要坚决维护法律的权威。法律的权威是法律外在强制力和内在说服力的结合，维护法律的权威就是维护法律至高无上的约束力。在司法伦理实践中，维护法律权威就是维护司法权威，具体来讲，就是要保证司法的公信力，只有这样，才能保证司法活动的顺利开展，才能保证司法的公正，增加司法活动的信度和效度。维护法律权威是维护司法权威的保障，也是真正意义上做到法律至上的题中之义。二是司法主体要自觉树立崇高的法律信仰。"法律必须被信仰，否则它将形同虚设。"①司法主体要想真正做到依法办事，就必须真正去理解法律、接受法律、认同法律，并自觉将法律精神转化为内心的信仰。法律信仰不仅体现着司法主体对法律的认同，还体现着司法主体对法律的价值追求和价值取向，它是对法律信念进一步的深化和升华，法律信仰一旦被树立，司法主体就能够切实地做到依法依规办事。真正的信仰法律才能够自觉去运用法律，崇尚法律，尊重法律，增强法律的情感，保证法律的至上地位。

2.公平正义性。在众多与伦理相关的研究对象中，只有司法伦理具备公平正义的特点。由于司法伦理必须与法律相结合，同时还必须符合道德规范，因此，公平正义是司法伦理应当也是必须要具备的特征之一。司法伦理讲求公平正义，就是讲司法主体在处理司法事件时，一方面要以法律为准绳，坚决做到依法办事；另一方面要使自身保持良好的行为规范，不做违法乱纪之事，不徇私枉法，坚决杜绝司法腐败，要为人正派，作风清廉，只有这样才能真正在处理司法问题时做到公平与正义。公平正义作为司法伦理的特征之一，是由司法伦理的特殊性所决定的。司法伦理要以法律为基础，法律是最讲求公平正义的，任何违背公平与正义的事情都是对法律权威性的破坏。法律面前人人平等，运用法律，惩恶扬善，这是法律公平与正义的充分

---

① [美]伯尔曼：《法律与宗教》，梁治平译，生活·读书·新知三联书店1991年版，第15页。

体现。道德规范讲求的是伸张正义，只有那些真正为了公民、社会和国家利益的行为，才是社会所褒奖的，道德所要求的。所以，追求正义也是道德规范所主张和倡导的，司法伦理要符合道德规范，就必须要遵循公平正义的要求。由此可以看出，只有把公平正义作为司法伦理的特征之一，才能真正地把司法伦理同其他伦理区分开来，也只有公平正义的特征才能真正体现出司法伦理的特殊性。

第一章　中国特色社会主义
司法伦理的本质

中国特色社会主义司法实践是在中国特色社会主义国家根本性质之下的司法实践。司法作为国家上层建筑的组成部分，总是与国家制度的根本性质结合在一起的。本书探讨司法伦理的性质，首要的问题就是要从中国特色社会主义国家制度的本质中，来理解司法伦理的本质。可以说，中国特色社会主义国家性质，决定了中国特色社会主义司法伦理的本质。

第一节　司法伦理的国家意识形态基础

司法是国家意志的体现，是代表国家最高的司法权力而保护国家政权和社会稳定的。司法伦理作为一种司法的价值规范，必须与国家的意识形态完全一致。或者说，司法伦理要服从国家意识形态的根本价值取向。对于中国来说，国家意识形态是公正司法的精神引领，司法伦理是以马克思主义意识形态为基础的。

一、马克思主义意识形态的伦理原则

马克思主义曾经这样定义意识形态：意识形态是统治阶级对所有社会成

员提出的一种观念。《现代汉语词典》第七版将意识形态定义为："在一定的经济基础上形成的，人对于世界和社会的有系统的看法和见解，哲学、政治、法律、艺术、宗教、道德等是它的具体表现。意识形态是上层建筑的组成部分，在阶级社会里具有阶级性。也叫观念形态。"意识形态受思维能力、环境、信息、价值取向等因素的影响。

意识形态是对社会的经济基础和政治制度，以及人与人的经济政治等关系的反映。马克思是马克思主义意识形态理论的奠基人，他提出了经济基础决定上层建筑。因为统治阶级统治、控制着一切生产关系的性质和方向，意识形态主体或是为了其利益最大化，或是为了其统治的稳固，特别是为了凝聚或吸引社会成员的维护，使其意识形态的内容取决于什么对其统治阶级最为有利。主体的意识形态被提出，并予以社会的所有成员，通过宣传、教育、灌输统治阶级的思想，得到社会成员最大认同，形成一种凝聚力，实现其政治目的，即实现意识形态的政治价值，这种占统治地位的阶级或集团的价值观念体系就是国家意识形态。意识形态载体是多样化的，但在法治社会中，能证明国家意识形态合法化的唯一载体就是法律。

"马克思主义伦理思想是指以辩证唯物主义和历史唯物主义为理论基础的关于道德的科学理论"[①]，是无产阶级世界观的有机组成部分。最显著的特点是强调人们的道德观念归根结底受他们的社会经济关系制约，同时又承认道德反作用于社会经济关系以至整个社会生活。"新中国成立以后，马克思主义在我国意识形态领域内的主导地位得到确立，社会主义意识形态得到人民群众的信仰并认同。"[②]当前，我们要从提高党的执政能力、巩固党的执政地位、完成党的执政使命的战略高度来谋划意识形态工作，"在实践上主动

---

① 史兆光、哈光磊：《弘扬雷锋精神践行社会主义核心价值观厘思》，《大连海事大学学报》（社会科学版）2013 年第 3 期。

② 张雷声：《论社会主义社会主流意识形态》，《马克思主义研究》2008 年第 4 期。

谋划意识形态工作的战略策略，切实采取措施提高应对水平和应变能力，努力规避防范意识形态领域未来可能的风险和挑战，牢牢把握意识形态工作的领导权、管理权、话语权"①。核心价值观可简要地概括为"制度精神"，它实际上也是一种国家制度，是一个国家运作模式赖以立足、借以扩展、得以持续的灵魂。因此，核心价值观是国家意识形态的基础和内核，构建和践行社会主义核心价值观体系成为主流意识形态建设的战略举措。

国家文化软实力最核心的就是国家意识形态的渗透力，它的根本是核心价值观。国家文化软实力对内是国民对国家制度的认同度，对外是国际对本国形象和制度的认同度。国家文化软实力的最高展示表现为一定的国家发展模式，而内核是指核心价值观。所以，软实力的核心是意识形态的渗透力，软实力的根本是核心价值观。软实力的竞争把核心价值观凸显出来，这是当前意识形态斗争的新动向。

目前，司法领域同样存在意识形态方面的价值观问题，正确价值观一定是合伦理的观念，司法伦理体现国家意识必须遵循以下原则，才能真正实现国家意识形态的社会价值。

（一）人民性原则。马克思主义伦理观的原则是以实现工人阶级的根本利益作为出发点。把社会关系放在首位，这是道德理论的根本。因为有了这一规定性，道德理论才具有彻底性，才能为社会主义制度、为广大人民群众的根本利益辩护。马克思主义把握和尊重现实，掌握群众的过程，也是其伦理维度被理解和认同的过程，使社会主义实践得以实现。我们认识和研究国家意识形态伦理道德，必须在现实历史基础上，从物质实践出发，从历史唯物主义的方法论出发，形成科学的伦理道德认识。

经济全球化的发展同时影响着政治文化领域，随之而来形成多元化的意

---

① 李宗建：《党的十八大以来习近平意识形态工作新思想》，《社会主义研究》2016 年第 2 期。

识形态，使得人们感到世界全球化一体化。于是全球化伦理、普世伦理便应运而生。这些道德理论与自由主义政治哲学结合在一起，形成了一种强大的文化理论势力。这些理论都是从一些抽象观念出发，马克思曾说过，抽象的人本学和人道主义哲学总是把人类现实归结为彼此孤立的个人的单独存在，归结为个人感受，总是脱离社会关系，脱离社会矛盾去描述人，这样就不能充分的、具体的理解人类生活，理解广大人民群众，会对人的本质做出抽象的非历史的理解。

在这样的伦理理论前提下，所谓新的道路、和谐与爱的社会、合乎目的的社会等伦理道德意识形态就会形成，非历史主义的道德观念就会凌驾于一切之上。因此，马克思主义道德伦理意识形态的理论与抽象的人本学、人道主义等人性论的道德观是不相容的、是截然不同的。社会主义制度伦理原则、最根本的任务、最基本的价值，是实现最广大人民群众最根本的利益。最广大人民群众的利益受到忽视或损害时，就会发生社会主义制度的合法性危机或公正性危机。

在新的形势下，整个社会的利益格局发生了巨大变化，但中国共产党始终坚持历史唯物主义的群众路线，坚持人民利益高于一切，无论在怎样复杂的形势下，都能清醒地意识到和牢记最广大人民群众的利益是最紧要、最具决定性的因素这一马克思主义的基本观点。

马克思通过科学研究，认识到历史上进步阶级的阶级利益与大多数人民利益相一致，能够持久地体现人类解放的根本利益。这就奠定了共产主义理想的现实基础，产生了马克思主义人民利益观，把实现无产阶级根本利益的希望寄予无产阶级自己身上。"根据马克思主义伦理观，集体主义原则的核心要义是正确处理国家、集体和个人之间的利益关系，其目标是达到国家、集体、个人三者利益的有机统一。集体主义原则倡导并要求个人利益服从国家和集体利益，当三者利益发生矛盾或冲突时，国家利益高于一切，牺牲个人利益保障国家和集体利益。这是集体主义原则追求的最高境界和实现的最终目的。"①

（二）实践性原则。马克思主义的道德伦理体现了历史唯物主义的道德伦理与人文主义的人性论伦理决然对立。马克思主义的道德理论强调伦理道德的进步源于对现实社会的改造，源于社会实践，是生产关系中的伦理道德，是经济基础的伦理道德。因此，马克思主义的伦理学必然具有批判性，必然是辩证法的伦理道德。马克思主义伦理道德不仅具有批判功能，而且具有辩护功能，还要应用这一理论为社会主义制度、为最广大人民群众的根本利益而辩护。

法律是代表上层建筑的，法律建设和改革是建立在特定经济基础之上的，法律是对公有制普遍利益的捍卫和保护。自由、平等这些近代以来资本主义用来渲染他们人性论的一个砝码，实质正如马克思指出：劳动力的买和卖是在流通领域或商品交换领域的界限内进行的，那里占统治地位的只有自由、平等、所有权。它们的买卖取决于自己的自由意志，他们是作为自由的、法律上平等的人缔结契约的，他们之间只是作为商品占有者而发生关系，他们只支配自己的东西，双方都只顾自己，能使他们连在一起并发生关系的唯一力量是他们的利己心，是他们特定的利益，是一己私利，而非完成互惠互利、共同有益、共同有利。

这都是表象，一旦离开了这个简单的流通领域或商品交易领域，自由和平等就不存在了，货币占有者春风满面，而劳动力占有者则战战兢兢。这就是资本主义的自由平等的人性论。形式上的自由是以实质上的不自由为前提的，形式上的平等是以实质上不平等为前提的。因此，掌握马克思主义哲学的道德伦理原则，对我们认识世界，掌握意识形态领域中的斗争具有深远的指导意义。如果仅从一般道德原则出发，我们就永远都不可能识别形形色色虚假的人性论的道德观念的真实面目。

①　马书臣：《"问责"的伦理意义》，《光明日报》2016年8月10日。

马克思主义伦理观认为，道德并不是抽象的哲学规范，它在本质上是特定社会和历史的要求，道德行为不可能只根据人的主观努力、自由意志、圣贤教诲就可以实现历史性进步的。马克思主义道德伦理观强调进步和革新源于对现实世界的改造，因此，马克思主义伦理观就不能没有批判性，不能没有辩证法。马克思主义道德伦理观的价值就在于揭示道德状况与社会现实的内在联系，马克思主义道德理想与其他道德理想的区别就在于：它不再是一种望梅止渴的幻想。马克思主义道德理想的实现取决于对社会现实的革命性改造。这就是目的和手段的辩证法。

（三）正义原则。司法伦理的本质就是公正。一个国家的司法伦理状态如何，是反映这个社会精神文明程度的窗口，是司法公平公正与否的标志。因此，司法伦理有它的特征：高度的廉洁性、深远的政治影响性、鲜明的阶级性、明显的强制性。坚持司法伦理是确保司法公正、保障法律正确实施的重要前提。司法公正是维护社会公平正义的最后一道防线，司法主体职务犯罪是严重的司法腐败，必须高度重视，种种司法腐败行为，透视出司法伦理的严重缺失。因此，在严厉打击、有效惩治司法腐败行为的同时，对司法主体职业伦理建设的重视将对司法公正具有重要的实际意义。

司法伦理是指司法主体在履行其职责的活动中应当遵循的道德行为规范，以及调整司法主体各种社会关系的道德规范的总和。其本质决定于社会经济基础。司法伦理追求和实现社会和谐、法治公平。司法伦理就是在整个司法过程中所蕴含的道德。我国的司法伦理是社会主义道德与共产主义道德在司法职业上的具体体现，其不仅反映了社会主义道德与共产主义道德的一般要求，还反映了司法职业的特殊要求：如职业义务、责任等，主要通过法律章程、守则、公约等具体形式表现出来。

当前，中国正处于一个全方位转型的历史时期，多层次、多领域的转型又无不渗透和伴随着法治的转型，即从传统的人治走向法治。司法作为法律运行的最终环节，实现法律终极目标是使"应然法"转化为"实然法"，将理论的法理转化为正义的原则。司法活动被认为是社会正义的最后一道防线，作为伦理主义的价值，公正价值是司法活动的理想和追求，是其内在与本质。从价值的功能特性上看，公正是司法的目的性价值，司法的目的是通过实现法律公正，实现社会的公正，或者说以司法公正引领社会公正。

在当代中国的意识形态变革中，道德价值的蝉变是最显著的方面之一。从宏观角度看，人们对马克思主义伦理产生距离感；从微观角度看，"资本的诱惑力、现实的残酷性、个体主体性彰显以及社会各种不健康的价值观念的传播等"①，对我国社会主义意识形态的建设构成了威胁和严峻挑战。从一定意义上说，失去了对马克思主义伦理观的认知和认同，必将导致国家意识形态的认同危机。

二、中国特色社会主义的依法治国理念

中国特色社会主义是中国共产党对现阶段纲领性概括，"中国特色社会主义既坚持科学社会主义基本原则，又符合当代中国实际和时代特征，是一种在经济、政治、文化、社会建设以及外交等方面都具有鲜明中国特色的社会主义"②。我们既要坚持马克思主义的基本原理，走社会主义道路，又必须从中国实际国情出发，不照抄也不照搬其他国家的经验和模式，坚定地走中国特色社会主义道路。"坚定不移走中国特色社会主义法治道路，完善以宪法为核心的中国特色社会主义法律体系，建设中国特色社会主义法治体系，建设社会主义法治国家，发展中国特色社会主义法治理论，坚持依法治国、依法执政、依法行政共同推进，坚持法治国家、法治政府、法治社会一体建设，坚持依法治国和以德治国相结合，依法治国和依规治党有机统一，深化

---

① 张新、邱仁富、李梁：《冲突与引领：大学生多元价值观念与社会主义核心价值体系》，《重庆大学学报》（社会科学版）2014 年第 1 期。

② 肖贵清：《论中国特色社会主义的"中国特色"》，《山东社会科学》2010 年第 12 期。

司法体制改革，提高全民族法治素养和道德素质。"①

依法治国，于 1999 年九届全国人大二次会议上通过的宪法修正案，是以根本法的形式把这一治国基本方略固定下来，并于 2014 年的中国共产党十八届四中全会上明确提出了建设中国特色社会主义法治体系，建设社会主义法治国家的总目标和全面推进依法治国的重大任务，即：完善以宪法为核心的中国特色社会主义法律体系，加强宪法实施；深入推进依法行政，加快建设法治政府；保证公正司法，提高司法公信力；增强公民法治观念，推进法治社会建设，加强法治工作队伍建设；加强和改进党对全面推进依法治国观念，推进法治社会建设，加强法治工作队伍；加强和改进党对全面推进依法治国的领导。全会指出，坚持依法治国首先要坚持依宪治国，坚持依法执政首先要坚持依宪执政，从而明晰了树立依法治国理念的核心要义。

（一）依法治国确立了"依宪治国"的最高权威。以宪法和法律为治国的最具权威的标准，需要准确把握三个方面基本内涵：（1）法律面前人人平等；（2）树立和维护法律权威；（3）严格依法办事。这是依法治国的基本要求，也是法治区别于人治的重要标志。要明确：职权由法定，执法机关必须在法律规定的权限范围内履行职责。有权必有责，权利义务相一致。对法律后果负责，权利要慎用、要用好，否则不行使权力或行使权力不到位，就会失职、渎职，要承担法律责任。用权受监督，政法机关掌握与公民人身财产等密切相关的权力，用全不当，直接损害公民合法权益。

各国的法制理念受制并决定于本国的社会性质、政治制度以及经济、文化和其他社会条件，不同国家的法制理念不可能完全相同，社会主义国家与资本主义国家之间在法制理念上更是存在着根本性区别。我国的社会主义法治理念是中国特色社会主义的法治意识形态，反映和指引着社会主义法治的

---

① 习近平：《决胜全面建成小康社会　夺取新时代中国特色社会主义伟大胜利》，《人民日报》2017 年 10 月 28 日。

性质、功能、目标和方向，以及价值取向和实现途径，是社会主义的精髓和灵魂，是我国社会主义事业必须长期遵循的指导思想。

（二）规定了中国特色社会主义法治的基本原则。（1）人民主权原则，即主权在民；（2）基本人权原则，宪法最重要最核心的价值在于保护人权，侧重保护弱势群体；（3）法治原则，法治相对于人治而言，指统治阶级按照民主原则，把国家事务法律化、制度化，并严格依法管理的一种国家治理方式；（4）权力制约原则，制约国家权力以保障公民权利的实现，包括公民权利对国家权力的制约，国家权力对国家权力的制约。①

（三）明确了中国特色社会主义法治的地位。中国特色社会主义法治理念是中国共产党作为执政党，从社会主义现代化建设事业的现实和全局出发，借鉴世界法治经验，对近现代特别是改革开放以来中国经济、社会和法治发展的历史经验总结，它是"统领和表征中国特色社会主义法治建设和法治发展的指导思想，社会主义法治理念在形成、发展与实践过程中也表现出了鲜明的中国特色"②。

中国特色社会主义法治理念，"是马克思列宁主义关于国家与法的理论同中国国情和现代化建设实际相结合的产物，是中国社会主义民主与法治实践经验的总结，社会主义法治理念是体现社会主义法治内在要求的理想、信念、价值、观念的集合体"③。中国特色社会主义法治理念的基本内容正如胡锦涛同志所指出的包括五大方面：依法治国、执法为民、公平正义、服务大局、党的领导。"依法治国是社会主义法治的核心内容，执法为民是社会主义法治的本质要求，公平正义是社会主义法治的价值追求，服务大局是社会主义法治的重要使命，党的领导是社会主义法治的根本保证，五个理念相互补充、相互支持，协调一致地体现了党的领导、人民当

---

① 邓思清：《论审判监督的理论基础》，《法律科学·西北政法学院学报》2003 年第 3 期。

② 朱志峰：《中国特色社会主义法治理念发展论纲》，《社会科学战线》2012 年第 12 期。

③ 本报评论员：《牢固树立社会主义法治理念》，《法制日报》2011 年 6 月 9 日。

家作主和依法治国的有机统一。"①法律的权威性是法治赖以实现的根本保障，限制公权力是法治的基本精神。"现代'法治'的意义就在于既能充分地利用国家权力促进和保障公民权利，又能防止国家权力的滥用和腐败，保证国家机关和公职人员正确行使权力，把人民赋予的权力真正用来为人民谋利益。"②

三、社会主义法治理念与资本主义法治理念的本质区别

（一）理论基础不同：表现为唯物史观与唯心史观的区别③

社会主义法治理念以马克思主义哲学为基础，其理论基础是马克思主义的唯物史观，特别是马克思主义理论中关于经济基础与上层建筑的理论、关于国家与革命的理论、关于阶级斗争的理论、关于民主与法治的理论等。马克思、恩格斯运用唯物史观，深刻地分析了法律现象，科学地揭示了法律产生和存在的社会条件、法律的本质及其发展规律，从而为社会主义法治理念提供了科学的理论基础。社会主义法治理念是以马克思主义关于国家合法的学说为指导，在建设中国特色社会主义法治的实践过程中，继承和发扬我国传统法律文化的优秀成果，吸收和借鉴西方法治文明合理因素的基础上逐步形成的，是科学、先进的理念。

1.马克思主义唯物史观表明了经济基础决定上层建筑的原理。马克思主义唯物史观认为：法律属于上层建筑，归根结底是由经济基础决定，并为经济基础服务的。经济基础决定法的产生、性质、内容和发展变化。马克思指

---

① 陈雅丽：《社会主义法治理念与资本主义法治理念的两点本质区别》，《武汉大学学报》（哲学社会科学版）2008年第2期。

② 唐绍洪、刘屹、谢妮霞：《构建化解"乡域政治"中多元利益冲突的法治机制》，《云南社会科学》2011年第1期。

③ 陈雅丽：《社会主义法治理念与资本主义法治理念的两点本质区别》，《武汉大学学报》（哲学社会科学版）2008年第2期。

出："法的关系正像国家的形式一样，既不能从它们本身来理解，也不能从所谓人类精神的一般发展来理解，相反，它们根源于物质的生活关系。"①法的发展历史是以一个社会的物质条件的发展历史为根本依据的，私有制尤其是商品经济的产生和发展，为法的产生和发展提供了根本的社会条件，而且法的发展程度要与社会的经济状况相适应，只有如此，法才能保护和促进经济的发展。社会主义法治理念的内容是由我国的经济基础所决定的，并服务于我国的经济基础。

2. 马克思主义唯物史观明确了存在决定意识的原理。马克思对法的本质作了精辟而深刻的论述，认为对于法的本质，不能从精神上去理解，而应该从物质条件上去理解，资产阶级的观念"本身是资产阶级的生产关系和所有制关系的产物，正像你们的法不过是被奉为法律的你们这个阶级的意志一样，而这种意志的内容是由你们这个阶级的物质生活条件来决定的"②。社会主义法治理念是由社会主义的物质生活条件决定的，并体现社会主义的性质。

3. 马克思主义唯物史观指出了意识反作用力理论。马克思主义唯物史观认为：法对经济基础可以产生促进、保护，或者阻碍、破坏等反作用。恩格斯曾深刻地指出：法律对国家和社会有重大的反作用，法律属于社会上层建筑的重要组成部分，法律对国家和社会具有极大的反作用。当法律遵循社会发展规律、体现最大多数人的意志，实现良法之志士，就会对国家和社会起推动作用。反之，则其阻碍作用。我们国家正在实行的社会主义法治理念反映了我国的经济基础，需要适应两方面的要求，即要适应我国当下的现实国情，又要适应我国的历史传统。由此可见，依法治国理论对我们国家和社会主义社会的可持续发展必将产生积极的反作用。

---

① 《马克思恩格斯选集》第 2 卷，人民出版社 2012 年版，第 2 页。
② 《马克思恩格斯选集》第 1 卷，人民出版社 2012 年版，第 417 页。

以唯心史观为理论基础的西方资本主义法治理论，其在对法律的认识上属于唯心史观，特别是对法律的本源的认识上更是如此。资本主义的唯心史观主要分为客观唯心主义和主观唯心主义两方面表现。客观唯心主义"把法律理解为一种超自然、超社会的神秘力量，使法律成为离开人间、离开社会的外在事物"[①]。以古希腊思想家为例，认为法律跟江河湖海、山川草木、飞禽走兽一样，同属自然现象，将自然法的理性归结为神，认为人类是不可能创造世界和改造世界的。

在中世纪，古罗马及西欧神学思想家奥古斯丁和阿奎那等同样认为：自然法源自神的理性或上帝的理性。到二战以后，法国思想家马里旦继承和发展了阿奎那的思想，认为自然法是基于人道的道德法，是对上帝的永恒法的参与。在人类早期极其落后的环境下，客观唯心主义片面地把法的本源归结为自然理性或神及上帝的理性，反映了当时只是粗略地从法律的外部特征来认识法律的本质和起源而产生的谬论。

主观唯心主义出现在近现代以来西方对法律的认识上。主观唯心主义是从认识主体的角度上来认识法律的，并从人类自身和社会结构内部出发去探索法律的起源和本质。例如，古典自然法学派时期的众多思想家都认为法不是神和上帝的意志，自然法源于人的理性，是人的本性的表现和产物，从而把理性从天上拉到了人间，把法律归结为人类理性。从此，西方对法的认识由客观唯心主义发展到了主观唯心主义，经历了由认识客体向认识主体转变的过程。然而，无论是客观唯心主义或是主观唯心主义的法治理念，都是建立在资本主义唯心史观基础之上的，忽视了客观物质条件的存在，片面强调人的理性作用，从而没有从根本上挖掘出法的本质。

直到当代西方众多的法学流派，大多仍只知法应当积极回应人们的权利

[①]　张宏生、谷春德：《西方法律思想史》，北京大学出版社1990年版，第12页。

诉求，唤起人们对于个人权利的尊重和平等；而忘却了个人权利诉求绝不能脱离了一定的社会经济基础。不问社会发展经济状况，就要求所有国家一视同仁的保护所谓的不证自明的、普遍的人群，将权利的物质基础抛到脑后，这是当代西方典型的唯心主义法学理念。

（二）基本原则不同：表现为有机统一与分权制衡的区别 [①]

党的领导、人民当家作主和依法治国三者的有机统一是社会主义法治理念的基本原则。第一，党的领导是社会主义法治的根本保证；第二，执法为民是社会主义法治的本质要求；第三，服务大局是社会主义法治的重要使命；第四，依法治国是社会主义法治的核心内容；第五，公平公正是社会主义法治的价值追求。五个方面相辅相成，鲜明地体现了党的领导、人民当家作主和依法治国三者的有机统一。党的领导、人民当家作主和依法治国是一个相互联系、相互依存，有机统一的整体，表现在：

1.理论上的统一。首先，党的领导是人民当家作主和依法治国的根本保证。全心全意为人民服务是党的根本宗旨，而无数个个体汇集成人民，个体利益要求多样、广泛。因此，很难全方面满足个体多样化的利益需求，在这种情况下，一个坚强的领导核心才能满足人民群众普遍性的利益需求。中国共产党就是一个能够代表最广大人民群众利益的政治核心，既能着眼于人民的普遍利益，又能兼顾和协调各方利益。倘若放弃党的领导，社会主义民主和法治也必然失去坚强的领导核心。当前，我国人口众多，经济文化发展水平不高，而且不平衡，历史上也缺乏民主传统，如果放弃了党的领导，我国会出现四分五裂的状态，更谈不上人民当家作主，依法治国也将是空中楼阁。历史的经验告诉我们要实现依法治国和人民当家作主必须始终坚持党的领导。

---

① 陈雅丽：《社会主义法治理念与资本主义法治理念的两点本质区别》，《武汉大学学报》（哲学社会科学版）2008 年第 2 期。

其次，人民当家作主是社会主义民主建设的出发点和归宿。坚持党的领导归根到底是为了实现人民当家作主的权利和根本利益。社会主义现代化建设需要全面弘扬人民民主政治、建设中国特色社会主义，这是不可分割的重要组成部分，也是实现国家长治久安的重要保证。

最后，依法治国是党领导人民治理国家的基本方略。作为国家治理的基本方略，依法治国已经载入我国宪法，得到宪法保障。在我国，依法治国与坚持党的领导和人民当家作主在本质上是一致的。江泽民同志指出："法律不是从天上掉下来的，也不是人们头脑中固有的，而是党把握社会发展的客观规律，总结社会实践的经验，集中人民的意志，领导人民通过立法机关制定的。我国的法律实质上是党的路线、方针、政策的定型化。党领导人民制定宪法和法律，党领导人民执行宪法和法律，党自身也在宪法和法律范围内活动。任何人、任何组织都没有超越宪法和法律的权力。"[①]在坚持党的领导和人民当家作主的过程中，党把反映人民利益和要求的党的主张通过法定程序转化为国家意志，成为宪法和法律，以此来依法治理国家，践行依法治国。

2.实践上的统一。在我国，三者的有机统一表现在实践中。首先，要把坚持和改善党的领导作为根本，抓好党建工作。其次，要认识到民主政治建设同一定的经济、文化状况相关，必须有一个积极稳妥的方针指导其发展，这是个关键。最后，推进三者统一，要不断加强和完善人民代表大会制度以及多党协商制度等，把加强制度建设作为保证。而西方法治理念则以分权制衡为基本原则，西方的民主就是三权分立。通过这个原则来设计国家制度、推进资本主义法制建设。这与我国历来的传统不相符合。"社会主义法治理念遵循党的领导、人民当家作主和依法治国有机统一的原则，其主要内容表现为中国共产党领导的多党合作与政治协商制度、人民代表大会制度；而资

---

①　《十五大以来重要文献选编》上，人民出版社 2000 年版，第 322 页。

本主义法治理念遵循分权制衡原则，其主要内容表现为两党制或多党制和三权分立。"①

在我国，中国共产党作为执政党，各民主党派作为参政党参与国家大政方针和国家领导人人选，参与国家事务管理，参与国家方针、政策、法律、法规等的规定和执行。中国共产党与各民主党派合作的基本方针是"长期共存、互相监督、肝胆相照、荣辱与共"。"在西方国家，实行的是两党制或多党制，议员的选举，议会以及政府的组成、活动都受政党操纵。在议会选举中获得多数席位的政党，或政党联盟的领袖，或当选的总统，负责组织政府掌权的政党为执政党，未参加政府的为在野党。两党或多党轮流坐庄，互相攻击、倾轧。"②

对于我国国家机构的运行，三者有机统一表现为：全国人民代表大会和地方各级人民代表大会民主选举产生，对人民负责、受人民监督；国家行政、审判、检察机关都由人民代表大会选举产生，对他负责、受他监督；"中央和地方的国家机构职权的划分，遵循在中央的统一领导下，充分发挥地方的主动性、积极性的原则"③。而在分权制衡原则下的国家机构，由立法、行政、司法三部分组成，由相应的国家机构分别行使立法权、行政权和司法权，"三个权力机关地位平等，通过这三权的彼此之间的制衡，以防止权力的滥用、低效和腐败"④。

3.统一的价值功能。我国现实国情和历史传统决定了三者有机统一原则的适用性，而分权制衡原则是西方国家政治运动的结果，其本身存在许多弊

① 陈雅丽：《社会主义法治理念与资本主义法治理念的两点本质区别》，《武汉大学学报》（哲学社会科学版）2008 年第 2 期。

② 陈雅丽：《社会主义法治理念与资本主义法治理念的两点本质区别》，《武汉大学学报》（哲学社会科学版）2008 年第 2 期。

③ 《中华人民共和国宪法》，中国民主法制出版社 2018 年版，第 11 页。

④ 陈雅丽：《社会主义法治理念与资本主义法治理念的两点本质区别》，《武汉大学学报》（哲学社会科学版）2008 年第 2 期。

端，最主要的一个表现是三权分立原则导致政治不平等的稳定化。"在衡量民主质量时，平等可以作为一个至关重要的关键性维度。最重要的是政治平等……而如果社会经济不平等没有得到充分控制，那么政治平等就会受到极大限制。"[1]另外，分权制衡的另一个弊端是一部分权力在相互牵制中抵消，经常出现议而不决，决而不行的情况，导致人力、物力、财力、时间等的极大浪费。再者，分权制衡另一个要害是他否定了人民的最高决定权和最终监督权，根本不适合中国国情和社会主义制度。因此，"分权制衡原则在我国没有其正常运行的社会基础，更不能保障国家和社会的稳定和繁荣。戊戌变法、辛亥革命等运动和革命的失败历史已经充分验证了这一点"[2]。

三者有机统一的原则既强调一切权力属于人民，又强调人民主权的至高性，党的领导能够协调各方利益，这契合了我国传统的大一统思想，很容易被我国人民所接受，而且，"三者统一原则有利于维护我们这样一个多民族国家的独立和统一，能够高效的组织整个国家的力量应对各种复杂形势"[3]。

中国法律的本质是人民的自由，不同于西方资本主义法律。中国特色社会主义是真正的伦理共同体。伦理社会、伦理国家与政治社会、政治国家，前者强调德行和义务，后者强调的是强制与合法。康德曾说过：伦理共同体与政治共同体都必须以人的自由为前提，伦理共同体是以政治共同体为基础的，在这个共同体中人们有了信仰：义务和法律。在伦理文明重建过程中，国家和政府必须承担起重建伦理共同体的政治任务和守护民族伦理共同体免遭瓦解的政治使命。

中国特色社会主义事业是全国人民的事业，是实现共同的中国梦，是以共同事业为目标、为纽带的伦理共同体。在这个社会中的伦理关系是由和而

---

[1]　李龙：《人本法律观研究》，中国社会科学出版社 2006 年版，第 76 页。

[2]　陈雅丽：《社会主义法治理念与资本主义法治理念的两点本质区别》，《武汉大学学报》（哲学社会科学版）2008 年第 2 期。

[3]　尹欢伟：《社会主义法治理念研究》，西北民族大学硕士学位论文，2010 年。

不同、和而生物构成的一体两面无支配关系。"每位公民在这个和谐社会中都享有平等自由的成员资格，对和谐社会的共同事业享有平等的共有、共享、共治、共建的权利。"①

4.法律的治理功能。建设中国特色社会主义，在依法治国和以德治国过程中需要充分发挥国家和政府的治理作用，治理措施必须符合人民的利益，建立健全各项相关制度与法律，培养全心全意为广大人民利益谋幸福的司法机构、法官及高素质的司法主体，将司法公平公正贯穿于司法各个环节之中，成为共同的公正理念。司法以真实性为德、为善，司法公正是司法实质的公正，实质公正的本质是结果公正。司法公正体现现代政治文明的本质要求，代表中国司法制度的先进性和正义性，以及今后的发展趋势和方向。

原有司法制度已严重滞后于新时代的要求，司法制度的改革使政府、司法部门增强了社会公信力，促进政府、司法机构及司法主体自我约束、严格自律，减少腐败不公的可能性。司法公正是建立在共同利益、共同政治目的基础之上的，对于从属于中国政治制度的司法体制是实实在在在现实中存在的，最大的现实就是存在于中华人民共和国，存在于中国特色社会主义制度之下。

中国特色社会主义制度符合这一需要，司法伦理的本质是实现人民当家作主，实现公民个人利益与国家普遍利益的统一，从而保证实现社会主义国家的公民自由。司法伦理建设其实质就是达到司法公正的目的，道德之善、行为之善、制度之公正、运行之公正、监督之公正，使司法公正成为国家司法不断自我完善、发展的不竭动力之源，成为不断的、持续的创新的动力之源，从而获得党政、司法、公民共同治理的动力，达到一个良性循环，达到法律面前人人平等，真正实现司法伦理共同体。

目前，我国司法伦理正处于完善阶段，中国特色社会主义的社会制度就

---

① 张子云：《公选公正论——中国公开选拔制度的政治哲学研究》，湘潭大学博士学位论文，2009 年。

是党领导人民依法治国，建设和谐社会和法治社会。在这个社会中倡导以人为本、公平公正、自由平等；在这个社会中坚持依法治国和以德治国相结合。当前我国在司法领域正在加强司法体制改革和司法伦理建设，正在构建司法伦理共同体，其目的就是为将司法伦理的形式化、概念化状态向发挥实效性状态转变。

司法制度的改革，以及实现司法公正，具有严肃的政治性和深远的历史性。司法制度改革与司法公正，并非某个人、某个组织、机构随意决定的，而是由国家的政治共同体，即在中国特色社会主义和谐社会这个共同体条件下来决定伦理共同体的建设。

社会中的每个人都是通过各种共同体而组成社会，人的利益选择也是通过共同体获得，共同体是人类的本性。马克思的政治哲学路径就是破解"旧共同体"而构建"新共同体"的过程，马克思的"真正共同体"思想是建立在唯物史观基础之上的、具有实现可能性的真实共同体的社会理论。一方面马克思的真实共同体思想具有现实的可行性与进步性；另一方面真实共同体思想是马克思对资本主义社会的"虚假共同体"的鞭挞和对资本主义的现代性批判。

"共同体"概念发源于古希腊哲学，无论是古希腊城邦还是古罗马共和国，共同体的生活一直是公民"政治社会"的一种呈现形式。在谈到共同体的时候，要明晰它的核心本质。自由是人的存在状态，共同体正是由人的自由存在状态构成，自由是人的本质。"失去权利的自由，没有了利益的内在性的自由，实际上是不存在的。所以，'没有个人反对自由'，因为失去了利益基础的权利存在的自由是'虚'的，而非'实'的"①。

在资本主义社会制度中生活的个体，由于是以维护自我生存的理性选择为目的，时时、事事核算和保护着个体利益，理性的自我保护，个体权力的至上，势必导致一种自私自利的、以个体为根本原则的市场经济。因此，资

---

① 姜涌：《"真实共同体"与"虚假共同体"之诠释》，《广东社会科学》2016年第6期。

本主义社会的价值观是一种个人主义的价值观，这就是资本主义社会中资产阶级文明的核心。不言而喻，资本主义社会中呈现的个体的"利他"原则和倾向，在现实社会的中，仅仅只是一种工具——一种黏合社会的工具，是现实存在的客观抽象。因此，资本主义社会中的伦理共同体，只能是一种特殊义务的存在。

当今社会的社群主义共同体中的价值观正是对这种源于资本主义社会自由主义基础之上的个人主义价值观的忧虑。所以，"利他"并非是生活在资本主义社会中的个体的主动选择，而是资产阶级社会经济和社会制度发展的结果。因此，资本主义社会中"同物结合着，并且作为物出现"的人与人的关系，是资本主义社会利己和利他关系的结果。政治民主制之所以是基督教的，是因为在这里，人不仅一个人，而且每个人是享有主权的，是最高存在物。但这是由于整个社会组织而堕落的人，是具有无教养的非社会表现形式的人，是具有偶然存在形式的人。

马克思抨击了以自由民主制度和个人主权概念为形式的资本主义的政治现代性。西方个体开始摆脱对共同体的依赖，是从近代社会开始出现启蒙理性觉醒的，它冲破了古希腊古罗马社会中的那种对共同体的义务概念，改变了个人主义价值观相对于王权、神权的专制，进而组成市民社会，形成第三等级力量。无疑是一种社会历史的进步。

那么，摆脱了共同体的个人，是如何实现个体利益与特殊利益相结合而催生出普遍的共同的利益呢？个人的经济关系产生于市民社会这种共同体中人与人的交换关系中，但在这个过程中个人利益的选择是基础、是前提，因为这是主体自身的利益，而非社会共同利益。也就是人们通过分工和交换形成了市民社会，个人的劳动分工构成了社会化的存在，但同时产生了令人诟病的社会问题——特殊利益与共同利益之间产生分歧，即只有个人利益，只要分工不是出于自愿，那么这种经济和利益关系就成为一种对立，它压迫着人，而不是由人驾驭这种关系，这是资本主义社会的必然结果，是由生产资料私有制的社会制度所决定的。

君主制社会的君主与市民社会的君主在权贵、金钱等特殊利益上没有什么两样。资本主义社会特殊利益与共同利益的矛盾，迫使资本主义国家采取一种国家形式——虚幻共同体形式，即实际个人利益与共同利益相脱离的市民共同体，在这种虚假共同体的掩盖下，进行着激烈的阶级斗争——民主政体、贵族政体、君主政体相互斗争，各自为利益而争斗。因为这种共同体利益是异己的和不能依赖的，所以说它是一种虚假共同体。

社会主义社会中，个人与他所处的社会中所有人民享有自由、民主，享有共同权利、义务、共同理想、事业，全体公民利益的一致性使得这个共同体具有真实性和现实性，为每个人的自由和发展提供平台和条件，人与人之间的联系和关系是平等互动的合作竞争。在中国特色社会主义社会，中国司法伦理的本质是实现人民当家作主，实现公民个人利益与国家普遍利益的统一，从而保证实现社会主义国家的公民自由，是真正的伦理共同体。

四、中国特色社会主义司法的核心价值观

"司法伦理是司法道德化的产物，是具有司法职业特征的道德准则和规范，它的内涵主要体现在公平、公正，以人为本；司法伦理对实体正义和程序正义都有影响。"[①] 司法伦理的根本内容是公正司法，清正廉洁。司法伦理道德除要求司法公正之外，还要求从业人员具有良好的敬业精神，崇高的职业责任感，勤勉尽职，司法过程中要遵守其道德行为准则和伦理规范。树立和践行社会主义核心价值观，不断提高伦理道德水平，将社会主义核心价值观融入司法工作全过程，这就是司法领域的道德准则和伦理规范，也是司法

---

① 陈淑萍、崔昌玺：《论司法伦理的内涵——以司法公正为视角》，《教育教学论坛》2014 年第 1 期。

领域的价值取向。社会主义核心价值观引领中国特色社会主义法治建设，引领司法伦理的方向。

社会主义核心价值观是凝练了的中国特色社会主义理论，是马克思主义中国化的理论成果，集中体现了当代中国社会主义国家的意识形态和主流价值观，代表中华民族的时代精神，表达了中国公民共同思想基础的价值观念，反映了人民共同认同的价值观念，为国家、民族的发展提供了支撑，体现了中国特色社会主义根本性质的价值观念。它融国家、社会、公民的价值要求于一体，积淀了最深层次的中国人的精神追求。所以，司法伦理是核心价值观在司法领域里的具体运用。

（一）中国特色社会主义核心价值观本质特征[①]与作用

社会主义核心价值观是中国特色社会主义制度的本质核心，是根本价值取向，也是中国特色社会主义建设的目标、落脚点和归宿，是我们建设中国特色社会主义国家运作模式赖以立足、借以扩展、得以持续的灵魂，可以理解为它是一种制度精神——国家制度——国家意识形态、软实力的内核。

1. 中国特色社会主义核心价值观区别于其他价值形态的表征

首先，阶级性与人民性的统一。这不仅是社会主义价值的集中展现和发展，而且是现阶段我国人民价值需求的价值观，是我国人心所向、众望所归的价值诉求，司法伦理就是在司法领域建设与改革的诉求。

其次，民族性与世界性的统一。它既继承弘扬了我国优秀文化传统，又面向世界吸取了失败经验并借鉴了人类历史发展进程中进步的价值观念，司法伦理的建设，就是要把核心价值观以中国特色融入司法领域建设过程中。

最后，现实性与超越性的统一。它是我们判断现实价值是非的标准，也

---

① 郑永廷：《社会主义核心价值观主导与多样价值追求协调新常态研究》，《社会主义核心价值观研究》2015 年第 1 期。

是我们追求的价值目标，司法伦理建设要根据我国特色社会主义现实情况不断创新。

2. 中国特色社会主义核心价值观主要作用体现了它的统摄地位 ①

首先，它奠定了国家制度的道义基础。中国特色社会主义核心价值观是构成合法性的依据，决定了国家形象，是司法伦理建设的核心价值取向，更代表了国家形象。

其次，它为相应的国家制度的构建提供了基本思路。司法制度的建设与改革也不例外。它决定了国家制度变革和调整的基本方向，司法制度建设、改革更是如此，必须沿着这个方向进行。作为特定社会经济观念表达，核心价值观利益导向要准确无误。

最后，它奠定了中国特色社会主义社会的主导价值、主流民意、主流意识形态。它对多元存在的价值观、种种社会思潮发挥了引领作用，是凝练的价值共识。在经济全球化和改革开放新时代，坚定了国人共产主义远大理想与中国特色社会主义共同理想，不忘初心，砥砺前行。

（二）中国特色社会主义核心价值观是引领司法公正的价值观 ②

张文显在《和谐精神的导入与中国法治的转型——从依法而治到良法善治》一文中指出，"近代以来，人类社会的公共治理模式有过两次革命。第一次，从人治到法治（以法而治，rule by law；或依法而治，rule of law）。第二次，从以法而治（依法而治）到良法善治（governance of good law）。从人治到法治，是公共治理模式的形式革命，从'国王就是法律'演变为'法律就是国王'，实现了法律至上、权利平等和形式正义。而从工具主义的以

---

① 侯惠勤：《"普世价值"与核心价值观的反渗透》，《马克思主义研究》2010 年第 11 期。

② 李海滢、王立峰：《执法正义：法治政府的价值理念》，《社会科学研究》2012 年第 5 期。

法而治和依法而治到良法善治则是公共治理模式的实质革命，以法律的'人性化'、'人文化'、'人权化'而消解了法律暴政，实现了形式正义与实质正义的统一。"① 和谐精神的道路正引领着中国法治迈向以良法善治为特征的民主法治、文明法治、和谐法治，是司法伦理建设核心价值观之一。

何家弘在《司法公正论》一文中指出："司法公正是法的自身要求，也是依法治国的要求，其基本内涵是要在司法活动的过程和结果中体现公平、平等、正当、正义的精神。司法公正的主体是以法官为主的司法人员。司法公正的对象包括各类案件的当事人及其他诉讼参与人。"② 司法公正包括实体公正与程序公正，实体公正是司法公正的根本目标，程序公正是司法公正的重要保障。整体公正与个体公正的关系反映了司法公正的价值定位和取向。

陈兴良在《刑事司法公正论》一文中指出："刑事司法所确立的是个别公正，它对于刑事立法所确立的一般公正的实现具有极为重要的意义。别公正是司法活动的最高追求。个别正的司法实现较之一般公正的立法实现更为复杂，一般公正能否转化为个别公正有赖于能动而有效的司法活动。"③

现代法治强调德治善治，把良法的基本价值注入国家治理的整体规划中。因此，法治在国家治理现代化中具有举足轻重的地位，起着决定性作用；国家治理现代化必须经过法治化这一重要环节，治理体制和治理能力法治化是实现国家治理现代化的两大基本方向；实现法治强国、良法善治以及健全中国特色社会主义法治是我国法治现代化的重要内容。

江国华在《论司法改革的五个前提性问题》一文中指出：司法改革在法治中国建设的过程中起着基础性作用。在实际操作中，司法机关不能把司法的社会效果当作政治效果来理解，应该站在更高层次上去理解政治效果，否

---

① 张文显：《和谐精神的导入与中国法治的转型——从以法而治到良法善治》，《吉林大学社会科学学报》2010 年第 3 期。

② 何家弘：《司法公正论》，《中国法学》1999 年第 2 期。

③ 陈兴良：《刑事司法公正论》，《中国人民大学学报》1997 年第 1 期。

则对公平正义的理解就有所偏差，无法以一定高度来认识和评价司法的最终目标。①

事实上，合乎正义应当成为真正的法官司法政治效果。司法改革应当处理好党委、纪委与司法机关的关系；审判中处理好法院、检察院、公安机关的关系；司法过程中处理好司法体制去地方化和去行政化的影响；司法活动中实行法官依法独立办案、检察官依法独立办案；司法体制改革中，实行法官、检察官分类管理；统一刑罚执行体制；实行司法独立和公开；加大司法活动的监督力度。进而重新构建我国社会秩序。通过人事制度改革，实行专业化、精英化、切实树立法官权威，树立法治权威，公平公正的判断公民自由、和财产取舍予夺的重要事项。因此，自由、平等、民主、法治是司法伦理建设的核心价值观之一。

何家弘在《如何提升司法公信力》一文中指出：我国司法公信力不高，体现为涉诉上访等诸多现象。司法公信力不高的原因可以从司法不公、司法主体整体素质和司法体制缺乏独立性等几个层面进行分析，应该借助民间力量来提高裁判过程的透明度，包括改良人民陪审制度和审判监督制度，以此作为提升司法公信力的改革进路。②

汪习根在《论人权司法保障制度的完善》一文中指出：从认识论上看，司法是从应然人权向实然人权转化的最重要方式，人权司法保障制度的完善是推进国家治理体系和治理能力现代化的根本保障，应该不断强化法治思维的形成，引导人权司法保障制度的不断完善，以达到人权司法公信力和人权司法自信相统一，实体权力、程序权力、综合权力三者相统一，程序性权利和组织性权力相统一。为破解人权司法保障的现实难题，需要推动信访司法终结制度、民生公益司法机制的不断完善，并且对司法职业准入规则进行标

① 江国华：《论司法改革的五个前提性问题》，《政治与法律》2015 年第 3 期。
② 何家弘：《如何提升司法公信力》，《检察官学院学报》2014 年第 5 期。

准统一，提升司法主体的主权素养，优化人权司法组织体系。[①]

周永坤在《提升司法公正的路径选择——以正当程序和司法良知的关系为切入点》一文中指出：制度对于人的行为举止比道德的影响力更大。从根本上来讲，司法制度能够保证司法公正，程序正义的司法制度能够达到公正的司法效果。反之，缺乏程序正义的司法制度则无法实现司法公正。[②]

（三）中国特色社会主义核心价值观引领司法实践的价值观

司法实践体现的是程序正义，以中国特色社会主义核心价值观为引领，提高司法过程中的主体伦理水平，才能实现正当司法程序，提升司法公正。所以，司法公正需要关注以下三个方面：首先，直接输出司法公正；其次，通过提升法官职业良心来输出司法公正；最后，扼制滥用司法良知的情况发生。

因此，确保司法公正的最终实现，必须以正当程序为引导方向来进行司法体制改革，而非仅仅是对法官进行单一的道德说教。龙宗智在《影响司法公正及司法公信力的现实因素及其对策》一文中指出：当前司法公正和司法公信力建设，存在少数案件处理不公正、办案程序不合法、纠错机制不健全、办案效率低下等问题。司法腐败的存量因素损害司法公信力，民众对司法的认同度仍然不高。现实影响因素包括：司法主观因素、司法体制因素、工作机制因素、司法资源因素、司法主体因素、司法与社会互动因素等。因此，必须进行司法改革，为司法公正提供体制、机制保障，包括加强司法建设、思想建设、司法规范化建设、调整绩效考评、改善内部管理、完善司法与社会互动机制等。司法官队伍建设是影响司法公平和公信力的关键，要遵守职业道德，有良好的敬业精神。当前，有序提升资源配置，保障司法官的

---

① 汪习根：《论人权司法保障制度的完善》，《理论参考》2014 年第 5 期。

② 周永坤：《提升司法公正的路径选择——以正当程序和司法良知的关系为切入点》，《苏州大学学报》（哲学社会科学版）2012 年第 5 期。

素质，加强职业伦理建设，为司法公正提供精神支撑。习近平总书记指出："培育和弘扬核心价值观，有效整合社会意识，是社会系统得以正常运转、社会秩序得以有效维护的重要途径，也是国家治理体系和治理能力的重要方面。"① 而且，更为重要的是，依法治国和以德治国两者相互补充相得益彰，法律是成文的道德，道德是内心的法律，法律和道德都是有规范行为、维护社会秩序的作用。

当前，我们正在大跨步走在实现"四个全面"战略目标和"两个一百年"奋斗目标的征程上，为实现中华民族伟大复兴的中国梦不懈努力，为实现国家繁荣富强，全国人民爱国敬业，践行社会主义核心价值观，为全面建成小康社会、全面深化改革、全面依法治国、全面从严治党的实现提供道德和法律保障。道德与法律虽然有很大差别和不同，但二者相辅相成、缺一不可，密不可分地联系在一起，共同为国家繁荣富强、为经济社会健康有序发展所服务。任何国家、任何社会的治理都需要道德和法律的共同作用。法治离开了道德支撑就会失去良治之前提，德治离开了法律的支撑，就显得苍白无力。

依法治国反映和体现了人民民主专政国家政权的职能行使，有利于国家治理能力现代化的推进和发展，有利于保障人民当家作主真正落到实处，是国家性质、方向、道路问题。我们所依据的法、所实施的法是人民民主专政国家和社会主义道路的法，是良法善治，真正代表和体现最广大人民群众利益和意志的良法，是最广大人民群众期待的自由、平等、民主的良法。

社会主义核心价值观反映了依法治国司法伦理的现代政治理念，能够促进全面依法治国的推进，体现了中国特色社会主义治国理念的价值取向。社会主义核心价值观与司法伦理具有高度一致性，核心价值观的每个范畴都与司法伦理有关，尤其内涵方面的一致性更为明显。公正包含了公平、正义、

---

① 《习近平谈治国理政》，外文出版社2014年版，第163页。

平等，甚至可以涵盖诚信，司法工作人员的核心价值观是忠诚、为民、公正、廉洁、秉公办事，是对各个领域尤其是司法部门都有道德标准意义的价值范畴。

公正在司法领域的内涵包括程序公正、社会公正，二者共同构建了完整的社会公正保障体系。公正就是要在国家各个部门、领域、各行业，特别是司法领域实现公共平等，公正是社会主义作为一种社会理念和理论体系针对资本主义事实上的不平等而提出的新型价值目标。公正作为社会主义核心价值观的灵魂，以阐释正义的多元视角，运用马克思主义理论，吸纳中国传统伦理思想文化，集中和发展了中国特色社会主义探索中的理论成果。

在司法伦理和司法公正中体现社会主义核心价值观，在司法机关的法治实践中，公平、正义是维护人民利益和国家法律尊严的核心价值要义。要达到司法公正的终极目标，就要坚持司法为民、坚持实体公正与程序公正、坚持司法独立、维护司法权威。社会主义核心价值观引领司法公正，司法公正引领社会公正，只有将社会主义核心价值观融入法治建设中，才能达到司法公正的终极价值标准。

有关司法伦理建设和研究，英、美、法在程序公正上至关重要，而我国司法在近代法典中更注重实体公正。因此，我国司法借鉴程序公正国际化标准和吸收西方经验，结合中国特色社会主义道路具体情况，将程序公正也作为司法公正的核心之一进行研究和实施。司法伦理的构建和社会主义核心价值观的践行是"有机统一"的，要"共同推进"，实现"一体化"建设，这是时代的要求，也是时代的必然选择，是中华民族伟大精神、伦理道德的文化传承。核心价值观是连接司法伦理根本价值与司法公正的桥梁和纽带。

在法治建设中，我国司法伦理倡导以价值观为基础的德治和司法为基础的法治相互融合，完善德治促进法治，发挥社会主义道德促进法治的作用，以社会主义核心价值观引领司法公正。中国特色社会主义核心价值观是对我国全体公民的行为规范和道德准则，也为司法伦理建设提供了基本价值标准。中国特色社会主义核心价值观受到全社会共同认可，是我们国家和民族最持久、最深层的力量，凝聚了全体公民的共识、汇聚了中华民族的力量。把道德贯穿于整个司法伦理建设中，以法治承载道德观念，道德才有可靠的制度支撑，司法活动要树立鲜明的道德导向，立法、执法、司法要体现社会主义道德要求，使司法成为良法算法，从而发挥司法伦理惩恶扬善的功能。社会主义核心价值观在司法过程中应起到引领作用，而司法伦理在推动社会主义核心价值观内化于心、外化于行中起到一个规范化作用，并提供有效保障。

新时代，贯彻和落实习近平总书记系列讲话精神和治国理政新理念、新思想、新战略，全面落实依法治国方略，保证司法独立、司法公正、消除行政干预、发挥法制对德治的促进作用，使中国特色社会主义核心价值观深入人心，深入司法全过程、得到民众广泛认同，从而达到以社会主义核心价值观引领国家意识形态的作用。

第二节　"司法公正"作为中国特色 司法伦理的价值承诺

司法伦理的本质就是要实现司法公正。公正，即公平、正义。只有最广大人民群众的利益能否得到保证才是检验公正的根本标准。公正是人们能够在社会各个领域中，包括政治、法律、道德作出是非、善恶的价值判断。是非价值判断是真理和谬误的判断，善恶即是价值的判断。司法伦理公正实质就是真理判断与价值判断的统一。司法公正是在整个司法过程中，所有司法行为与结果符合客观规律和客观实际。所以说，公正是符合客观事实的客观精神，是符合人民群众利益的。因此，司法公正不仅是中国特色司法伦理的价值取向，司法公正也是中国特色司法伦理的真理性判断。真理在唯心主义与唯物主义之间是截然不同的两个立场。

第一是客观唯心主义：认为客观精神是世界的本原，是真理，进而认为判断真理的标准是否符合客观精神。

第二是主观唯心主义：认为主观认识是世界的本原，特别把对"我"有用的认识当成真理，进而把主观精神看作是真理的衡量标准。客观唯心主义和主观唯心主义都否定了真理的客观实在性，即否定了真理内容和检验真理标准的客观性。

第三是辩证唯物主义认为：真理是主观和客观的统一，是对客观事物及其规律的正确反映，实践作为检验真理的根本标准，是客观存在的。可见，对事物真理性判断必须以客观实践为根本标准。

"价值"是反映客体对主体的需要的有用性或满足程度的概念。善与好是对客观肯定的判断，恶与坏是对客体否定的判断。这一判断首先取决于主体对事物真理性判断。其次，取决于主体自身的需要和满足。不同主体之间有不同的需要，因而对客体的善与恶的判断标准根本不同，要充分体现人民共同意志和共同利益，保障人民民主权利维护人民根本利益。

司法公正是当下中国特色司法伦理的价值承诺，要求司法主体的行为要始终以人民至上、法律至上、真理至上为原则，以社会主义核心价值观决定价值取向和行为评价标准，以客观事实为依据，保证司法行为的真理性，并充分体现人民共同意志和共同利益，保障人民民主权利维护人民根本利益。做到司法伦理公正的真理性与价值判断的统一，使得司法公正的检验标准以最广大人民群众的利益和实践活动为基准，作为惩恶扬善的根本标准。

一、中国特色司法公正的伦理内涵

司法公正之所以能得以不断实现，其根本原因在于它并赋予人类丰富的伦理内涵，承载着人的本质需要。司法不是一项纯事实性活动，而是一项价值性活动。伦理司法价值的实现，也是司法公正价值实现的重要保障。

法律和道德有着紧密的联系，一般来说，法律是道德的底线，道德是人内心的法规。法律规范本身就内涵了伦理因素，二者是相互包含、相互转化的关系。因此，司法实践活动的整个过程也必然包含着法律和道德的因素，而公正司法、清明廉洁是司法伦理的核心内容。

司法伦理是司法实践过程中内含的司法主体职业道德规范，其价值观和道德水平能够反映司法主体的司法行为是否合理，也是司法公正得以实现的必然内容。司法公正的伦理内涵包括以下几个方面：

（一）公正

公正历来是人们的价值追求，也是社会制度的重要价值所在。公正是人们追求的崇高理想和价值目标，是社会制度的第一要义。自古以来，世界各国人民都认同法律和公平正义的关系，所有宪政国家都认为平等权是宪法十分重要的原则，平等权在司法中的体现就是公正，司法实践必须体现公正。

从伦理层面来讲，司法公正首先体现法律面前人人平等，这也是司法权威形成的前提条件。司法主体在司法过程中确保司法公正，也就是坚持以公平为标准的宪法原则，是实现司法价值目标的核心内容。因此，司法主体要立足正义，整个司法过程要按照法的精神和原则进行公正处理，并且在一定范围内要主动矫正立法缺陷，最终确保公平正义的实现。

（二）以人为本

司法以保护人权、尊重人的尊严为终极价值目标，这也是法治的最终目标，司法制度不断完善的最终目的也是确保司法公正能够保护人权。因此，制度设计要实现人的本性倾向——过一种社会生活。每个司法主体都应该始终拥有这一人权意识，在道德领域有是非善恶之人，但是在人权领域不存在双重标准，否则法律就失去了正当的价值。司法伦理要求司法主体依法尊重当事人的合法权益，进行非歧视的、人道性的、理性化的执法行为。司法机关和司法主体要在人权理念和人权精神的指导下对犯罪嫌疑人、被告人、服刑人员给予人文关怀，尊重当事人合理意愿，保障当事人合法权利，维护当事人的尊严，让当事人享受公正的人权保障。

（三）平等

《中华人民共和国宪法》第四条规定：公民在法律面前人人平等，即不分性别、种族、职业、职务、社会出身、宗教信仰、财产状况等，每个人在司法面前都享有同等权利，承担同等义务，不允许有任何特殊情况的存在。这体现了司法实践活动特有的维护平等价值的伦理精神。

同时，司法公正蕴含了扶危济困的伦理精神，体现了浓厚的道义和人文关怀，是司法公正的重要内容。例如，对弱势群体实行司法救助、减免缓交诉讼费，孤、老、残、幼平等行使诉讼权，就是践行司法公正的平等标准。

中国特色社会主义正在进行依法治国和以德治国相结合的法治国家建设，司法公正是当代法治社会的一个基本的、必然的要求。中国特色司法伦理价值的本质是司法公正，实现人民当家作主，以人民普遍的、共同的权利为核心，是为了最广大人民利益的公正，实现公民个人利益与国家普遍利益的统一，实现司法真正公平公正。这是中国特色司法公正区别于其他司法公正的根本问题。

东西方文化传统的差异就是群体利益与个体利益价值定位上，个人利益体现在经济状况、社会生活、权力地位、名誉声望等。社会整体利益体现在经济发展、社会和谐、文明进步、公共秩序等。当个人利益和社会利益发生冲突时，不同国家的司法制度会采用不同方式进行这种冲突的处理。

有些国家强调对社会整体利益进行保护，有些国家则注重个人利益。我国不同于资本主义国家，我国把最广大人民群众的根本利益作为司法保护的出发点和立足点。因此，个人牺牲自己的利益去保护集体利益、国家利益，我们认为是正确表现，值得鼓励和倡导。而资本主义国家在司法制度上采取强调个人利益，因此，司法系统必须首先保护个人利益。

司法公正是以一定社会价值观为基础的，要符合主流意识形态。不同国家有不同的司法公正角度，因此，反映这种价值观念的定位和取向也不同。要反映一种价值观念上的定位和取向，即要体现整体公正还是个体公正。从某种意义上讲，所谓保护人权，司法公正是以强调个人公正为基本价值取向的，而打击犯罪型司法公正则是以追求整体公正为基本价值取向。不能过于看重犯罪嫌疑人或被告人的权利保护，否则会影响打击犯罪行为。例如：美国过分强调人权，社会上毒品、暴力、校园枪击案等猖獗，其原因之一与过分强调保护人权有关。我国以往对犯罪嫌疑人、被告人基本权利保护有所欠缺，但我们不能像美国那样，要吸取其经验教训，要根据我国具体国情走中国特色道路，在追求司法公正的同时适当加强对犯罪嫌疑人、被告人的基本权利保护。1999年，最高人民检察院公开要求各级检察人员在执行公务过程中，特别是在案件调查时要告知犯罪嫌疑人、被告人依法享有的各项权利，使得我国司法公正又迈上了一个新的台阶。但是，这种权利保护不能本末倒置，以牺牲打击违法犯罪来换取人权保护，我们的司法活动是要保护最广大人民群众的根本利益，因此，不能完全照搬其他国家的司法制度。

这是符合中国国情的司法公正。我们一方面要通过司法独立和正当程序来实现司法公正，另一方面也要提高法官等司法主体的综合素质。建立中国特色司法制度，建立科学合理的司法公正体系和保障制度。

资本主义国家司法的三权分立，实质上只是资产阶级内部不同利益集团之间的分权，是满足各自利益之争。司法始终受到立法、行政、政党、媒体、民众等多方限制和制约。资本主义国家法律的实质就必然是资本剥削秩序的保护神，这就从根本上丧失了公平正义。所以，所谓"人权"是虚伪的，列宁曾说过，资产阶级民主不过是资产阶级专制的遮羞布，所谓司法公正就是遮羞布中最核心的一块。资产阶级的公正只是对其阶级内部占主导地位的统治阶级剥削势力的公正，并非真正的人民的公正。实现真正多数人的民主，只能是无产阶级专政。无产阶级专政就是政治上、法律上、经济上最大的公正。无产阶级劳动人民当家作主，无产阶级占统治地位，司法公正才是真正的人民的公正。

法律规范的价值取向和人们现实生活中的价值追求是评价司法公正的基本尺度。例如美国，最近由福格森枪击案引发的席卷全国的抗议浪潮，特朗普之所以迟迟不下令，就是因为美国商界最大制造商在他竞选过程中给予大量金钱上的支持，资产阶级内部官商勾结不顾人民死活，以牺牲广大人民群众利益而各自获得自己的利益最大化。

而中国特色社会主义的司法，能够实现真正公正的依据是：我国是工人阶级领导的、以工农联盟为基础的人民民主专政的社会主义国家。这就决定了一切权力属于人民，人民代表大会制度就是我国的政体，法律由人民代表大会制定，司法主体的人选由人民自己决定，权力拥有者只是人民权力的代言人和执行者，这样既能使审判检察机关在司法工作中符合最广大人民的意志，又能使其在法律规定的职权范围内各自独立行使司法权，公平公正是我国司法的灵魂和生命线。这是中国特色司法公正区别于其他司法公正的根本问题和关键所在。

二、中国特色司法公正的伦理原则

司法公正不只是内涵的伦理的实质，还以现实的道德实践活动实现它的公正价值，发挥它的道德功能。中国特色司法公正在伦理道德上要坚持三个基本原则：

（一）人民利益和权力至上的原则

社会主义民主政治的本质和核心是人民当家作主，人民的利益和权力至高无上，这决定了司法活动的根本立足点和落脚点是解决民生问题，把最广大人民群众的根本利益放在首位，维护人民权益，把最广大人民群众是否满意作为司法公正的检验标准。我国的司法制度是人民民主专政国家制度的重要组成部分，这决定了我国司法制度的人民性特征，司法公正必然要体现人民性——执法为民和司法公正的基本原则。坚持这一原则就要真正把察民情、解民忧、谋民利落实到位，以人民群众最满意的司法方式体现对社会公平正义的价值追求，赢得人民群众的拥护和支持，实现社会的安定和谐。

（二）坚持共产党的领导的原则

中国特色社会主义司法制度是以马克思主义法律观为指导，立足我国国情和司法实践的成功经验，积极吸收人类法治文明优秀成果，是人类法治史上的重大创举。习近平总书记强调："我们治国理政的本根就是中国共产党的领导和社会主义制度。"党的十九大报告中还提出中国特色社会主义最本质特征是坚持中国共产党的领导。

我们强调坚持党的领导、人民当家作主、依法治国有机统一，最根本的是坚持党的领导。只有在党的领导下，人民当家做主才能真正实现，国家和社会生活才能实现制度化、法治化的有序推进。因此，全面深化司法体制改革要以司法制度的政治性、人民性、法律性的统一为前提和基础，确保中国特色社会主义司法制度本质不变，坚持党的领导这一原则不放松，旗帜鲜明，任何时候任何情况下都要始终坚持党的领导这个"定盘星"。

我们不能站在西方国家司法立场来对我国司法制度加以评判，对西方国家司法制度进行生搬硬套根本无法解决我国司法体制现存的问题，而且还会造成灾难性、颠覆性后果。

当然我们也要认识到我国司法制度中存在的一些问题，我们只有不断深化改革，才能使得我国司法制度不断完善和发展，在立足我国司法实际的基础上，充分吸收人类法治史上的优秀成果才是发展的真正方向。

（三）坚持社会主义和共产主义价值原则

坚持中国特色社会主义方向是司法体制改革的基本指导思想，社会主义是走向共产主义的必由之路。中国特色社会主义就是在中国共产党领导下，立足基本国情，实现全体人民共同富裕，建立富强、民主、文明、和谐、美丽的社会主义现代化强家。

共产主义是马克思、恩格斯在批判和吸收空想社会主义思想成果的基础上，运用辩证唯物主义和历史唯物主义的科学世界观分析社会发展客观规律，认真总结工人运动的实践经验而提出的一种社会理想，是工人阶级及政党为其奋斗的目标，是共产党人的最高理想。在中国特色司法工作中要胸怀共产主义远大理想和中国特色社会主义信念，一切为了中国特色社会主义社会建设，为共产主义社会的理想和目标。

马克思和恩格斯认为，人类社会的崇高境界以及社会主义和共产主义的首要价值就是公正。马克思主义运用历史唯物主义对社会公正问题进行了深入研究，认为社会公正是由一定的经济基础所决定的社会制度和普遍意识形态。司法公正是社会公正的最后一道防线，司法从产生起就作为定纷止争的手段，公正的价值对于司法来说犹如生命与灵魂。根据马克思主义社会公正哲学理论思想，结合中国国情，我国形成了中国特色社会主义的司法公正和伦理道德，即人民民主专政下的司法公正。

中国特色社会主义旨在建立和谐社会、法治社会，要求人民当家作主、以人为本、民主、自由、法治，要实行符合中国特色的司法公正伦理原则。

中国特色社会主义是稳定的社会。我国经济发展进入关键性历史时期，这个时期人民内部矛盾凸显，刑事案件频发，国际形势、对敌斗争复杂。我们要全力以赴维护国家安全和社会稳定，立法必公、有法必依、执法必严、违法必究才能保障社会主义事业稳定发展。否则，人民就会生活动荡，处于水深火热之中。

司法权威是中国特色社会主义的价值原则，是国家治理、经济发展、人民安康、社会繁荣富强的法律保障。权威与和谐相辅相成，司法权威体现了中国共产党的权威，体现了国家权威。因此，维护司法权威必然维护了党和国家的权威，就是维护人民民主专政的社会主义、中国特色社会主义的权威，使中国特色社会主义可持续发展，逐步向共产主义远大理想迈进。

三、中国特色司法公正的伦理价值

中国特色司法公正是筑牢社会主义社会公正的根基，是国家法治的伦理价值体现，具有重要的现实意义和深远的历史意义。

司法公正是人类文明社会的理想目标和追求。公平正义是中国特色社会主义的内在要求，自由、平等、公正、法治体现了中国特色社会主义核心价值观在价值取向上的导向，也是司法伦理的价值体现。司法公正在促进社会公平、正义中发挥着不可替代的重要作用。司法公正就是在司法活动过程中和结果中（程序公正、实体公正）体现公平、平等、正当、正义的精神。司法活动的价值理想就是实现司法公正，这也是司法价值实现的路径。

法律面前人人平等体现在司法领域是司法的实体公正和程序公正。司法部门及司法工作人员在解决现实生活中出现问题的人和事的时候，按照国家法律程序将实体法以公平、合乎情理的原则加以应用，或者解决这些问题时，法律条文没有规定详情，要按社会公认的理念进行评判。总之，司法过程要取得理想的司法效果和社会效益，就必须通过司法公平来实现司法公正，这是追求司法正义的必经之路。

伦理道德在无法调节人们之间关系和矛盾过程中产生了法律，法律是统治阶级治理国家和社会的手段。法律通过把人们的自由提升为法律权利来保障自由的实现。司法伦理保障社会公正实现的屏障与司法活动紧密联系，是司法职业领域的道德规范，司法主体必须将此作为司法活动的行为准则。

中国特色司法伦理以公正为价值基础，并以此为出发点和立足点。因此，司法主体和司法活动把公正作为重要的价值追求。司法伦理把惩恶扬善作为基本原则，中国特色的司法公正在司法过程中得到贯彻和落实，主要表现在适用法律条文上的平等，诉讼程序合理规范以及判决结果公平公正。即表明：在整个司法活动中处于法律关系的主体不用通过任何非法手段便可依法受到司法部门和工作人员的公平对待。司法伦理规范是实现司法公正价值的最后保障。因此，要实现中国特色司法伦理基础价值，司法部门和司法主体必须廉洁、刚正不阿、中立超然。

法律规定自身难以把握条文中一些模糊的表达等问题，要求法官和司法主体有较高的司法伦理道德素质。再好的法律条文不会自己生效，需要有高素质的、公正廉洁的、理性的、高尚道德情操的、道德自律的和恒久敬业精神的司法主体来实践和实现。这就是中国特色司法公正的伦理价值所在。因此，构建中国特色司法伦理规范和机制，加强司法主体司法伦理道德自律和伦理人格的自我完善，对保证中国特色司法公正有着重要的意义和价值。

从价值功能特性上看，司法公正是工具性价值和目的性价值的统一，是司法自治的内在体现，不受外界任何压力的影响和干扰。所谓工具性价值，可谓工具理性状态，即司法主体依据法律规范，以法律事实为依托，进行正确的事实判断，通过正当程序解决案件的活动，是实现法律公正的重要手段和前提；目的性价值，是通过司法实现法律公正，这不只是单纯的实现法律的公正，而是通过法律公正实现社会的公正，司法公正是引领社会公正的必由之路，实现社会的公平正义，建设法治中国才是司法公正的真正价值诉求。社会法治的价值也是通过司法公正实现的，只有保证司法过程的公平公正，才能确保司法结果的公平公正，这是实现司法价值的必经之路。而司法伦理是司法公正的有效保障，倘若没有司法伦理的保障，司法价值追求就变得遥不可及，国家法治价值的实现也就无从谈起。总而言之，司法伦理价值的最终实现，是基于司法公正价值的实现。

中国特色社会主义法治现代化的最终目标是实现法治国家、法治社会、法治政府。法治国家、法治社会、法治政府的建设并不是单纯依靠法律实现安定有序的社会秩序，而是这种法治要包含自由、平等、公正等价值内核，并且要尊重人的独立价值。个体的自由是司法、法治追求的最终价值目标，个体自由通过国家司法公正实现。个体自由的诉求体现在司法公正目标的实现，个体自由的诉求是对司法公正伦理的诉求。

惩恶扬善是伦理道德与法律的两种不同价值追求，但最终目的都是为了建设和谐社会和维护人民利益，这样才能最终达到维护好个人利益。司法公正作为化解社会矛盾的最后一道防线，人民群众通过司法实践活动的整个过程以及司法主体的综合素养来看到社会公正的实现。因此，一旦司法过程的某个环节出现问题，就会引起司法不公，导致民众对司法的不信任。所以，在司法过程中要有司法伦理保驾护航，司法伦理的构建必须满足民众对司法公正的价值期待。

中国特色社会主义法治建设过程就是良法善治的过程，司法活动和公民守法行为将法的应然价值（法定价值）转化为现实价值。再完美的法律条文也难免有一定缺憾，这就需要在司法伦理来弥补这一缺陷，不断完善司法制度和司法过程。由此可见，司法伦理是司法公正实现路径上的必然和重要选择。

伦理道德价值对司法公正的价值具有价值上的优先性，司法伦理是对司法运行过程中的一种伦理审视和价值导向。目前，我国正在进行司法改革，就是要改掉司法体制滞后于经济发展与政治体制不相符合的地方，从司法伦理角度看司法改革应从更深层次理解改革结果。如条文不在情理之中，施法者有义务维护司法的权威性，除了法律之外没有更高的权威主宰司法。在司法运行中不能超越法律范围，否则司法公平和正义的实现就成为无稽之谈。

道德情理不可忽视，但于情于理必须以不违法为基础，司法过程必须在情理发生冲突时做一个很好的权衡，要把法的权威放在首位，不能在法律范围之外进行司法。司法公正的价值是伦理道德价值的转型，司法公正是社会公平正义的体现，司法伦理是社会公正的最后保障。

公正作为一种价值形态，是人们追求的一种理想的法的价值目标，不同的主体之间因为利益问题会导致矛盾、纠纷等问题的产生，人们需要借助法律来维护自己的合法权益。公正的社会秩序是人们的理想生活方式，由于种种原因引起的社会不公也成为生活常态。因此，面对各种情况的不公正，人们只能通过司法来满足对公正的追求。

第三节　中国特色司法公正的价值逻辑

司法公正价值实现源于三重逻辑，即司法主体对法律的信仰，遵循法律精神，实现法律价值，维护法律尊严，实现法律权威，使法律成为国家治理的主要依据。

法律信仰是现代法治建设的思想基础，是社会实现法治的重要标志。说到法律信仰，要立足于我国实际发展，寻找适合我国国情和发展道路的司法信仰。至于国际先进经验，只供我们在传统思想基础上，从我国基本国情出发，找到适合自己的法律信仰后做参考之用。法律信仰是法的尊严和权威在公民主观精神中产生的绝对认同和尊重。

法律的尊严对公民法律意识的确立有重要作用。法律尊严主要指："有法可依、有法必依、执法必严、违法必究。"法律条文是人民代表大会制定、并强制执行的，中国人民民主专政国家，法律条文体现了人民性和无产阶级的积极性，是绝大多数人民意志的反映，是至高无上的。法律不受任何权利、任何人、任何事干预，不受任何政治运动影响，无论什么组织、什么机构、什么个人都没有任何理由干涉法律条文的实施，因为它们只代表少数人的意志，人民民主专政国家不能以少数人的意志代表多数人的意志，遂干涉法律执行就是反人民。这就是法律的尊严。

法的权威的至上性，指法律的至高无上性在整个社会规范体系中的体现，其他任何社会规范都无法给予否定。它既代表和体现为一种社会机制，又体现为法的权威观念，这种权威观念表现为人民性，以及全体公民的法律信仰。相对于法律之下的公民来说，法的权威性具有强制性。

一、司法主体的法律信仰

法的信仰体现为人们对法律的一种情感，这种情感是基于对法律的信任、认同、崇敬等。法的信仰作为人的心理活动，是伴随人们对法律的理性认识而产生的，这种心理活动让人们体验到法律的权威和神圣，使得人们能够自觉自愿去尊重法律，并忠诚于法律。只有人们确立了法律信仰，法律才能被切实有效地实施和遵守，这是和谐有序社会形成的前提和基础。对法律的信仰体现了对人们意志的尊重，体现了对真理的信仰，更体现了对平等、自由、公正等价值的信仰。

法律信仰在中国特色司法伦理中主要表现在四个方面：第一，认同法治社会是社会治理的一种理想目标；第二，信服法治是现代社会最适宜的治理方式；第三，遵从宪法法律在一个社会中的至上权威和地位；第四，敬畏法律规则，严格遵守法律规定，自觉服从法律判决。

因此，作为中国特色社会主义国家的公民，要有主人翁意识，做守法的合格公民，守法体现了自己主人翁意志的遵守。公民对法律的情感等同于对自己的情感，对法律的崇敬等同于对自己意志的珍视，对人民主权的信仰等同于对法律的信仰。

二、司法主体维护法律尊严

尊严是法本身绝对的真理性价值，是法的精神性的客观存在。法律是人民意志的表述。所以，法律的尊严具有神圣性、至上性、自由性。公民同违法犯罪行为进行斗争，既维护了法律的尊严和权威，也维护了公民自身的利益和尊严。法的尊严反映了人们对客观规律的正确认识，客观规律作为人类认识对象的客观世界中各事物间必然的、内在的联系，对客观规律的认识是真理性的认识。

（一）法律尊严的真理性

真理是人们对世界客观规律的正确认识，是人的意识同客观世界的一致性和统一性。规律的客观性和永恒性对真理在一定条件下、一定范围内的可靠性和预测性起决定性作用。法律是国家和社会治理的规范体系，是人们对客观规律的正确认识，呈现出真理性特征。立法者应该把自己看作科学家，他不是在创造法律，也不是在发明法律，而仅仅是在表述法律，他把精神性的内在规律表现在有意识的理性法律之中。法律应植根于真理之中，与客观规律相一致、相统一而展示了法律尊严的真理性、精神性、神圣性和至上性。

法律的真理性反映客观规律的以下几个主要方面：（1）自然界自身运行的规律：如法律中因果关系的规律。这一规律体现了事物间引起与被引起的关系，同时也体现了时间上的先后顺序；（2）自然界与人类社会之间关系的规律：人类活动在遵循自然界的客观规律的基础上正确处理人与自然的关系，才能实现可持续发展；（3）人类社会发展变化规律：人类社会是不断从低级阶段向高级阶段发展的过程，是一个文明演变的过程，体现了生产力和生产关系以及上层建筑与经济基础矛盾运动规律等；（4）精神上的规律：情感、认识、思维等心理活动的规律。例如，在刑法中专门对"故意和过失"进行了区分，并根据其规律作出不同性质的判决。

因此，人们在探索规律的基础上形成真理性认识，并通过法律表现出来，以此进行良法善治。

当人们认同法律对世界进行真理性反映，认同法律的尊严与价值同真理相一致，人们就会自觉自愿去遵守法律。从此，法律的权威也就深深扎根。

（二）法律尊严的精神性

生活在客观世界的人，为避免自身利益的泛滥需要遵循法律的指引，特别是要遵循法律的精神指引。因此我们说法律的尊严具有精神性。

首先要求人们尊重法律，在接受法律价值理念的基础上内化为自觉的行为准则，这样，个体行为就会外化为法律行为，这时的个人精神就传达出了法律精神，使得个人精神世界不断丰富。总而言之，法律尊严能够使得个人精神与法律精神相融合，最后实现人与法律的自然统一，使得人们寻找到最终的心灵归宿。

法律的尊严树立不可能靠外界的灌输，需要依法的真理性、人民性和精神性反映法的价值与人民需要的一致性，以法的规范化指引和精神性指引对法律感知、体验、实践，形成对法律至高无上的、神圣的信仰，从心灵深处树立法的尊严。

（三）法律尊严的自由性

法律内含的自由、平等、公正、人权等价值，以规则、规范、制度的形式呈现出来，法律尊严的确立体现了人们对法律的重视，这种重视的内在价值是对美好生活的向往。价值具有主观性，以道德、美学为观念和标准，人的自然本性和社会本性决定了人们对自由、平等、民主等价值的渴望，这是人们内心最大的精神追求，是人类进步、社会发展的精神动力，更是人们在现代社会中获得尊重的道德保障。

李大钊曾说过："自由为人类生存必须之要求，无自由则无生存之价值。"当自由、平等、民主等规范不能满足社会对这一系列价值的需要时，人们就选择通过法律的制定来满足这些价值，这些价值也就成为法律是否真正得以实现的衡量标准。从而，自由、平等、民主等也就内化为法律的价值，组成了法律的价值体系。人们始终提倡、珍视、崇敬和认同法律的这些价值，这也是现代法律精神之所在。人们对自由、平等、民主等价值的情感由此将转化为对法律的情感。人们对法律的崇敬是对其内涵及价值的崇敬，是对法律实现自由等价值的崇敬。

法律如果不能满足广大人民群众对心中神圣价值——自由、平等、民主的渴望，不执行自由、平等、民族等价值，而只反映极少数人的利益，将会公然践踏人类良知，法律则将会成为强权、暴政的工具。如此一来，谈何法律的尊严。中国特色社会主义法律尊严具有自由性、民主性，依法的价值表达人民的需求，使人们肃然起敬，从而树立牢固的法律尊严。

（四）法律尊严的至上性

法律尊严的至上性是以法律的惩戒为依托，违反了法律会受到惩罚和制裁，因而使得法律具有不可动摇性、尊严性，具有至上性。中国特色社会主义正在进行法治建设，完善制度和法律法规，对各种违法、违规行为的约束，对社会秩序的维护，对各种权益的保障，在社会各种规范中人们最终诉诸法律。法律的至上性从人们对法律的本质属性的认识可充分体现出来。马克思主义法学认为法治是国家意志的体现。法律从一开始产生就被赋予了至高性和神圣性，法是不可违背的，是神圣不可侵犯的。这是法区别于其他社会规范的特征。

与法的至上性相伴随的是法律的惩罚性，是法律所具有的国家强制性特征的体现。这种强制性具有国家意志性和普适性，违反法律会付出一定的代价和惩罚，要承担相应的法律责任。法律的惩罚性反过来对至上性和神圣性具有强化作用。法律的惩罚性理论认为：惩罚对于维护社会秩序是必需的，惩罚不仅可以阻止犯罪，也可以避免违法犯罪。人们会认识到受到惩罚的行为是被禁止的，实施惩罚会给受惩罚的人带来恐惧，起到一定的法律震慑作用。从而，实施惩罚会有助于树立法律的尊严。

因此，维护法律的尊严必须严格执法，违法必付出成本和代价，只有通过严厉的惩戒、制裁，使人们不敢违法、自觉守法，产生对法律的敬畏和尊重，才能体现法律尊严的至上性和神圣性。

三、司法公正树立法律权威

（一）法的强制性

法律不但由国家制定和认可，而且是由国家强制力保证实施的社会规范。法具有国家意志性，受制于客观规律，为上层建筑。所以，它具有高度统一性和普适性。法以国家强制力为后盾，法律的国家强制性是法的本质属性，体现为国家制裁违法犯罪行为，也体现在肯定和保护人们的合法行为。同时，体现了国家权力机关依法行使权力，体现了公民能够依法请求国家对合法权利的保护。

任何一种社会规范都有其保证实施的社会力量，体现了社会规范的强制性，并且不同社会规范在性质上、范围上、程度上、方式上的强制性也有所区别。法区别于其他社会规范最重要的一点是：法具有国家强制性，是由国家创立的，由国家保证实施的社会规范。法是用来调整人们行为的社会规范，这个行为指的是人的外在行为，而不是内在思想和情感。法是在生效期间对指向对象反复适用的。

法治高度统一，一个国家只能有一个总的统一的法律体系，并且其规范不能相互矛盾。法在一个国家内具有普遍适用性和约束力，任何机关、社会组织和个人都必须严格遵守，不能有超越法律的行为，法的主要内容主要是对人们权利和义务的规定，属于应然范畴，实然范畴属于规律而不是法律。

法律告诫人们，当某一假设条件存在时，某种行为是许可的，或这种行为是必须做的，或是不能做的。伦理道德是依靠人们的内心信念，社会舆论保证实施的，而法是由国家强制力保证实施的。当人们的行为符合法律规范时，法的强制力只是潜在的，不为人们感知。而当人们行为违反了法律时，法的强制力才显现出来。法律是道德的底线，违法行为一定违背伦理道德，而是违背伦理道德的行为并不完全违法。

国家强制力是衡量一项规范是否符合法的决定性标准。从终极意义上讲，法依靠国家强制力保证实施，而从国家强制力是法的最后一道防线意义上来讲，并不是每个法律规范的实施都要借助国家的暴力。国家暴力不是保证法律实施的唯一力量，在法律实施过程中，国家暴力常是备用的，无所在、无所不在的。

（二）法的威严性

法的威严性表现在：刚健中正、匡扶正义、违法必究、公平正义、法不容情、法不阿贵、有法必依、执法必严、独立司法。司法行为和司法伦理是相辅相成的，法除以强制性治理社会和国家外，还以其权威性、威严性手段规范着社会成员、国家公民的行为。

要实现司法公正，司法伦理应作为一种补充和辅助力量来弥补法律难以制约或制约乏力的领域，融入司法主体心灵，为公正司法奠定心理基础。法的权威表明不允许任何组织或个人凌驾于法律之上，对社会公众来说，对法的信仰、尊重，并外化为有法必依的行动，才能在心灵深处树立法律的权威和威严。法的权威和威严是实施法治的基本要素。首先，法是良法。是保护人民利益、权利的法，表达人民意志和社会公德，人们高度认同。法是人民生活中不可分离的必需规则。在人民心中法律是属于自己、属于人民的，是至高无上的，法的威严由心而生。其次，法对国家权力尤其是行政权力加以规范和制约。要求他们必须在宪法和法律规定范围内活动，按照宪法和法律规定的程序和方式行事。以切实有效地保护人民利益和权力为社会稳定、和谐，形成依法管理机制，彰显法的威严。最后，人民将法律规范和制度内化为一种意志、一种内心的观念时，法就注入理性的角色和力量，人们肯定、认同、尊重、推崇法，在人们的意识中自觉地形成法的威严，这是法的权威的内在支撑。

第四节　中国特色司法伦理实效性的责任担当

中国特色司法伦理的实效性从主体行为的伦理学原理来看，就是要具有责任担当的意识。伦理作为行为规范，不是从外部强加于行为主体的，而是行为主体自身在"义务"的自我意识下实现的，这种"义务"的自我意识表现在行为上就是责任担当。

一、司法伦理的实效性影响司法公正

法律的价值在于实现司法公正，司法官作为法律的践行者不仅需要有足够的道德知识和审判技能，更需要高水平伦理素养指导司法行为，促进司法伦理实效性落实。司法伦理的实效性对实现司法公正具有重要意义，司法伦理实效性是建立在更高层面"责任担当"基础之上的。

中国特色社会主义法治国家、法治社会、法治政府的建设需要法律的正确运行，司法机构、法官及工作人员有责任践行司法伦理道德，时刻牢记自己的职责。在司法过程中处理和审判案件时做到及时准确、公平正义，真正做到司法公正，确实担当起保护和维护人民群众的利益和权利的责任，担当起使国家和谐、稳定、繁荣、富强的责任，增强司法伦理实效性。因此，讲求司法伦理的实效性是国家社会主义建设和依法治国的必经之路。

如果法官或司法主体不能尽心尽力履职，司法腐败，或以司法伦理为借口滥用职权，或不能完全做到司法独立等，以致出现一系列的司法不公现象

时，扰乱了司法领域的行风，违背了司法为民的宗旨，丧失了司法伦理的实效性，将会严重影响司法公正的实施。

二、司法伦理的实效性影响社会公正

构建民主、法治、公平正义的社会，实现社会公正是司法主体、法官职责和义务所在，法官职责和义务是司法伦理的核心内容。如果法官工作中伦理丧失，不认真履行责任和义务，则司法公正就丧失了实效性，没有了公信力，没有了法律的尊严，司法出现不公谈何社会公正。

司法伦理是社会公正的最后一道防线，防线崩溃、司法实施不公谈何实效性。司法伦理实施没有了实效性，社会就无法形成良好的法治环境，对依法治国、法治社会建设形成巨大障碍。

司法官和工作人员客观公正地履行其职责和义务，对国家和社会有担当精神，在其职业活动及日常生活中遵循和践行道德准则和伦理规范，是中国特色现代司法伦理价值建设，法官精神文明建设以及司法体系依法行事、执法如山、讲求实效的核心和脊梁。因此，讲求司法伦理的实效性是实现社会公正的必然选择。

三、司法伦理的实效性影响法治进程

法官的司法伦理道德是司法公正的守护神，法官应具有诚信、谦逊的品质，对人对事、对内对外严守职责和义务，严格约束自己，有所为有所不为，不越法律准绳的底线。任何时候任何情况下都坚守职业道德和责任，保持职业荣誉感和尊严，勇于担当并履行职能，几十年如一日公正依法行事，做到司法公正公平无私，真正起到惩恶扬善保护人民利益的作用，提高法律在人民心中的认同度和公信力，增强人民遵守法律的自觉性，使法律世界和人们的精神世界融为一体，达到人法合一。从而达到社会稳定、国泰民安，达到真正依法治国的目的，增加司法伦理的实效性，从而促进法治社会建设的进程。

如果法官滥用职权，或受控于行政指挥，不履行职责和职能，办案不讲求实效，没有责任担当，司法程序及结果会出现不公的现象，人民群众的利益和权利就会受到严重的损害，依法治国就会出现一片混乱状态。因此，讲求司法伦理的实效性是促进依法治国进程的必由之路和必然选择。

第二章　中国特色司法实践中的伦理结构

　　司法即法律的适用，司法实践过程中既要求司法主体按照法律规定进行，发挥法律功能，又要遵循伦理要求，渗透着司法主体的主观道德。这是因为法治国家的成功经验告诉我们：法治国家的建设一定要重视司法伦理的建构，司法伦理是司法主体的道德在司法过程中与价值判断竞合时建构和发展起来的。在司法实践中，司法伦理是司法主体的行为"坐标"与内心律。它包括良法制定、司法道德、司法公正和法律制度四个构成要素：良法制定是司法伦理的前提和客观条件，没有良法，司法主体没有客观标准，也就没有司法行为的产生；司法道德是司法伦理的灵魂和主观条件，它制约和统领着司法伦理规范的构建；司法公正是司法结果的表征，是司法伦理的核心、目的和归宿，它联结了道德和良法，是主观和客观的统一，是司法伦理的"桥梁"；法律制度是司法伦理的现实化存在，又是司法主体完善自我司法人格的客观依据，是司法伦理在司法程序中的确定性形态。

第一节　良法制定：司法伦理的客观条件

　　法是司法的母基，没有法律，司法主体就没有行为的对象和依据，行为亦即没有合理性更没有合法依据，行为的依据不存在，司法行为即是无为。

司法伦理则是有了依据的司法行为，在法律与道德竞合中产生的。司法，是以法的存在为依据，离开了法，就没有司法，更谈不上司法伦理。因此，司法伦理是以立法为前提，而立什么样的法，就成了司法的关键性一步。运行良好的法律才能实现法律的价值目的，运行恶法则定会与法律精神背道而驰。

从人治到法治（以法而治或依法而治），再从以法而治（依法而治）到良法善治，达到了"以法律的'人性化'、'人文化'、'人权化'而消解了'法律暴政'，实现了形式正义与实质正义的统一"①。人民群众对生活得更加幸福、更有尊严、更加自由的诉求也越来越强烈。

一、良法的伦理诉求

2014年10月，党的十八届四中全会通过了《中共中央关于全面推进依法治国若干重大问题的决定》，强调"法律是治国之重器，良法是善治之前提"②。

2016年12月，中共中央办公厅、国务院办公厅印发的《关于进一步把社会主义核心价值观融入法治建设的指导意见》指出："推动社会主义核心价值观建设既要靠良法，又要靠善治。"③

2017年10月，党的十九大报告再次强调："推进科学立法、民主立法、依法立法，以良法促进发展、保障善治。"④有"良法"才能"善治"，有"良

①　张文显：《和谐精神的导入与中国法治的转型——从以法而治到良法善治》，《吉林大学社会科学学报》2010年第3期。

②　《中共中央关于全面推进依法治国若干重大问题的决定》，《人民日报》2014年10月29日。

③　《中办国办印发〈关于进一步把社会主义核心价值观融入法治建设的指导意见〉》，《人民日报》2016年12月26日。

④　习近平：《决胜全面建成小康社会　夺取新时代中国特色社会主义伟大胜利——在中国共产党第十九次全国代表大会上的报告》，《人民日报》2017年10月28日。

法"才能为中国特色社会主义的发展保驾护航。良法，是法治的最低要求，那么，何谓"良法"？亚里士多德首先对良法进行了界定，他说："法治应包含两重意义：已成立的法律获得普遍的服从，而大家所服从的法律又应该本身是制定得良好的法律。"① 从亚里士多德对良法的界定来看，它有两个方面的具体内涵：一是得到"服从"，二是法律是"良好的法律"。也就是说，良法是能够得到公民普遍"服从"的"良好的法律"，能够符合一个民族的文化习俗，而且具有普遍性效力。

在我国学者李步云看来，广义的良法就是"真、善、美"的法。良法之"真"是指法的内容具有合规律性；良法之"善"是指法的价值具有合目的性；良法之"美"是指法的形式具有合科学性。② 王利明教授认为，良法反映了最广大人民群众的整体意志和根本利益，在遵循社会发展规律的基础上，坚持公平正义原则，维护个人的基本权利。因此，"立法要坚持以民为本、以人为本，努力反映社会发展的客观规律，反映国情民情"③。胡玉鸿教授认为，评判良法的标准分为实体标准和形式标准，"实体标准要体现'理性'、'自由'和'实质正义'；形式标准要体现明确性和普遍性"④。

根据以上学者对良法的阐述，中国特色社会主义良法应该以马克思主义的法哲学思想为指导，立足中国特色社会主义建设、发展实际，充分认识、尊重和反映法治建设规律，维护社会公平正义，促进全面依法治国的推进，以充分反映最广大人民群众的共同意志、维护人民群众共同利益为己任。因此，中国特色社会主义良法制定的最大诉求则是符合社会发展规律，透明公开，有明确的规范并明晰惩罚措施，实现社会主义法律公平正义的价值诉求，这就要求：

---

① [古希腊] 亚里士多德：《政治学》，吴寿彭译，商务印书馆 1965 年版，第 199 页。
② 李步云、赵迅：《什么是良法》，《法学研究》2005 年第 6 期。
③ 王利明：《法治：良法与善治》，《中国人民大学学报》2015 年第 2 期。
④ 胡玉鸿：《马克思的良法观及其时代意义》，《浙江社会科学》2015 年第 1 期。

（一）中国特色社会主义良法以不断满足人民日益增长的美好生活需要为根本诉求

良法应是符合真理的法，是真理和价值的统一。因此，良法具有其价值规定性，即"有用"。良法的制定，是以某种价值预设或伦理诉求为前提的，也就是谁的"价值预设或伦理诉求"，简言之就是我们立法的"终极目的"是什么——为什么人"服务"？被什么人"信仰"？对什么人"有用"？有什么用？同时，良法还能教会人"如何避免法对人的无用、无利、无益，甚至有害或与人的需要相背离"①。而这一切的根本核心立足点是"人"。

在我国，我们的国家制度具有人民性属性，讲求人本理念，这里的"人"不是单个人的意志和利益，是代表最广大人民群众的意志和利益。《宪法》明确规定我国是人民民主专政的社会主义国家，国家的一切权力属于人民。这就决定了广大人民群众是国家的主人，国家的权力取之于人民，权力是为保护人民权利成果而设定，以实现人民权利为目标。国家的法治是人民之治，我们的良法根植于广大人民群众，着力解决人民群众最关心、最直接、最现实的利益问题，体现了最广大人民群众的共同意志和根本利益，具有广泛的人民性，这也是保证良法具有强大生命力的根本所在。同时，这种共同的意志和根本利益是作为共性存在的，依附在人的类本质上，"类是人的真正本性，它也就应当成为以人为本的法律体系的真正的内容和实质"②。

中国特色社会主义的法治建设为了人民、依靠人民、造福人民、保护人民，以保障人民根本权益为出发点和落脚点，作为法治建设的首要环节——立法，要确保所立之法为良法，更应该坚持以人民为中心的思想。否则，脱离人民的良法如同失去了轴心，将成为无源之水。可见，良法与中国梦具有相同的价值旨归，即不断满足人民日益增长的美好生活需要，让人民有更多

---

①　刘晓兵：《法哲学思考》，知识产权出版社 2005 年版，第 187 页。

②　张文显：《和谐精神的导入与中国法治的转型——从以法而治到良法善治》，《吉林大学社会科学学报》2010 年第 3 期。

的获得感，让人民更加幸福。当前，我国已经实现了从站起来、富起来到强起来的飞跃，习近平总书记在党的十九大报告中强调：以良法促进发展、保障善治。良法为人民的美好生活保驾护航，是维护人民利益的保障机制；良法是善治之前提，良法的制定是为了推进善治，规制社会行为、调节社会冲突、维持社会秩序、平衡利益关系、保障和改善民生，而不是作为摆设存在。

在法治领域，不断满足人民日益增长的美好生活需要体现在要不断满足人们对自由、平等、公平、正义、利益、秩序等的追求上，这也是体现了良法的目的价值，即人们希望社会关系的理想状态呈现什么样子，人们在这种理想状态下如何在物质和精神上去享受发展成果。当人们认为法律具有某种价值时，一般意义上，就会认为法律具有"好"的属性。这个"好"的属性最基本的前提是要具备满足人们对自由、利益、公正的需要。人们对自由的希望，即"自由要求国家把限制减到最低限度……（1）自由除了受法律的限制之外，不再受任何限制；（2）自由……还存在于法律之外，法不禁止即自由；（3）法律意义上的自由，指的是受法律保障的自由……人的基本自由离不开法律的承认和保护"[①]。如果没有良法对人的权利和义务的合理分配，人的自由便是无稽之谈；利益从本质上来讲，是人的需要在一定条件下的具体转化形式，是人内在需要的外在展示，是人对客体的一种主动关系。在社会主义市场经济体制下，良法要界定和分配、协调好各种利益，特别是个人利益和社会利益，同时要保障和促进利益的实现。当人们的合法利益受到侵害时，法律应当来回复和修补被破坏的利益；利益的维护要符合公平正义，同时"正义只有通过良好的法律才能实现"，法的价值之一就是为了实现正义，法为正义而生，"法律正义是一种通过创制和执行法律来调整人与人之间的关系及其行为而形成的理想关系"[②]。

---

① 张文显：《法理学》，高等教育出版社 2001 年版，第 191 页。
② ［美］庞德：《通过法律的社会控制　法律的任务》，沈宗灵译，商务印书馆 1984 年版，第 73 页。

总之，不断满足人民日益增长的美好生活需要必须以全面依法治国为法治保障，法治建设又必须坚持为了人民、依靠人民、保护人民、造福人民的基本原则进行立法、执法、司法。良法制定属于立法环节，良法要保障人权，实现人的自由和平等，维护人的利益。良法能够反映最广大人民群众的共同意志和根本利益，能够满足人民群众对社会公平、正义、秩序等的需求，同时反映中国特色社会主义建设和发展的基本规律。因此，良法以公平正义为最高位阶的伦理来协调社会的各种关系，解决社会的各种矛盾和冲突，平衡各种利益的偏差，让人民享受社会公平正义的福祉，达到人性的真正自由解放，实现生活的美好和幸福。所以，只有良法才能让人民感受被尊重、被保护，才能从主观上感受到幸福，感受到美好，被广大人民群众认同、信服乃至信仰，良法才能得到"服从"。

（二）中国特色社会主义良法以构建和谐社会秩序为基本诉求

秩序是构成人类理想的要素之一，秩序的存在是人类进行一切活动的必要前提，形成合理的秩序是社会发展必不可少的关键环节，"人把自己从自然提升出来、升华为主体，应该看作只是为了走向与外部世界更深层次的融合，达到更充分地发挥自然潜能，建立与自然更高统一关系的必要步骤和必需形式"[1]。人的自然属性是人可以存在的基础，但人的社会属性是人成为人的决定性因素，"人欲利用自然、欲与自然和谐、安然相处，避免自然的报复与惩罚，就必须遵守自然律；同样，人欲容于社会，和谐、安然地与他人相处，避免社会对他的处罚，也同样需要遵守人际律，即伦理"[2]。伦理是人在与他人交往中产生的，是人与人的关系，本质上表现为人际律，体现人们对秩序的价值追求。

---

[1] 《高清海哲学文存》第 2 卷，吉林人民出版社 1997 年版，第 356 页。

[2] [美]博登海默：《法理学——法哲学及其方法》，邓正来等译，华夏出版社 1987 年版，第 185 页。

人与人之所以能够生活在一起，构成一个团体或是社会，是因为人与他人在交往中能够形成"有条理、不混乱，符合社会规范化的状态"，即伦理关系。伦理关系一旦生成，就有恰当和不当，合理和不合理之分。"当人与他人无法就是否恰当、合理达成一致意见时，一部分伦理要求就慢慢成为大部分人的共同意志并上升为法律。法律以国家强制力为后盾以保证实施和维持的一种权利秩序。"①

良法是在建立和维护秩序的过程中形成的，源自人与人社会交往秩序化的需求，人类社会一开始就建立在人与人相互冲突的利益关系之上，如果伦理道德来维持秩序，在偶然的不稳定的情况下，人的自我约束是十分薄弱的。因此，良法要借助代表国家意志的普遍利益对个人的特殊利益进行干涉或约束，来维系社会生活中的人际律。良法在"遵循"和"违反"两个层面上规范人们的具体行为、协调社会成员的权利和利益，以实现和谐的社会秩序为基本诉求。因此，良法是一种高度规范性的行为指引方式，良法通过规范、制约和调节人们的行为选择进行，扼制个体的私欲和私利，防止侵害他人和社会利益，使得整个社会呈现井然有序的状态。良法的意义就是在于维护权力运行的秩序、经济秩序以及人们正常的社会生活秩序。"秩序与无序相对。当无序状态出现时，关系的稳定性消失了、结构的有序性混淆不清了、行为的规则性和进程的连续性被打断了，偶然的和不可预测的因素不断地干扰人们的社会生活，从而使人们之间信任减少、不安全感增加。"②因此，文明社会的到来、法律的出现，是为了通过外在的约束预防或者避免无序状态的出现，通过保护正常的社会秩序使得社会能够稳定发展。

在我国，一切权力属于人民，人民是主权者。但在权力运行时，人民把权力让渡给国家权力机关行使，国家权力机关代表人民行使人民的权力。如

① 戴庆康：《权利秩序的伦理正当性——以精神病人权利及其立法为例证》，中国社会科学出版社 2007 年版，第 70 页。
② 张文显：《法理学》，高等教育出版社 2001 年版，第 227 页。

果不对国家权力系统结构进行内部监督和制约，或者不对权力机关进行外部监督和制约，它的运行就有可能造成权力腐败，侵害人民的利益，给社会造成危害。良法是维护权力运行秩序的有效和重要手段，它能够对权力系统进行科学合理的安排，规定各权力机关的权限划分、权力运行机制以及相互之间的协调制约等。同时，良法也能够有效维护经济秩序，随着社会生产力的巨大飞跃，经济秩序也越来越多地依赖良法：良法能够保护个人和社会的财产所有权，提供劳动者基本的生存条件，同时能够协调经济主体的经济活动，防止不正当经济行为等。再者，良法能够给予人们正常安全的社会生活秩序，如果没有一个安全的环境，人们的日常正当行为无法得到维护和保证。

总之，人的社会性决定了人的基本自由和权利需要在社会中才能实现，而社会的前提性和条件性存在就是要有规范和谐的社会秩序，规范和谐的社会秩序是自由的、平等的、公正的、诚信的，有序的社会存在状态能够影响人们精神心灵秩序，是人实现自我价值和幸福的基础和前提。

二、良法的共同体利益至上原则

马克思主义关于法的定义与其他非马克思主义关于法的定义最大的区别和显著特点是揭示了法的阶级本质。马克思主义认为法体现了上升为国家意志的统治阶级的意志。在《德意志意识形态》一书中，马克思和恩格斯明确指出法律体现了统治阶级的共同意志，而这一意志是由统治阶级的共同利益所决定的。在这里，马克思和恩格斯指出了法产生的基点——共同利益。共同利益必然存在于一定的共同体中，否则就只有个人利益而没有共同利益。那么，什么是共同体？

共同体在社会学语境中的阐释主要体现在滕尼斯的《共同体与社会》。他把人类群体生活作了两种结合类型的区分，即共同体和社会，他认为共同体具有持久性和真实性的特点，是"一种生机勃勃的有机体"，社会具有暂时性和表面性的特点，是一种"一种机械的聚合和人工制品"。① 由此，滕尼斯对共同体和社会做了区分：共同体是自然的、有机的统一，而社会是人为的、机械的统一。对滕尼斯而言，共同体是一种自然而然的、富有生命力的人类联合。但是，对共同体这一特质的强调，滕尼斯忽略了共同体中人的情感、责任、利益，忽略了人是社会的产物，忽略了人的本质属性。人类社会虽然是在利益关系的基础上形成和发展的，但社会中的个体仍然会包含个体对社会的需要，一种安全感和归属感的需要。否则，如果一个人只注重追求个人的利益而忽略集体的共同利益，人类社会就无法稳定发展，历史的车轮只会停止不前。

　　马克思主义认为："人们……为了生活，首先就需要吃喝住穿以及其他一些东西。因此第一个历史活动就是生产满足这些需要的资料，即生产物质生活本身。"② 物质资料生产是人类生存和发展的前提条件，没有物质资料生产，人类社会就无法存在和继续。因此，马克思的共同体思想是建立在生产力和生产关系发展的基础之上的。马克思主义的共同体思想强调共同体本质上是一个"关系共同体"，其中，个体与个体的关系也是马克思主义共同体中强调的重要关系。马克思主义认为，共同体体现了个人与他人之间的关系，主要体现在由生产力决定的生产关系、交换关系、分配关系和消费关系上。因此，共同体是一种以生产力为基础的结合关系，在这种结合关系中，展现了共同体存在的现实状态，具有基本相同的文化，人与人之间是一种互惠的关系状态，并具有某种归属意识③。可见，共同体成员有共同的意志、价值观以及互惠需求，共同体能够维系、维护、满足相互

---

　　① ［德］斐迪南·滕尼斯：《共同体与社会：纯粹社会学的基本概念》，林荣远译，北京大学出版社 2010 年版，第 45 页。

　　② 《马克思恩格斯选集》第 1 卷，人民出版社 2012 年版，第 158 页。

　　③ 参见彭克宏：《社会科学大词典》，中国国际广播出版社 1989 年版，第 358 页。

之间的利益关系，而利益是人们行为的内生动力，直接推动人们的活动。因此，现实的人对利益的追求源自人对客体或是对象的某种需求。随着社会的发展，人们出现不同形式、不同内容的需求，自然，人们的利益开始出现分化，出现各种利益的对立和冲突。既然开始出现对立和冲突，就要有应对这种对立和冲突的方式方法出现，当这种方式方法得到能够调整人们之间的利益关系并得到普遍认同时，逐步成为人们的共同意志，而当它为统治阶级服务时，即上升为统治阶级的意志时，法律也就应运而生。所以，"在法律起源时期，法律的产生是利益分化所致"①。可见，法有对利益进行调整关系的作用。

社会主义国家是真正的共同体，能够通过良法对共同体利益进行分配、调整、保证和实现利益最大化，其最终目的是实现共同富裕。社会主义国家之所以是真正的共同体，有其制度根源：确立了生产资料公有制的经济制度。生产资料所有制是整个生产关系的基础，它决定了社会制度的性质。生产资料公有制就是使劳动人民共同占有生产资料，确立劳动者的"占有主体"的地位，使他们真正成为社会进步的主导力量和推动力，保证广大劳动者占有和共享社会经济发展进步带来的成果。我国是社会主义国家，在我国的国体和政体上都充分体现人民权益至上的理念。

良法能够得到最广大人民群众的真正拥护，关键在于体现了人民群众的共同体利益。作为由经济基础决定的法律思想和法律制度，充分体现了共同体利益至上——这是中国特色社会主义良法之所在。"中国特色社会主义良法作为一种行为规范体系，能够确认、保护和发展最广大人民群众期盼的社会关系和价值目标"②，代表和反映了最广大人民群众的根本利益，而不是某个人的利益、某些人的利益，更不是地方利益、某一集团的利益。人民群众

---

① 张文显：《法理学》，高等教育出版社2001年版，第215页。
② 张文显：《法理学》，高等教育出版社2001年版，第46页。

是历史的创造者，是生产力中最活跃的动力要素，这是历史唯物主义的一个基本观点。"过去的一切运动都是少数人的，或者为少数人谋利益的运动。无产阶级的运动是绝大多数人的，为绝大多数人谋利益的独立的运动。"① 必然，反映和代表最广大人民群众的根本利益是民之所欲，法之所系。良法要在程序公正的基础上，把最广大人民群众的意志和利益融合到立法当中。因此，立法过程要看得见，体现公正、公平、公开的原则，广泛听取人民群众的意见和建议，充分发挥人民群众的智慧和力量。"要继续完善各类法律制度，充分体现权利公平、机会公平和规则公平，使得公民的人身权、财产权、基本政治权利等各项权利得到保障和全面落实"②，这是良法体现人民群众共同利益的途径所在，更是良法得到人民群众拥护的真理性所在。

三、良法为司法伦理的客观依据

在中国人眼里，理想的法应当是"'天理''国法''人情'三位一体"，既作为社会调控方式而存在，也体现了一种社会生活样式而被公众所接受，从而形成对法律的认同，以达到法治信仰，所以说，"法的制度安排浸满了人类历史传统中积累起来的情和理"③。可见，法治的最高境界就是达到法、理、情的和谐相融。

司法活动是国家法治建设中一个十分重要的实践环节。合法是司法的基本要求之一，要求司法过程合乎法律规定，依法司法；法治是司法活动的基本原则之一，要求以事实为依据，以法律为准绳。不管是司法要求还是司法原则，都力求依法，在中国特色社会主义法治建设的进程中，所依之法必是良法——良法是善治之前提，要让良法在司法活动中尽情尽理。司法伦理与

---

① 《马克思恩格斯选集》第 1 卷，人民出版社 2012 年版，第 411 页。
② 王利明：《法治：良法与善治》，《中国人民大学学报》2015 年第 2 期。
③ 刘正浩、胡克培：《法律伦理学》，北京大学出版社 2010 年版，第 118 页。

司法活动紧密联系，是司法主体在司法活动中的道德行为和伦理规范，倘若没有良法这一客观依据，就不能成为伦理行为，因为司法伦理是在对良法的实施过程中完成的。在司法活动中，司法主体需要对案件纠纷的事实进行调查和判断，并通过法律规范予以解释，将其与案件纠纷事实联系起来进行法律推理，并做出法律适用的结果。在这个过程中，良法和司法伦理是必不可少的两个关键因素。

对于中国特色社会主义良法，我们在前面已经反复陈述，良法是对正义的理解和追求，表达了社会共同体对真善美的积极诉求；良法的标准能够塑造社会心理学的法律面向，推动社会道德观念深入人心；良法是法治工具性价值的外显性回应，是实现善治之前提。总之，良法是法治建设的前提，也是法治建设的目的，良法是目的性和工具性的统一。法治的理性体现在法律的公正，而法律公正的前提是司法公正，司法是否公正，当然和司法主体的道德伦理相关，司法伦理的基本依据则是有良法为依，以司法主体的德行为据。

所以，司法中的伦理，以良法为客观依据，把客观的良法运用到法律事实当中，这是一个"联结"活动，在这个联结活动中，实质就是把特殊性纳入良法的普遍性之下，归置到普遍性之下的过程，即把具体的纠纷和案件规制到普遍适用的法律中来进行审判。这个普遍的法律必须是良法，良法遵循共同体利益至上原则，是使纠纷或者案件公正衡量的标准。良法是一系列以权利和义务为内容的规则体系，为司法主体提供纠纷解决和案件处理的法律依据，司法主体必须严格遵守实体法的基本原则和规范。良法规范了司法主体（在这里指法官）的实体标准，司法行为首先要确保在实体上是公正的，要以事实为根据，以法律为准绳。以法律为准绳，就是要把法律作为处理案件的唯一标准和尺度，根据法律的规定，确定案件的性质，是合法还是违法，是一般违法还是犯罪，并且确定的案件要给予恰当公正的裁决。基于这一点我们可以确定，良法为司法提供了最高的标准。

另外，在这个良法和法律事实的联结过程中，规范司法行为是使良法和法律实践联结有效性、公正性的保证。党的十八届四中全会从全面推进依法治国的高度着重强调了规范司法行为的重要性和必要性，"既对依法治国、全面深化司法改革有全局性巩固作用，又是促进司法公正、提升司法公信力、塑造职业伦理、打造职业文化的重要路径"[①]。良法也提供了规范司法行为的法律规范和司法程序。良法规范了司法主体的职业伦理标准，在我国，职业伦理标准主要体现在法官法、检察官法、组织法以及其他的一些法律制度中。这些相关规定共同规范了司法主体的职业伦理标准。另外，司法行为不仅要公正，还必须以公正方式实施。良法包含了诉讼法等程序性规范，程序法是与实体法相对而存在的法律部门，是以程序为中心的法律。程序法以实现实体法配置的权利义务为首要目标，也就是说，程序法能够通过程序机制保障权利和义务的实现，包括实现的方法、步骤，以及在实现过程中遭遇阻力和纷争时提供排除阻碍、平息纷争的程序保障机制。司法的基本价值体现在程序公正上，这是因为当事人能够直观感受到司法运行的过程，并且，只有程序公正才能保证法律的公正实现。"程序公正，体现在司法机关的设立和职权行使上，体现在司法过程中要注重证据、保障双方当事人在程序上机会平等和权益保护平等，体现在司法权行使的公开性和当事人参与的平等性上。"[②]

因此，司法的最高伦理是在摒除司法主体主观性因素，良法的存在是前提，良法是实现司法实效性的基础和依据。

第二节　司法道德：司法伦理的主观条件

"道德"始见于《荀子·劝学》："故学至乎礼而止矣，夫是谓道德之

---

① 陈卫东、杜磊：《司法改革背景下规范司法行为的进路》，《学习与探索》2015 年第 11 期。

② 范愉：《司法制度概论》，中国人民大学出版社 2004 年版，第 9 页。

极。""道"与"德"原先是分开使用，"道"的最初含义指道路，引申为事物运动变化的规律以及为做人的准则、规矩，主要指一种外在要求。"德"通"得"，指有得于道，是主体对"道"的获得和把握，引申为人的品德，具体指"内心修养、惠民施善、品德情操和精神境界"①。"伦"的最基础的含义是"辈""类"，即表达了辈分、等级的语义；"理"的基础含义是"治玉"，即有使之条理清晰之意。所以，"'伦'、'理'结合起来就自然表达了不同关系的人需要遵循不同的道德规范的含义"②。"伦理"一词与"道德"一词可以通用，如"伦理关系"也可称作"道德关系"。但也有学者有主张分开使用，认为"道德"主要指人们之间的道德关系和道德行为，是主体对道德规范的内化和实践，侧重于个体，更强调内在操守。"伦理"则指社会的人际关系，主要是道德规范，更侧重于社会，强调客观方面。德国哲学家黑格尔对道德和伦理作了区分，认为道德侧重于个体的德性，强调个人的道德品质、道德行为等，伦理则指向了家庭、社会和国家关系，强调个人的道德价值是在社会、国家中实现的，不能脱离社会和国家去实现自我的道德价值。不过，他也指出，道德和伦理在通常用语中也具有相通性。

综上所述，道德多指"个人的""主观的""内在的"，伦理多指"人与人""客观的""外在的"，伦理的产生和作用，需要以个体的道德为基础。这是对一般道德和伦理的界定。随着社会多元化的发展趋势，道德在各个领域也呈现多样性的变化。司法道德作为道德的组成部分，既有一般道德所具有的属性，又有其自身的特性。司法道德是司法主体在从事司法活动中所应具备的道德观念和道德品质，所遵循的准则以及调整司法主体各种社会关系的道德规范的总和。同样，"司法伦理作为法律职业伦理的核心组成部分，不仅强调了司法官在司法实践中的权利、责任等，而且特别关注司法官对法

---

① 宋希仁、陈劳志、赵仁光：《伦理学大辞典》，吉林人民出版社 1989 年版，第 1026 页。

② 徐少锦、温克勤：《伦理百科辞典》，中国广播电视出版社 1999 年版，第 428 页。

律的忠诚和热爱程度，是司法伦理和法律价值得以实现的重要保障"①。

一、司法道德的主体自觉

道德是人的内心律，司法主体是否能够形成意识自觉，是否在道德规范的引领下形成行为规范意识，是司法伦理发挥作用的关键。全面依法治国不是单纯运用法律进行法治国家、法治政府、法治社会的建设，是合道德性的中国特色社会主义法制体系在现实社会中生根发芽的逻辑结果。因此，"法治不仅是法律之治，更是善法之治"②。从以法而治到良法善治，道德就必须介入立法、司法、守法中，而这种介入，对司法活动的介入具有尤为重要的意义。因为，法的适用乃是法之创制向法之实现转换的中间环节。只有良好的司法道德作保障和前提，司法活动才能取得公正公平的结果，法治国家的建设才不会遥不可及。

司法道德作为法律适用的德性保证，探讨司法道德，必须先界定好一个十分重要的概念，即司法道德的主体。主体之所以是主体，是因为有自我意识，因而司法道德主体的真正承担者是"自由自觉"的人，司法道德是依附于司法主体的司法活动的道德自觉。

（一）只有人才能具备承担司法道德的能力

道德是以自我意识为前提的，而意识是人脑的机能和属性，这是人与动物相区别的根本标志。动物的生命活动本身就是它自己，人则不同，人的生命活动是有意识的，并非像动物一样把个体和自己的生命活动融为一体，"人

---

① 王淑荣、孟鹏涛、许力双：《司法伦理在法治国家建设中的价值论析》，《社会科学战线》2014 年第 12 期。

② 龚怀林：《司法道德的向度及其实现》，《南京医科大学学报》（社会科学版）2010 年第 3 期。

则使自己的生命活动本身变成自己意志的和自己意识的对象"①。正因为意识是人本身劳动实践的产物，他才能实现"合—分—合"的高一级回归和超载，人能够进行反思，只有人才能对自身的行为进行反思并作出道德判断。

（二）只有自由自觉的生命个体才能成为司法道德的承担者

康德提出"善良意志"的"自律"，即善良意志为自己"立法"，这是个体"自觉"的一个十分关键的环节。黑格尔在其《精神现象学》一书中指出，从本质上来说，自觉是自我意识的理性实现。在黑格尔看来，自我意识的理性的实现是指"它在另一意识的独立性中直观自己与这另一意识的完全统一，或者说，是指它将现成地出现于我之前的、而是我自己的否定物的这种自由的事物性，当作我的为我存在，当作我的对象，——是要在一个民族的生活里才找得到它的完成了的实在"②。因此，司法道德的主体要自觉做到以下几点：

1. 不断强化司法道德主体的目的意识。司法是一种有意识、有目的活动，司法道德是在司法活动中形成的"应该如何"和"不应该如何"的道德行为要求，司法道德本身蕴含着自觉意识，要求道德主体在司法活动中具有自觉的道德认知、道德判断和道德评价的能力，拥有自觉的道德选择、道德践履的能力，以此保障司法活动顺利进行，以实现社会公正，这是司法道德主体的目的。强化司法道德主体的目的意识，能够自觉坚持实事求是，对纠纷或是案件事实有着清晰确凿的把握，同时还能处理公正，审理案件严格执行法律规定，做到罪行相当、违法行为与处罚结果相当，确保司法公正。

2. 不断提升司法主体道德的自律能力。由于司法行为的特殊性，个人的自律能力在司法中显得尤为重要。一是司法具有独立原则，任何机关、社会

---

① 《马克思恩格斯选集》第 1 卷，人民出版社 2012 年版，第 56 页。
② ［德］黑格尔：《精神现象学》（上），贺麟等译，商务印书馆 1979 年版，第 233—234 页。

团体或是个人都无法干涉司法权的行使，司法权只服从于法律。二是司法主体，特别是法官，在案件裁判时拥有自由裁量权，由于法律含有宽泛的标准，法官面对具体案件时，必须作出个人判断，它意味着这一权力存在于一定的空间，有一定的弹性，法官可以基于职业知识和技能，通过对具体案件的审理，以公正和保护人的尊严为原则进行创造性和补充性解释。三是在具体诉讼活动中，司法的作用对象是人，司法主体需要与当事人接触了解案件事实，因为人与人的交往存在着许多不确定性和复杂性，尤其要求主体的自律。以上三点不可避免受司法主体的主观因素的影响。尽管法律制度、外在监督也从各个方面制约司法权，防止司法主体恣意妄为，但从司法主体来说，个人的司法道德才是避免权力滥用的内因。因此，司法主体要不断提高自律能力，确保廉洁清正，不受贿赂；秉公执法，不徇私情；刚直不阿，不畏权势，不为诱惑动摇。

3. 司法主体还要做到"慎独"。慎独是检验一个人道德信念最重要的标准。由于司法工作的特殊性，很多时候司法主体都需要单独执行任务，手里握有人民赋予的权力去接触不法行为和现象，在办案过程中，还会接触到利益上的贿赂或者人情的软化。因此，司法主体要做到慎独，在履行法律职责行使司法权力时，能够"以义制利"，成为具有道德自觉的法律人。随着市场经济的发展，金钱至上、利益至上、个人至上的狭隘道德思想开始上场，影响着人们的道德信念和义利取舍，司法主体作为社会的一员也不例外。但是，审判上的正义是最后一道防线，若此防线被攻破，就意味着法律公正的流失，也意味着社会公正的消失。因此，司法主体担负着维护社会公平正义的职责，必须在道德修养上下狠功夫，从个人生活到职业工作都要"慎独"。

二、司法道德的主观性及其表现

道德是人类社会的产物，伴随人类社会而产生、发展、完善，又不断推动着人类社会的发展。道德源于劳动实践，从本质上说，道德是社会实践的产物，道德必须依附于人。由于道德的主体是人，因此，道德具有主观性，即具有主观意识特征，这就决定了道德具有内在性特征。内在性是指道德始终与主体——人的自我意识紧密联系，它的外放性表现的是对世界的主观精神的把握。

司法道德是司法主体在司法领域的道德体现，是一般道德的重要组成部分，但又不同于一般道德。在司法活动中，司法主体需要将发生在社会生活中的具体事件转换成为一系列的法律概念，通过严格的逻辑规则对事件进行认定和判决，尽管这一过程具有高度的客观性，但是，由于这一过程是在司法主体的主观性影响下进行的，不可避免地要受到司法主体的主观因素的作用和影响。因此，司法道德具有主观性，离不开一般道德的属性约束。

司法道德的主观性主要表现在以下两个方面：首先，在司法道德与司法主体的关系上，司法主体是司法道德的主体，司法道德依附于司法主体而存在，只有在司法主体的思想、司法活动中生存，离开了司法主体，司法道德不再存在。司法道德的主观性体现了司法主体的主观意识特征，与司法道德意识、情感、意志、信念等密切相关，表现了主体一定的情绪、感受和体验。其次，司法道德在司法活动中不能通过自己发挥作用，换句话说，司法道德需要借助于一定的工具去展现自己，而这一工具只能通过司法活动。实践是主观见之于客观的活动，没有主观意识，就谈不上实践。因此，没有司法活动，司法主体就不可能对案件纠纷有道德理性、道德判断，也就不会有道德行为。

司法道德外放性的综合表现就是良心。黑格尔认为良心不但是道德的立法者，而且是道德的最高阶段，也就是说，良心是道德发生的源泉和发生作用的最终依据。黑格尔指出，道德是主观意志的法，道德以具有自由意志能力的个人为存在前提，即人是自由意志的存在。当进入道德领域时，首先，必须要有个体、个人存在，这样才能谈及人与人的关系问题。其次，这里的人不仅仅是生物学意义上的人，必须使具有自由意志能力的人，才能成为道德领域的主体。那么，作为具有自由意志能力的人必须要有自我意识。因此，道德是要解决个人意志主观性相关内容。而道德也并非具有一种纯粹主观性，如果道德只是个人纯粹的主观性，那么道德也只是人的欲望和要求，道德就不能成为普遍意义的"自由意志的定在"，也就不能对社会生活有引导和调节的作用。自由意志要从个体的一般抽象普遍性转换为现实的存在，就要"扬弃"，获得个体性、特殊性，而这个特殊化过程，就是善在个体——"我"心中的过程，"我"确信这就是善的，善就在"我"心中——就是良心。

良心是做人的内在依据，是人的"心境"，"良心是自己同自己相处的这种最深奥的内部孤独，在其中一切外在的东西和限制都消失了，它彻头彻尾地隐遁在自身之中。人作为良心，已不再受特殊性的目的的束缚……良心知道它本身即是思维，知道我的这种思维是唯一对我有拘束力的东西"[1]。黑格尔把良心作了真实的良心和形式的良心两种区分，真实的良心是主观认识和自在自为存在的统一；形式的良心是指特定个人的良心。真实的良心是一种神圣的存在，因为在这个统一中包含了客观的内容——自在自为地存在的东西；形式的良心是否符合良心的理念，必须依照它"善"来判定。

良心是主体内在的法，纵观学者们对"良心"的界定，首先可以肯定的是，良心是人所特有的道德意识，是自知和共知的统一，是人们对正义和邪念、善良和恶性的判断和评价，"是正当与善的知觉、义务与好恶心的情感、控制与抉择的意志、持久的习惯和信念在个人意识中的综合统一"[2]。

不同的职业领域有着不同的伦理要求和道德规范，司法主体的特殊性决定了与其他领域的从业人员有着不同的职业道德，也就有着与他们不同的良心的内涵。司法是社会正义的最后一道防线，即司法主体是维护法律权威的

---

① ［德］黑格尔：《法哲学原理》，范扬等译，商务印书馆1961年版，第159页。
② 何怀宏：《良心论》，北京大学出版社2009年版，第32页。

最后一道屏障。那么，"作为司法实践的主体——司法主体的良心是社会公平正义和社会基本价值观念的守护者，是一种积极的、能动的力量，这种精神、境界、力量往往凝化为司法主体的内在品质，是社会的良心。在对良心的执着信念上，法官职业伦理由此产生、发展和构建"①。良心就像一根"弦"，是司法道德的底线，只要触碰到，就会对自己的行为发出警告或裁判，"是具有强制力的自戒"②；良心也不是虚无缥缈的，更不是不可把握的。

（一）良心对司法道德主体的行为具有评判作用

德沃金说："法官说什么，法律也就常常变成什么。"③ 推演到其他司法主体，即司法活动的公正合法很大程度上取决于司法主体对于法律的理解适用。正因为司法主体良心的存在，使得每个司法主体都有一个"内心法庭"，司法主体进行的司法相关活动，如法院的案件审理、检察院的刑事案件侦查等，都需要经过"内心法庭"的审理。司法主体的良心与司法公正成正比关系，良心是司法主体内心的"是非律"，是司法公正的标尺。例如，由于法律案件的多样性和特殊性，在法官审理案件时，法官拥有自由裁量权。当法律空白、冲突时，法官需要根据案情的实际情况和公平正义的尺度进行独立判断、衡量，进而作出符合法律和伦理的合理决定。这时，法官良心便是维护正义的重要守护者。当法官的决定符合法律和自己的良心时，法官良心就会感到满足；反之，法官的良心则会谴责自己，感到于心有愧。正是由于这样的心理活动，推动着司法道德落实到司法实践中，并推动司法公正的实现。

---

① 王淑荣：《法官职业伦理——现代法治建设与法治教育必破之掣肘》，延边大学出版社 2008 年版，第 75 页。
② 王淑荣：《法官职业伦理——现代法治建设与法治教育必破之掣肘》，延边大学出版社 2008 年版，第 75 页。
③ ［美］德沃金：《法律帝国》，李常青译，中国大百科全书出版社 1996 年版，第 2 页。

（二）良心对司法道德主体的行为具有监督作用

良心对于司法主体的行为方式、情感、意念等起到监督的作用，司法主体的良心则会使法官摒弃自身的主观"任意"，回归到法律和事实中来。司法主体的良心不同于作为社会自由人的良心，司法主体的良心必然与法律有着千丝万缕的联系，即司法主体的良心包含合法性，这些都指引着司法主体在司法实践时不断以自己的法律职业思维引导自己的良心落到法律原则之中，摒弃自己的主观"偏见"甚至世俗良心，监督自己在司法活动中完成自身的责任和任务，摒弃根据当事人的档案材料对当事人的初步自我判定。

（三）良心对司法道德主体的行为具有防范作用

在这个纷繁复杂的社会，我们必然会落入无规则的关系中，这种无规则的关系在司法领域，必然滋生腐败现象，冤假错案的审判不公更会让人们对法律丧失信心，习近平总书记在党的十九大报告中讲，要努力让人民群众在每一个司法案件中感受到公平正义。司法良心是司法主体的自我约束，要求具备慎权、慎独等自我修养，要对法忠诚，要有对任何干涉、压力甚至诱惑都要有不屈服的勇气。只有司法主体具备这些必备品质，才能严格遵守规范的司法程序、对法律能够准确理解、对法律事实作出准确认定。在此基础上，作出公正的司法裁判。

总之，良心作为司法道德的界限，或者说是底线，至少在司法领域，它不是"为所欲为"，司法主体的良心是对法忠诚的体现，应在法律的范围内，由法来约束，以防止任意性，"良心是站在法的立场上，而不是站在意欲的立场上"①。

---

① 王淑荣：《法官职业伦理——现代法治建设与法治教育必破之掣肘》，延边大学出版社 2008 年版，第 85 页。

三、司法道德的伦理化路径

司法伦理实质上是一种特殊的意识形态，它是对司法道德价值目标进行一种合乎规范的建构，以指导司法主体的司法活动、规范司法主体的司法行为。因此，我们可以看出，司法伦理不仅具有实践特性，同时也体现了司法主体的精神特性。司法伦理使司法活动与司法道德相统一，因为司法主体的司法过程同时也是司法主体的自身道德完善过程。因此，司法伦理在本质上是司法的"实践—理性"精神，是实践着的道德，司法道德只有通过司法实践，伦理才能具有客观性。我们也可以确定，司法道德的伦理化不是随心所欲的。

司法道德的伦理化，即"司法主体的道德行为发生的'事实'走向其伦理行为'必须'遵循的共同规范和准则"①。作为司法主体行为规范的司法伦理，其主体是司法主体的德性伦理，而德性伦理把司法主体的司法道德作为重要的关注点，强调司法道德是司法主体的内在操守。因此，司法伦理具有客观实在性、规则性，司法道德必须要通向司法伦理，否则，没有客观性。司法伦理能告诉司法主体应当如何思考，如何表述，如何行为，以及应该成为什么样的司法主体，如果司法主体不遵循这一规范，司法就无法被民众所景仰。

（一）司法道德必须借助于良法制定扬弃它的主观性，走向客观性

良法制定符合规律性，人们的社会物质生活条件培植了个体的法律需要，决定了良法的内容。因此，良法必然受政治、经济、文化等各个方面发展的影响。例如，良法制定要遵循政治权力的运行规律，特别是权力制约规律。"一切有权力的人都容易滥用权力……有权力的人们使用权力一直到遇有界限的地方才休止……要防止滥用权力，就必须以权力约束权力。"②在司

---

① 王申：《法官道德须满足司法伦理的客观需要》，《政治与法律》2016 年第 7 期。
② ［法］孟德斯鸠：《论法的精神》（上），张雁深译，商务印书馆 1961 年版，第 154 页。

法领域，良法对司法机关的职权、程序和责任进行了制度规定，对司法主体的司法行为进行了规范，以防止司法权的滥用。另外，良法着眼于社会全体人民的利益而不是少数人的利益，符合正义和公众利益，其价值目标不仅是"应当"，而且具有现实的可能性。通过这一原则制定的法律，必然让司法主体在执行公务过程中立足全体而非个人，防止主观思维发生偏离。因此，为了维护社会公平正义，必然需要把司法道德扬弃在良法之中，按照法律规范进行道德选择，成就良法之下的司法道德。

（二）以司法伦理的制度化建设形成司法道德的外部约束

通过司法伦理制度化来对司法主体的"道德自由"进行制度约束，要求司法主体始终行走在程序正当的轨道上去追求法律的实体公正。"随着社会经济的快速发展，人们的生活节奏逐渐加快，狭隘的地域联系开始逐渐被打破，同时，血缘宗法关系也出现逐渐淡化的现象，社会公共生活中的伦理规范开始取代传统社会的道德统治，道德正在以新的形式展现自己。"[1] 如果仅仅依靠司法主体的道德自觉，而不借助合理的伦理规范约束，很难保证司法活动的合理性甚至合法化。同时，在面对纷繁复杂的案件中，司法主体道德理性有限，必须通过制度化确定一系列统一的行为规范，用外部约束指导司法主体去追求公正价值。司法独立虽然能够给予公平正义一定程度的制度保障，防止外来压力和利益诱导来侵害和破坏司法正义，但归根到底，司法独立只是给法官构建了一个自主、独立审判的空间，要想真正落实公正审判，"这里的关键在于外在制度的设置最终要落脚于人的本身"[2]。同时，还要确保程序公正。程序公正是看得见的公正，它受到具体程序要求的规范，白纸黑字地维护司法的公平和正义。程序公正以程序化的规则来约束法官和检察

---

① 刘正浩、胡克培：《法律伦理学》，北京大学出版社 2010 年版，第 123 页。
② 曹刚：《法律的道德批判》，江西人民出版社 2001 年版，第 135—136 页。

官的执业行为，从制度层面来规范司法主体的行为，在有限的"范围"内"左右"司法活动，从程序的角度维护可见的正义。

（三）重于教育，勤于内省

制度以外在的利益展示、引导监督机制来调节和控制司法主体的价值判断和行为选择，与此同时，更要注重司法主体"德化于自身"。通过外在教育与内在自省"双管齐下"，实现司法主体道德的伦理化。一是要加强司法主体的职业再培育，通过对进行司法活动的不同群体的职业特征的分析，定期开展不同主题和典型案例的教育，引导司法主体从司法情感走向司法理性，从道德义务走到具有责任和使命感的信仰层面、自觉行为。加强对司法主体的定期培育，形成具有崇高道德境界，拥有社会正义感和良知，以及具有高超裁判技能的司法群体，对维护司法公正和法律权威具有重要的现实意义。二是要通过内省、不断分析，培养自我良好的司法主体的形象，维护司法公正和法律权威。内省既包括自我思想也包括自我行为的反思与修养。从思想方面，司法主体应注重自我的公正、人本、平等、正义等意识和道德品质的升华；从行为来看，作为司法权的行使人员，司法主体要注重自我的法律思维和技术以及对道德规范和法律程序遵守，注重社会常识和经验的积累，准确把握各类社会现象的本质，从容面对不断发展变化的各类案件。

总之，通过内外结合培养司法主体的司法伦理的情感、意志，以期最终在主观认识上，将司法伦理内化为内心的确信和信仰，外化为从事司法活动长期而稳定的伦理规范和行为习惯。

第三节　司法公正：司法伦理的价值本体

本体论这一名词最早出现在德国哲学家郭克兰纽和法国哲学家杜阿姆尔

的著作中。在西方哲学史中，"本体论是关于存在及其本质、规律的学说，本体的内涵较为宽泛，是指事物的本质、本性等"①。因此，本体论是从对客观事物进行多样性分析中，提炼出事物的本质内核。司法伦理的本体论，就是要探求司法伦理的构成要素，通过对司法伦理的分析，分析司法伦理的本质存在，揭示司法伦理的内在价值规律。

一、司法公正是司法伦理的本体论内核

公正，既是人们热烈追求的价值评判目标，但同时也是一个哲学、法学热衷研究的重要概念。公正作为司法伦理规范的基石，是司法主体共同承担的实现社会正义的伦理使命，"如果说立法已经在政治上的宏大叙事层面设计了社会正义的基本准则的话，那么，法律职业者则通过司法活动，通过微观的技术论证来修补社会正义运行中的紊乱，并最终实现社会正义"②。博登海默说："正义有着一张普洛透斯似的脸，变幻无常，随时可呈不同形状并具有极不相同的面貌。"③究其个中原因，问题在于，公正理应寓于法律运行结果中，应该是对审判结果的客观评价，但事实却很大程度上取决于人们的主观评价。司法公正是法律运行的客观属性，但同样也是一个认同的过程，客观结果的认证，终需得到实施者和受到法律救济者的认同。所以司法公正既要得到司法主体个体的自我认同，又要取信于社会，得到民众的认同。因此，司法公正贯穿于司法理念、司法道德和司法活动中。

---

① 刘远传：《当代哲学前沿问题专题研究之九——关于本体论和社会本体论问题研讨综述》，《武汉大学学报》（哲学社会科学版）1995年第4期。

② 王淑荣：《法官职业伦理——现代法治建设与法治教育必破之掣肘》，延边大学出版社2008年版，第31页。

③ ［美］博登海默：《法理学：法律哲学与法律方法》，邓正来译，中国政法大学出版社1999年版，第252页。

（一）公正是司法理念的存在核心

司法理念是司法主体工作者在司法活动中的指导思想，是一种精神性存在，属于法律意识形态的组成部分，融于司法伦理中，对司法伦理具有精神性指向。司法理念具有双重属性，首先，在于司法理念是司法的内在属性，是其本质和发展规律的反映，司法主体奉行实体的公正和程序公正的法律精神，指导自己的思维和判断，正确运行法律，引领司法公正。其次，司法理念存于司法主体之中，对司法活动本质及发展规律的一种价值追求。司法的终极价值是追求司法公正的结果，从而引领社会公正。这种客观结果是否体现，必以法律服务的对象主体认同得以证明。所以，法律保护的权益价值的实现和法律精神的彰显，是司法本质的价值旨归。

不同学者对司法理念的内容界定稍有不同，但其基本内涵都包括了公正、中立、独立。从其相互关系中，中立和独立为公正服务，是实现公正的重要推动力量。司法公正分为实体公正和程序公正，实体公正是案件审理结果的公正，是司法公正的根本目标；程序公正是要按照公正程序进行案件审理，是司法公正的重要保障。司法公正是司法理念的核心要求，指引司法工作以维护公正为最高目标。

司法公正是司法理念的轴心点，司法中立和司法独立的最终价值体现在司法公正上。司法中立实质强调了司法职能的"居中裁判"，即司法权不受外界干扰，独立、居中行使，在各级、各类权力之间、案件当事人之间保持中立。司法中立是保证司法结果公正的必然要求，要求司法主体不能感情用事，以不偏不倚的态度处理各种法律纠纷，防止法律成为某些人的工具，一旦司法主体偏袒一方，失去中立，公正也就不再存在。司法独立强调司法职能在发生作用时，要有忠实于法律的理性，不受来自其他权力、影响的干扰，司法机关按照既定的司法程序独立行使司法权，只服从法律，而不受任何来自个人或者是社会其他阶层的干涉。"司法独立能够保障司法公正的实现，在于司法独立构建了现代意义的审判程序、审判制度，司法程序应有的公正性。"① 总之，司法中立是司法独立的基础，司法独立以实现司法公正为宗旨，司法中立和司法独立都是以司法公正而具有存在价值的，这种价值也正是为实现司法公正而具有意义的。

（二）公正是司法主体职业伦理的核心要件

维护公正是法律职业活动的一项基本要求，司法主体在依法履行职责时应当崇尚法律、维护人权、体现公正。可以说，维护公平正义不仅是司法主体的法律义务，更是司法主体的道德义务。

从理论上来说，随着社会的进步和发展，法律也在不断完善和发展，法律通过对权利和义务的规定来维护社会秩序、调节社会矛盾、平衡社会利益的作用越来越重要，而公正是给予社会秩序、矛盾和利益最完美的结果呈现。司法在法的实现过程中具有特殊性，其特殊性在于司法是被动执行，而守法和执法是主动实现法律的实践活动，司法"是在守法和执法状态遭到破坏或无法继续时产生的法的实现形式。所以，它也是法的实现的一种最终制度保证，是国家强制力的终局性的直接介入"②。从这一层面来讲，司法是公正实现的最终保护屏障，而司法的主体主要是法官和检察官，是把静止法转变为动态法的执行主体。可见，司法主体在实现司法公正中处于能动地位，司法主体的职业伦理作为影响和制约司法主体行为的重要因素，决定了司法过程和司法结果。公正是司法追求的终极目标和最高价值取向，是对司法主体最核心的德性要求。作为解决纠纷的第三方，司法主体要有追求公正的良心和品德。对社会以及当事人来说，司法主体不能与其有利害关系，不能有密切联系，更不能对当事人持有偏见。因此，司法主体个人素质和德性尤为重要，确保公正就成为不可或缺的重要伦理要求。倘若连司法主体都无法在

---

① 王利明：《司法改革研究》，法律出版社 2000 年版，第 112 页。

② 张文显：《法理学》，高等教育出版社 1999 年版，第 267 页。

道德上做到公允，法律在他们手中只能是歪曲事实的工具。如果法律不再是正当权益的保障，而是破坏社会秩序的助推器，那将是一个比人治更加可怕的境况。所以，公正必须成为司法主体的职业伦理的首要价值，才能保证法律实现其社会价值。

（三）司法公正是司法活动的终极价值目标

十八届四中全会强调了实现司法公正、提高司法公信力在全面推进依法治国的伟大实践中的重要地位，强调了公正是法治的生命线，司法公正对社会公正具有重要引领作用，要努力让人民群众在每一个司法案件中感受到公平正义。可见，司法活动的核心及其终极价值目标都指向了司法公正。

公正属于关系范畴，它反映了人与人之间的正当关系。公正涉及人与人之间的利害关系，涉及人与人之间合理关系的定位。而每一个在社会中生活工作的人们，对公正的直觉感受大部分都是通过与他人的比较得来，人们希望得到平等，并进行平等公正的利益分配。可以说，如果离开了人，公正就不会存在。司法是解决纠纷的一种专门活动，纠纷也属于关系范畴，存在于人与人之间利益的不平等。司法活动就是处理人与人之间的利益纠纷的"天秤"，以司法平等切入法律公正，是利益分配的最高标准。

另外，法治国家的建设在于法律权威的树立，而法律权威的树立更多地取决于司法权威。司法权威是司法的外在强制力和公众内心对司法的公信力的统一。我们要建设的法治国家，是服务于人民群众的法治国家，是获取人民信任的法治国家，要获取民众信任，必须确保公正。在这个过程中，司法活动被赋予神圣的职责，作为司法活动的主体，司法主体必然担负着实现公正的任务，司法不公对社会公正具有致命破坏作用，努力让人民群众在每一个司法案件中感受到公平正义，内心的服从才是本质的服从，因为公信力意味着人心所向。

二、公正是"司法道德"与"良法制定"的内在统一

首先，公正构成司法道德和良法在内容上的契合点，正义是法律与道德联系和沟通的主要方式。司法道德和良法制定在功能上有很大的区别。良法的直接对象是社会，主要职责和功能是规范社会秩序，调节社会中人与人之间的利益分配。而司法道德所要面对的对象既包括个体的道德品质、道德行为等，也包括处理个人与他人、个人与社会之间的伦理关系。因此，司法道德涉及社会中个体的德行修养，是人的主观性选择活动，良法是无法直接介入这部分活动，良法只能够处理人与人之间、人与社会之间这种外部领域的关系活动。事实上，在人与人之间、人与社会之间的关系领域，公平正义是其基本的价值准则，只有公正才能独立于双方当事人，不受当事人的观点、立场的影响，最终能够公平公正地解决问题。因为主观的道德是片面的，虽然它能够在一定程度抑制个体的私心和欲望，从而在某些方面不至于出现损害他人的思想和行为。但是，司法道德的立足点是个人，从个人出发看待问题，而良法恰恰弥补了这一缺陷。良法能够超越个人立场去解决问题，规范社会行为，调节人与人之间的利益关系和社会秩序，而能达到这一效果的前提条件是能够使问题得以公正解决，得到双方的认可。因此，公正才是良法的价值基础，只不过良法本身是隐性的客观尺度，是静止的社会规范。

司法道德存在片面性，黑格尔认为，"道德的观点是这样一种意志的观点，这种意志不仅是自在地而且是自为地无限的"[①]，"从它的形态上看就是主观意志的法"[②]，"主观或道德的意志……即使内容已获得了客观性的形式，它仍应包含着我的主观性，而且我的行为仅以其内部为我所规定而是我的故

---

① [德] 黑格尔：《法哲学原理》，范扬等译，商务印书馆 1961 年版，第 127 页。
② [德] 黑格尔：《法哲学原理》，范扬等译，商务印书馆 1961 年版，第 128 页。

意或我的意图者为限，才算我的行为……我只望在我的行为中重新看到我的主观意识"①。所以，自我的行为中渗透着自我的意志，而司法道德的主体，是要作为第三方进行裁判，"毕竟许多人在自己的事情上能够行之以德，但在与他人相关的事情上却不能待人以德"②。所以，主观的道德就需要扬弃其某种主观性，实现自我意志与他人意志的同一，这一统一的基点就是公正。"人们找法官就是找一个中间人……仿佛只要他们遇到了中间人，就遇到了公正一样。所以，公正也是某种中间的东西。"③倘若司法主体的主观意志过于"自在"，毫无约束，就会导致司法不公和司法腐败，这就需要法律的出现，来为司法主体提供客观标准。

在《尼各马可伦理学》中，亚里士多德认为，违法的人看起来是不公正的，好占别人便宜的贪婪者和敌视平等的人看起来也是不公正的。由此得出，公正的人，就是守法和坚持平等的人。所以，公正就是要尊重良法内容、遵循良法程序、实现公民平等，反之，不公正就是对法律的轻视、对平等秩序的破坏。因此，公正是要符合法律、尊重法律。从内容上说，良法制定要符合调整对象自身和所在的社会规律，良法针对人的行为而设，是一种以权利和义务为调整机制，通过对人的行为起作用来调整社会关系的规范。从价值上说，良法应当符合社会正义并维护社会成员的公共利益，符合社会主流价值观和公序良俗。从形式上说，良法必须具有科学性、合理性，法律本身各个条文之间、法律与法律之间要协调一致。不管从良法制定的主体，还是良法调节的内容来看，良法具有客观实在性，是一种客观尺度，这就为司法活动提供了客观的依据。

---

① ［德］黑格尔：《法哲学原理》，范扬等译，商务印书馆1961年版，第131页。

② ［古希腊］亚里士多德：《尼各马可伦理学》（注释导读本），邓安庆译，人民出版社2010年版，第170页。

③ ［古希腊］亚里士多德：《尼各马可伦理学》（注释导读本），邓安庆译，人民出版社2010年版，第177页。

其次，法就是为人而设，法律运行的主体是人，完成法律工具理性、实现法律精神理性的是司法主体，司法主体向法律服务的对象提供服务的载体是司法，如何把法应用到事件的评判中，就需要司法。司法的决定性因素有两个，一个是司法主体，一个是良法，只有将两者结合起来，各自就在结合中失去它的片面性，而没有片面性的，就是公正：良法制定否定了主观意志的特殊性，肯定了法自身的普遍性；司法道德则能够使良法得到准确的理解和公正的适用，为了预防和避免司法主体在司法实践活动中的主观性，采取"事实上通过两种设置（机制）发挥作用：合议庭和多元审级；通过多个法官以及多个法院之间对一个判决的协作，可共同控制个别法官的个性，使判决回到传统价值判断的平均线上"①。可见，公正不是良法静止地表现在法律条文上，更要在良法适用中防止司法主体在道德上的片面性。司法公正，是一个客观衡量标准，更是一个能动的衡量标准——用来衡量司法行为。司法公正只有在司法行为中才能实现司法道德和良法的结合。

再者，司法道德和良法制定的核心点都指向公正。"公正就是总的德性，不是一般的总德，而是与所有他人都相关的总德……它之所以是总德，因为拥有公正之德的人也能以此德待人，而不仅仅以此德为己。"②司法道德代表了司法领域的德性，仍是总的道德的一部分，那么，司法道德的核心指向就是公正。同样，一些古老格言和法的定义，如"正义只有通过良好的法律才能实现"，"法是善和正义的艺术"，都表明法是实现公正的载体，法的价值核心就是实现公正，而法的实现的程度如何在于司法。

---

① ［德］拉德布鲁赫：《法学导论》，米健等译，中国大百科全书出版社 1997 年版，第 110 页。

② ［古希腊］亚里士多德：《尼各马可伦理学》（注释导读本），邓安庆译，人民出版社 2010 年版，第 169 页。

三、公正是"公民法律信仰"与"法律社会价值"的内在统一

"公正"作为一个价值评价标准，只有在合乎大多数人的公正理念时，这种公正才是被认可的。司法公正更是如此，只有在平等的基础上满足了社会上大多数人的意志和利益需求的司法，才是公正的司法。

（一）关于公民的法律信仰

信仰属于精神层面，是一种信念和力量，在一定意义上可以成为个体的行为准则。法律信仰体现了人们的一种心理、态度和情怀，是人们对于法律的尊重、信服，体现自愿接受、遵守法律的一种思想和行为状态。法律信仰属于法治观念，但它是法律观念的高级形式，倘若民众缺乏法律信仰，法就会变成在强力下发挥效力的法，缺乏公民认同和接纳的法，自然没有强大的生命力。"法律信仰的确立，能够使得法律从静止的制度规范转化为人民群众的自觉行动，能够从外在的强制约束转化为内在的心悦诚服，能够从个人信仰发展为大众普遍信仰，能够从法律游离于生活发展为切近生活。"① 美国法学家伯尔曼也指出："法律必须被信仰，否则它将形同虚设。它不仅包含有人的理性和意志，而且还包含了他的情感，他的直觉和献身，以及他的信仰。"② 总而言之，法律信仰能够"促进'客观法'转化为'主观法'、'文本法'转化为'生活法'"③。在法律实施方面，司法层面的因素对公民的法律信仰是非常关键的。一是公民往往是通过司法机关的活动，直接了解法律，来感受法律的规范和约束力量。二是司法机关能够通过对公民提出的司法请

---

① 叶传星：《法律信仰的内在悖论》，中国人民大学出版社 2006 年版，第 216 页。
② [美]哈罗德·J.伯尔曼：《法律与宗教》，梁治平译，中国政法大学出版社 2003 年版，第 3 页。
③ 冯彦君：《关于"法律信仰"的遐思与追问》，《东北师大学报》（哲学社会科学版）2015 年第 5 期。

求给予独立公正的裁判，对公民的合法权利给予底线保障，保证公民日常工作生活以及社会稳定。同时，司法机关还能够通过法律来纠正政府的不法行为，使得公权力得到法律的规制。因此，只有司法公正真正融入每个案件的审判与执行，法治才能够真正实现，人们信仰法律也便水到渠成。如果司法不公正，就会破坏人们的法律信仰。假如对一个罪犯判处的客观公正，那么罪犯是认同的，从而确立和恢复他对法律的认同乃至信仰。同时，公民对这一公正的审判结果，也会心怀敬意而保持法律信仰。当司法公正得不到实现的时候，人们会对法律失去信任、信仰，就会认为法律是一种异己的东西。正如英国哲学家培根曾经说："一次不公正的审判，其恶果甚至超过十次犯罪。因为犯罪虽是无视法律——好比污染了水流，而不公正的审判则毁坏法律——好比污染了水源。""司法公正能够唤起人们内心深处最真实的情感，这种情感能够体现人们对法律的信赖，并且能逐渐发展成为一种信念、信仰，成为支持法律的实施和自觉遵守法律，不断推动法治建设的强大精神力量"①，而这种力量正是法治国家得以形成和维持的民众基础。

（二）关于法律的社会价值

作为适用法律的司法机关，应以整个社会的共同利益和共同需要为立足点，担负起相应的社会责任。也就是从这个意义上我们可以得出，法律的适用与执行是一种"社会权力"的体现。因此，法律的适用，也就是司法，不能脱离于社会之外，它的整个司法过程都应当与社会形势、社会需求结合起来。所以，法律应当体现它的社会价值。

法律价值是一般价值的特殊表现形式，是社会价值的构成要素，法律价值既有社会价值的一般属性，又具有自身的特殊表现。"根据马克思主义价

---

① 王淑荣：《法官职业伦理——现代法治建设与法治教育必破之掣肘》，延边大学出版社 2008 年版，第 113 页。

值观，法律价值体现了人和法的客观关系，在这个关系中，法展现了它的积极意义和有用性。"①因此，法律价值是一个关系范畴，既有关系主体又有关系客体，既有主观性又有客观性。首先，法律价值的主观性体现了法律价值要满足价值主体的需要。其次，作为客体的法律需要对主体有用。这种需要和有用性的产生不是主观臆造、凭空产生的，而是主体在社会实践活动中的权利需要法律保障或是因其他诉求需要司法得到满足和救济。作为社会的产物，法律必然有社会价值，即法律对社会的积极意义和有用性。

公正是社会崇高的理想和美德，法律的出现是为了通过规范人的行为、调节人与人之间的关系、保障人的权利，来维护社会生产生活秩序、权力运行秩序，实现人的平等和自由，保持社会生活稳定。不管是人与人的关系、平等还是秩序，都内在的包含了公正的精神，公正是个体的理性感受，当正当权利顺利实现，秩序就会得到认可，个人就会感到社会的公正。因此，法律让人们感受到了公正。当前，我国社会主义核心价值观在社会层面倡导"自由、平等、公正、法治"，"公正"成为社会的目的价值，除了这一层含义，公正还扮演另外一个角色——公正是社会自由和平等的条件，是实现社会法律价值的保障。因此，"公正"是目的价值和工具价值的统一。

公正的核心本质就是利益分配的公平正义。社会主义国家以最广大人民群众的根本利益一致为前提，我们追求的公正是各个方面的公正，如利益得到公平分配，人与人之间的矛盾得到公正调节等，使人民群众得到更多的权利公平、机会公平、规则公平以及分配公平。而这样一个社会必然需要法治做保障，通过法律给予人民群众权利公平、机会公平、规则公平以及分配公平。在这个过程中，司法公正扮演了十分重要的角色。目前，无论是社会还是法律界，都有一个基本的共识：司法机关是保障社会公正的最后一道防

---

① 张文显：《马克思主义法理学——理论、方法和前沿》，高等教育出版社 2004 年版，第 222 页。

线，是维护权利最重要的武器。司法历来追求和崇尚社会公正，与社会法律的目标价值相契合。可以说，司法活动通过良法适用使公正得以实现，使社会法律的目的价值——公正得以体现。司法主体不仅要依据良法进行操作，还要具备道德合理性。所以，司法公正既合法又合理，是法律公正和道德公正的统一。同时，通过矫正实现交往关系中的平衡和公正，"矫正的公正是在基于不情愿的得失之间的中庸，它意味着交往之前和之后的均等"①。司法公正是实现矫正的最佳形式，它以明确的权利义务的法律准则为基础，依靠国家强制力实现。所以，司法公正又是实现社会法律价值的保障。

通过以上对公民法律信仰和社会法律价值的论述，可见，司法作为一个国家固有的权力和活动，是在国家形成之后，用以调整社会关系，维护社会秩序的手段和工具。公正的司法，是对公民信仰法律的根本，是促进公民信仰法律的关键因素和前提。但是，法律信仰只是公民对待法律的主观态度，法律的价值还必须得到社会普遍的认可。法律的价值是通过公正的司法而得出的公正的审判结果体现出来的，得到普遍认可的法律才能得到公民的普遍服从。所以，司法公正内在的包含着社会的法律价值问题，司法公正体现社会法律价值的最高目标，又是实现社会法律价值的保障。因此，实现法律的社会价值，是司法公正的价值追求。

第四节　法律制度：司法伦理在司法
程序中的确定性形态

我国的法律制度是指国家的法律和制度，法律包括各类以规范性文件呈

---

① ［古希腊］亚里士多德：《尼各马可伦理学》（注释导读本），邓安庆译，人民出版社2010年版，第179页。

现的成文法和得到国家机关认可的不成文法。成文法包括宪法、法律和各种法规，不成文法主要包括习惯法和部分惯例；"制度是依法建立起来的具体行为准则，服务于国家政治、经济、文化等各方面的稳定和发展。"[1]法律制度是一个统称，司法制度囊括在法律制度之中。司法制度是司法体制在宪法和法律中的具体化和制度化，是法律体系中十分重要组成部分，法律制度特别是司法制度的确立，能够确保司法伦理建设，为司法主体良好的道德操守、理想的司法环境以及真正的司法独立提供制度保障。

广义的司法制度"涵盖了国家司法机关和法律授权的社会组织适用法律处理诉讼案件和非诉讼事务的制度"，"狭义的司法制度则是指法院制度、审判制度和法官制度"。[2]需要特别说明的是，本节在适用司法制度的概念时，主要是广义上的司法制度，但主要以法官制度和检察官制度为例。

一、司法制度是司法伦理的"定在"

"定在"是黑格尔逻辑学中的术语，是黑格尔哲学中使用的一个重要概念。就德文的字面意思来说，是指存在那里，在某一地方的"有"。而在黑格尔逻辑学里是指特定的存在或有限的存在，是变易的结果或扬弃。从规定性上来看，定在本身就是质，是一事物作为现实存在的规定性。所以，"质或定在就其是此（'作为存在着的规定性'）而言，是现实性，就其为非彼而言则是否定性"[3]。比如，在数学意义上的一个桌子，"一个"是指什么，什么才是数学"一个"的定在，定在就是对抽象的东西的具体规定，那么"桌子"就是"一个"的定在。同样，什么是司法伦理的"定在"，即什么

---

[1]　孙国华：《中华法学大辞典·法理学卷》，中国检察出版社 1997 年版，第 135 页。

[2]　范愉：《司法制度概论》，中国人民大学出版社 2004 年版，第 131 页。

[3]　蒋永福、吴可、岳长龄：《东西方哲学大辞典》，江西人民出版社 2000 年版，第 163 页。

才是对司法伦理这一抽象性的具体规定。司法行为是以司法制度为指导的，而司法行为是对司法伦理的践行和体现。因此，司法制度就是司法伦理的"定在"。

（一）司法制度扬弃了司法伦理的主观性

伦理中有道德和良法，这两个条件是伦理之所以可能的条件，即主观条件和客观条件。但是，只有条件，伦理还不能得到确定。所以，在道德和良法联结的活动中，即"审判"等各种司法活动，都是以司法制度来"联接"，指导司法主体应该按照怎样的规则来行为。司法制度用以指导司法主体如何行为，就是要扬弃司法伦理主体的主观性。这种扬弃并不是无"我"，而是使司法主体以"纯我"意志扬弃其特殊性和主观性因素，使其意志具有普遍性和客观性，让司法主体的主观意志得到肯定。扬弃司法主体"纯我"的主观性达成自我的意志与他人的意志的共存共在的关系。在道德领域，"我的意志的规定在对他人的意志的关系上是肯定的，就是说，自在地存在的意志是作为内在的东西而存在于主观意志所实现的东西中。这里可看到定在的产生或变化，而这种产生或变化是与他人意志相关的。道德的概念是意志对它本身的内部关系。然而这里不止有一个意志，反之，客观化同时包含着单个意志的扬弃，因此正由于片面性的规定消失了，所以建立起两个意志和它们相互间的肯定关系"①。

如何扬弃司法伦理主体的主观性？我们无法否认司法主体自身的道德修养和道德素质，但我们也不能排除外界对司法主体的利益诱惑。因此，单靠个人品行都无法完全保证公正司法，必须通过司法制度来规范管理，使得法官忠于法律、信仰法律。例如，在遇到疑难案件的时候，法官需要行使自由裁量权，而这一权利的行使，就会面临法律缺位的考验，法官的主观能动性

---

① ［德］黑格尔：《法哲学原理》，范扬等译，商务印书馆 1961 年版，第 133 页。

的影响就会较大，这就涉及人的主观因素。但这并不是法官个人天生就与生俱来的，这些主观性因素源自成长阅历和工作经验，政治社会意识和责任等，它必定带有"个人色彩"，其带来的负面影响也是存在的，这是不可否认的，因而迫切需要寻找外在与内在的界限，在主观思维与客观规则之间保持一个有效的均衡，使其获得合法性。要做到这一点，就需要有一个合理的标准来指引和限制。在规范法官自由裁量权的努力和探索中，案例指导制度就被寄予厚望，它要求法官"裁判自律""道德自律"，同时也在努力统一裁量尺度，以克服文化、道德、习惯的巨大惯性，尽量把法官主观意识圈定在一定范围内，减少至最低危害。

（二）司法制度使司法伦理得以确立

英国著名政治哲学家布莱恩·巴利教授在《社会正义论》中指出："一旦我们了解，正义的主题不是制度本身，而是存在于社会之中的权利、机会和资源的分配，我们就会确认，制度通常具有矫正的功能。"[①] 因此，司法主体独立、公正地行使司法权，维护法律的尊严和权威，就涉及司法制度化中的伦理问题。

当前，我们踏进了中国特色社会主义新时代，处在社会主义法治国家的建设进程中，人民对于民主、法治、公平、正义的需求更为广泛和深层次化，需要司法活动给予满足人民群众需求的基本保障，而司法制度使司法伦理得以确立，使司法伦理规范应用到司法活动中。司法活动的伦理内涵要求体现公正、人本、和平等，体现在司法制度对司法主体的规范和约束上，即将司法伦理具体化为具有可操作性和带有外部强制力的具体活动规则中。

首先，公正是人们追求的崇高价值目标，司法公正既是司法活动的价值目标，也是司法活动的本质要求。在建设社会主义法治国家中，树立法律权

---

① ［英］布莱恩·巴利：《社会正义论》，曹海军译，江苏人民出版社 2007 年版，第 21 页。

威是法治国家的关键一步。在司法活动中，司法公正与法律权威有着密不可分的联系。法律权威离不开司法权威，一般来说，司法是人们直接接触法律的关键环节。司法权威又离不开司法公正，司法权威要靠司法主体忠实的行使司法权力，通过司法公正来获得。因此，司法主体应以公正为终极价值目标，在一定范围内矫正立法缺陷，实现司法正义。其次，人本原则要求保护人权，尊重人的尊严。这就要求每个司法主体都要有基本的人权意识，从道德层面讲，人有好坏和善恶之分，但是在基本的人权保障层面，却不因道德素养而作区分，每个个体都充分享受基本的人权保障，任何一个自由行为人，人权理论和实践都不应该也不能有双重标准。因此，司法主体要尊重当事人，进行非歧视性、人道性和理性化的司法行为。再次，平等作为司法伦理的原则，是司法公正价值的外化与实现方式。"在司法活动中，平等主要体现在当事人合法的诉讼权利要得到平等保护，诉讼条件得到平等保障，在立足事实和法律的基础上诉讼结果要得到公正平等的判决，不允许有任何凌驾在法律之上的特权。"①

二、司法制度是司法行为的"高位"规范

广义的司法是与立法和行政相对的一种国家的专门活动，因此，广义的司法制度囊括了法官制度、检察官制度、律师制度、司法行政制度等等。在司法伦理中，司法制度是其高阶位规范，但还有比制度更具体的定在，就是法官职业道德、检察官职业道德等行为规范，而这些行为规范都要以司法制度为前提。因此，职业道德具体细则是下位的，制度则是上位的。这些职业道德都是以司法制度为依据，司法制度作为制度层面的存在，其功效和作用的发挥关系着司法机关和组织的运作效果和行为结果。

---

① 胡玉鸿：《论马克思主义的司法平等观》，《法学》2003 年第 2 期。

在司法权中，审判权是核心，检察权是司法权的重要组成部分。因此，在本节中，我们主要分析法官法和检察官法对司法行为的规范。我国的法官法和检察官法是符合国情、加强司法队伍建设的重要法律制度，尽管司法伦理依赖于司法主体的职业自律，但法律制度又为司法伦理提供了确定形态的保障。法律制度的目的不但能够保障法官和检察官的权益，更能够规范和管理司法行为，维护法官职业和检察官职业的整体品质，确保司法权在规范、有序的轨道上运行，保障法治中国的建设进程。我国的法官法和检察官法在总则中的第一条就阐述了法官法和检察官法制定的目的：提高法官和检察官的基本素质，保障依法履行职责、独立行使权力，最终实现司法公正。

（一）科学激励司法行为

为了不断规范法官和检察官的司法行为，调动司法主体的积极性，奖励和惩罚是最基本的形式。在法官法的管理制度中，确立了法官的考核、奖励和惩戒内容。如，对法官进行严格的考核，并且把考核结果作为一种依据来对法官进行奖惩、培训、辞退、调整等级和工资；法官在审判工作中表现突出，有卓越贡献的，应当给予一定奖励进行表扬鼓励。例如，法官法的第四十五条中明确了法官具体的奖励行为："（一）公正司法，成绩显著的；（二）总结审判实践经验成果突出，对审判工作有指导作用的；（三）在办理重大案件、处理突发事件和承担专项重要工作中，做出显著成绩和贡献的；（四）对审判工作提出改革建议被采纳，效果显著的；（五）提出司法建议被采纳或者开展法治宣传、指导调解组织调解各类纠纷，效果显著的；（六）有其他功绩的。"① 法官法第四十六条同样对法官的一些禁止性行为作了规定："（一）贪污受贿、徇私舞弊、枉法裁判的；（二）隐瞒、伪造、变造、故

---

① 《中华人民共和国法官法》，《人民日报》2019年7月28日。

意损毁证据、案件材料的；（三）泄露国家秘密、审判工作秘密、商业秘密或者个人隐私的……"① 这就激励着司法主体尽自己最大的努力去面对司法工作，提高司法质量。

（二）确保依法履行职责

为了确保法官和检察官能够依法履行自己的职责，严肃公正执法，防止因秉公执法受到不公正待遇，人身安全和其他权利遭受威胁或侵害，为此，通过立法切实对法官和检察官的合法权利进行保护，鼓励他们秉公司法。《法官法》在法官的身份保障制度中从职务保障、生活保障、人身保障等几个方面规定了对法官的保障措施。在《法官法》中规定了法官的"定期增资制度，经过考核并且表现优秀的法官可以按照相关规定提升法官工资，对于有重大贡献的法官，可以按照程序规定提前晋升工资"。另外，《法官法》还明确表示法官的人身财产住所安全依法受到保护。

《检察官法》对检察官身份保障的制度与法官基本相同。检察官的人身、财产和住所安全也同样受到法律保护；"对检察官处分或者人事处理错误的，应当及时予以纠正；造成名誉损害的，应当恢复名誉、消除影响、赔礼道歉；造成经济损失的，应当赔偿。对打击报复的直接责任人员，应当依法追究其责任"②。这些规定能够使司法主体得到保护，同时为司法主体的司法行为提供法律界限，减少司法不公和司法腐败，树立司法威信以及社会民众对法治国家、法治政府和法治社会的信任。

（三）保障自身清正廉洁

审判权和检察权是国家权力的重要组成部分，是人民对于国家权力的让

---

① 《中华人民共和国法官法》，《人民日报》2019 年 7 月 28 日。
② 《中华人民共和国检察官法》，《法制日报》2019 年 4 月 24 日。

渡，司法主体必须做到执法为民。因此，权力要接受监督和制约，如果权力得不到外部监督和制约，必然产生对权力的滥用，产生腐败行为。司法主体还要从内约束自己，自身要做到忠于职守，清正廉洁，克己奉公。只有这样，才能真正成为一名合格的司法主体，做到秉公司法。作为外部制约的法律制度，清正廉洁是对司法主体的一项基本要求，贯穿在《法官法》和《检察官法》的各项制度和管理环节之中。

《法官法》和《检察官法》有明确的义务规定，法官和检察官要"应当勤勉尽责，清正廉明，恪守职业道德"[①]，并且要接受法律、人民群众、大众媒体等监督。同时法官和检察官还有明确的任职回避的要求；法官法和检察官法在对司法主体的考核内容中明确规定考核法官和检察官的思想品德、工作态度和审判作风；对于贪污受贿，私自会见当事人及其代理人，接受当事人及其代理人的请客送礼的行为也有明确的惩戒措施，构成犯罪的，要依法追究其刑事责任。

外部制约发挥作用的前提是司法主体的内心认同，即有着清正廉洁的认知倾向和价值取向，并能自觉地与其保持一致性，形成同一性。因此，《法官法》和《检察官法》起到外部保障的作用。

三、道德准则在司法制度中的具体实现

追求司法公正，应该成为每一个司法主体的道德价值目标。而司法主体个人的道德价值目标还必须与社会的道德价值目标相融合，司法公正才能得以实现，也就是说，司法公正需要得到社会的承认和认可。否则，它就不具有实质性的意义。为了实现这种融合，司法主体就必须要以社会的道德价值目标的外化形式，即职业道德准则作为其活动的客观依据。另一方面，从职

---

① 《中华人民共和国法官法》，《人民日报》2019年7月28日。

业道德准则在实质内容上是司法主体的道德义务的角度来看，公正司法，就必须在自我的司法行为中自觉地承担起司法道德责任，认真履行司法道德义务。因此，职业道德准则主要是对司法主体的思想和行为进行具体的道德约规，使司法行为符合一定的司法伦理价值目标。在前面的论述中我们已经提到，职业道德的具体细则是下位的，而制度是上位的，职业道德准则的制定都是以司法制度为依据，因此，（法官和检察官）职业道德准则是司法制度的具体实现。

（一）道德准则人本化

人本理念要求将以人为本的思想作为当代中国司法活动的实践基点。成熟的司法理念是司法制度的合理内核，人本司法理念立足于中国国情，特别是当前中国特色社会主义法治国家建设的实践，以人民的根本利益为出发点和落脚点，要求司法活动合乎人性、尊重人格、保障人权、体现人道、体恤人情。2004 年，我国人权入宪，"以人为本"的价值观得到宪法的确认，并且奠定了宪法地位。"以人为本"的司法理念强调司法兼具工具性价值和目的性价值，是二者的统一，司法制度以保障人权、维护人的尊严为出发点，充分维护人的基本权利和自由，实现社会公正。

在我国，审判权是司法权的核心，检察权是司法权的重要组成部分，两类权力都充分体现了人民性属性。作为审判权和检察权的行使主体——法官和检察官，应树立人本理念，在司法实践活动中恪守职业道德要求，维护人民利益。这一要求在职业道德准则中也得到明确体现：

我国法官职业道德基本准则的第二条明确规定，公正、廉洁、为民作为法官职业道德的核心内容，要求法官能够"忠诚司法事业、保证司法公正、确保司法廉洁、坚持司法为民、维护司法形象"。在第五章中，围绕"坚持司法为民"设立四条基本准则，以强化法官的群众观念、人本思想。

我国检察官职业道德基本准则明确规定检察官应当"坚持党的事业至上、

人民利益至上、宪法法律至上……坚持立检为公、执法为民的宗旨，维护最广大人民的根本利益，保障民生，服务群众，亲民、为民、利民、便民"，以人民群众的根本利益为出发点和立足点。检察官职业道德基本准则第二十条规定："树立人权保护意识，尊重诉讼当事人、参与人及其他有关人员的人格，保障和维护其合法权益"。以上规定引导、规范法官和检察官坚持人本理念，正确履行法律赋予的责任，以维护司法公信力。

（二）道德准则规范化

法律是客观存在的行为规范，无法对社会秩序和人们的社会关系起到自动调节作用，只有当人们把法律作为国家治理方式，在社会生活中运行，并转变为现实，静止的法律才能变为动态法律。在这一过程中，包括法的遵守、法的执行和法的适用三个主要方面。法的适用即司法，是一种最特殊的法律实现形式，更是法的实现形式的一种最根本的制度保障。司法是维护社会正义的最后一道防线，如果把司法权"放在"非专业人员手中，或虽是司法专业人员但缺乏社会良知的人手中，那么再完善的法律也无法起到它应有的作用，实现其应有的价值。如果司法主体抛除公平正义，泯灭道德良知，甚至漠视法律，贪污腐化，徇私枉法，肆意践踏法律，那么，我国法律体系和法治国家建设将是空中楼阁、海市蜃楼。

因此，司法主体的道德素养影响了法律实现的最终效果，决定了法律的品质、法律的尊严以及司法的形象。建立一支政治过硬、业务精通、公正严明、清廉忠诚的高素质的司法队伍是公正司法最基本的条件。我国法官职业道德基本准则规定，"法官要通过学习不断提高专业素养和业务能力，忠于职守，弘扬正义，始终保持良好的精神状态和职业操守"。我国检察官职业道德准则第三十七条规定，要求检察官要注重个人礼仪规范，执行公务时做到"仪表庄重、举止大方、态度公允、用语文明，保持良好的职业操守和风范，维护检察官的良好形象"。法官和检察官职业道德基本准则不但要求司法主体树立良好形象，更要求司法主体掌握娴熟的法律知识和业务技能，受过专门的法律职业教育和培训。也就是说，具有法律职业思维的法官和检察官与完善的法制体系同等重要，"二者如同车之两轮，不可偏废"①。

（三）道德准则程序化

司法程序，即规范司法行为和司法活动的程序，合理合法的司法程序是司法公正的体现，又是司法公正的重要保障。程序成就权威，伯尔曼认为，程序是法律的核心，如果没有程序，法律就不可能存在。而司法本身就是一个动态的程序性过程，一旦司法活动超越程序的规范和界定，那么司法的正当性以及它所可能带来的社会正义就难以保证了。所以，司法制度的核心是规范司法程序，使司法行为在一定的限度内运转。司法程序正规化能够确保司法独立、司法公正和司法效率。

司法主体的道德准则是通过制度的规定性体现在程序的正当性中。我国法官职业道德基本准则第十条规定，法官要树立程序意识，"严格按照程序规定进行司法活动，防止司法活动中出现随意行为，确保实体公正和程序公正，最终保障当事人和其他诉讼参与人的诉讼权利"。我国检察官职业道德基本准则第十九条中同样强调了检察官的程序意识，"通过遵循法定程序来维护程序正义"。这样一来，从法官和检察官的职业道德的具体准则中就强化了司法主体的程序意识，用以指导司法行为。

司法独立是司法系统合理有效运作的前提和基础。如果司法不能独立运作，法律就容易被外界一些集团势力控制扭曲，就有可能会被某种强大的力量扭曲，法治与政治就无法得到制衡，人的基本权利就无法得到保障。司法公正就体现在程序的运作过程中，正是由于司法程序所蕴含的正当性、合理

---

① 范愉：《司法制度概论》，中国人民大学出版社 2004 年版，第 3 页。

性，所以才能保证司法结果的公正。司法效率包含司法效果和司法速率双重内涵，司法效率低下会影响社会资源配置，使得进入司法程序的社会资源不确定性增加，而且还会对社会资源进行过分的消耗，影响社会的持续发展和当事人权益的保护。

第三章　制约中国特色司法伦理实效性的因素

"中国特色的社会主义法律体系已然成型"，这一态势为"有法可依"提供了强劲支撑，故而我国法治的目标已从以往的"构建法律体系"转变为"有法必依"或法律施行。其中，法律专业人员是"有法可依"或法律施行的主要载体，司法伦理在提升法律从业人员质素之中承担着不可或缺的角色。甚或，司法主体的伦理水平直接影响着司法的结果。因此，它也是在法治向更成熟阶段发展过程中的迫切需求。如果因司法主体的法律信仰缺失或司法伦理的建设不充分而引发司法主体的失职、渎职等行为，那会严重影响着法治进程，甚至阻碍法治建设的前景。因此，我国的法律信仰或司法伦理的研究范式有待进一步确立，理论和实践建设需要进一步加强。因为司法伦理在司法过程中的效用发挥得如何，哪些因素掣肘着司法伦理效用的发挥，在法治国家建构的过程中，对于这些问题的研究显得尤其重要。

第一节　司法伦理实效性的内涵特征

司法伦理实效性是本书中的核心概念。而本章对制约中国特色司法伦理实效性的因素分析，要从宏观和整体上把握司法伦理实效性这一核心概念的本质内涵，才能分析出制约司法伦理实效性的一系列因素。因为，制约因素是和司法伦理实效性相互关联的，找出其制约因素，找到问题的症结，才能找到解决问题的出口，才能给出有效的路径，使司法伦理的价值效能发挥到极致。

一、司法伦理实效性的学科范畴

司法伦理是一个由司法和伦理相交叉而成的集合型研究课题。随着中国开放步伐的加快、范围的扩大，司法贪污、失职、渎职的问题愈加严重。这些问题让人们在高呼司法公平公正的同时，也引发了对司法机制以及司法伦理问题的深思。事实上，不论是理论层面的研讨，还是涉及机制架构建设，司法和伦理相交融的趋势已无法阻挡，甚至于司法伦理已经被司法界与法学界提升到了关系司法主体公平公正程度的重要位置。面对当前社会发展的新阶段和新要求，深刻阐释二者的关系以及司法伦理的实质内涵，在健全司法机制，更新司法主体的形象，以及彰显公平公正裁判作用方面都存在着十分重要的意义。

要深刻研讨司法理论问题，推演司法伦理存在的合理性以及重要性，则首先必须在思想层面打破固有的、常态的"理论—应用"型的思维定式。二者的交融绝不是"1+1"式的简单拼凑和叠加，也完全不是将当前学术界普遍认可的扮演主流角色的伦理学当成是"先天的"，当成一种具备一般性指导意义的原则作用在司法活动的成果。若将其作为应用模式来理解，其所造成的损害是无法估量的。首先在于二者相交融的推演则只是外在力量强加，并非是源于司法伦理的本源诉求，甚至于两者呈现相斥性，完全不了解司法活动、司法系统、司法精神等的伦理主义，对这一对象提出其无法实现的诉求。应当将司法与伦理科学价值完全相符作为出发点，清楚认知两者是存在关联性的独立学科，二者的关系并非是支配与被支配的关系，而是相互依赖存在的关系，其作用在于处置司法活动中某些单靠司法机制、理论等无法解决的疑难。实际上，存在一种毫无意义的司法范畴，继而以伦理学作为手段对其加以订正并将其纳入司法领域的状况是完全相背离的，也是不需要的；相反，是将司法自身的范畴、内涵作为主体从中推论出司法伦理学，换而言之，司法伦理的研讨并不能抛弃司法自身的范畴、内涵等。司法和伦理这两者能够相交融，其核心并非是一者可以为另一者所提供什么，而是在于二者具有某种共通性——前者自身包含伦理属性或者道德属性。即是说，两者可以相交融的关键之处在于司法内藏的伦理属性或道德属性。就此而言，司法的伦理属性或道德属性存在着外在道德、内在道德两个内容。

司法伦理是司法道德属性两个内容有机结合的统一整体，具有十分重要的方法论意义。第一，其奠定了司法伦理存在的可能性的理论基础。司法的伦理属性明确了司法和伦理二者相包含的内在统一机理，同时表明司法与伦理的相交融完全不是外在力量的强制作用，而是司法自身的本源诉求的结果。然而，两者的共通性并不代表二者完全一致，而是各具特色，无法替代。第二，为充分发挥司法实践活动中伦理的作用提出根据。可知司法其自身内藏着伦理属性或道德属性，我们则可以在司法活动、范畴中有意引导塑造相应的观念、观点，从而充分发挥伦理在司法活动中的价值。

就司法学的角度而言，现代司法的听证形式和司法形式已经形成了一个由三个层次相互连贯和进步的逻辑连续体。首先，司法的技术层次，即是将司法的非社会属性作为活动出发点，关注审判程序，依法确认、推断各项证据和事实，且通过司法主体的裁断和判决，形成判决结果，它对于司法是否可以实现自身的具体目标具有决定性意义。其次，在司法权威层次，司法的强制力量无法创造出所谓的司法权威，构建司法权威的基础在于因判决的公平、公正所获得的社会实体的普遍认可、赞扬和尊重。再次，司法的内在道德层次，也就是将司法机关的内外部的关系作为出发点，重点关注听证形式和判决方式要达到人们精神需求的程度，以促使实现社会和谐，形成优良的外在信誉形象，实现司法权威这一目标。事实上，这也是司法机构和系统运作环节中所映射出的"物化"的执法程序和行为规范。作为司法自身的诉求，同时也是司法主体本真需求的司法伦理，通过一系列予以调整司法组织内部以及外部各项关系的方式、手段、渠道等得以展现。所以，司法主体在诸多情况下，在法律规定的范围内，更多地依靠自己的良心进行裁决。

二、司法伦理实效性的概念界定

概念是链接研究者们的中介。事实上，"无论什么学科都必须确立其学科研究内容的概念以及其内涵、外延，如果缺少对概念的设定和确立，也就无法展开相应的研究，更无法从中获得什么结果，对此研究者们已达成共同认知"①。

司法是某一个典型事件或某些事件的群集，在法律和社会生活中起着沟通二者的桥梁作用。司法并非是人类伊始就存在的，而是伴随着古法的产生应运而生的一个悠久的法律活动。对此，亚里士多德在《政治学》一书中最早在理论上给出"司法权"这一概念，并对其加以内涵界定和阐释，而最初我国古代掌管刑狱之职为"司法"。

实效性即表示某一行为所带来的现实作用或影响的程度，实效性的强弱则表示为此行为所带来的现实作用程度与预期目标所存在的差距。若两者之间的差距较大，即表明实效性弱；若两者之间的差距较小，则表明实效性强。"司法伦理的实效性是指法官在审判过程和裁判结果中所产生的实际效果与社会满意度相嵌的程度。"②故此得出，司法伦理的实效性表示为司法的预设成果和现实成效之间的关系，即是以不同的形式在法律法规和法律职业

---

① ［德］汉斯·普维庭：《现代证明责任问题》，吴越译，法律出版社 2000 年版，第 9—10 页。

② 郝永磊、马延娜：《探析司法伦理实效性的评价意义及其标准》，《吉林广播电视大学学报》2017 年第 6 期。

道德二者交互影响下对案件所做出的裁判结果，以显示法律和社会的公平公正。如此才可称之为司法伦理，彰显其实效性。①

三、司法伦理实效性的基本特征

实现社会和谐正义是司法伦理的目标，而这一目标也是司法主体进行司法裁决的出发点和落脚点。司法伦理的实效性可以被测评的重要原因在于其目标是非主观的，并且是确切无疑的，以及预期目标与现实效果之间的差距是显然的。司法伦理的实效性特征，概括为如下几点。

（一）客观性

内外效果相一致，即是说，判决的成果能否妥善处理案件双方的矛盾，实现双方满意的程度。矛盾处理是司法机关和系统得以存在的因素，也是司法机关和系统最主要的作用，判决成果能够妥善处理案件双方问题是测评司法伦理实效性的重要标尺。司法机关的判决成果在很大程度上决定了其是否能够获得并提升自身的公信力、权威度，司法机关及其人员必须通过按照法定程序进行的审判过程和公正的判决成果妥善解决双方纠纷，司法伦理的作用才能得以体现，才能赢得社会的认可。若司法主体的判决活动存在不公正、不正义的情况，即使司法活动其他的环节不存在纰漏，此次司法活动也会被全部破坏。司法主体作为国家机关的专业公职人员，为案件双方所服务是其工作的宗旨，故此司法判决的结果应当与当事人的合法权益相符。司法主体进行判决的依据是被认定的合法证据和事实，审判结果也应该是客观存在的。然而，因中国几千年传统文化中所包含的"人情文化""熟人情结"，部分司法主体在司法活动中存在失职、渎职行为，无法实现司法活动的目

---

① 常萍：《司法伦理的实效性探析》，《学理论》2017 年第 1 期。

标——公平公正，严重影响了判决结果的公平性，损害了案件其中一方的权益，致使司法伦理低效。只有公平公正地、妥善地解决案件双方的矛盾，实现案件双方的权益最大化和双赢，才能为司法活动赢得优良的信誉和权威。

（二）公正性

个人利益和社会整体利益相一致，即是指将法律作为司法活动的至上原则，司法各环节的各项法律法规应被严格适用，以保证判决结果公平公正。这要看司法主体在判决环节以及判决结果中是否体现了正义和客观。司法主体的正义和客观，是指在判决的各项环节中必须严格按照"法律面前人人平等"这一原则，禁止对案件双方采用不平等的态度和手段，以中立客观的立场进行裁判，给出公平公正的裁判结果，禁止各种因素影响裁判过程和判决结果的公正性。司法活动的终极目标是保证社会公平公正，司法主体作为法律实施者在其中扮演着重要角色。司法主体一直被认为是正义的代言人，司法主体的公平正义品格在很大程度上决定着司法活动的公平正义以及司法活动终极目标的实现程度。正如培根所说的，一次不公正的裁判比多次不公正的举动为祸尤烈。也有人将司法活动理解为一项竞赛，案件双方为选手，司法主体为裁判员。司法主体在司法活动中进行审判时，应当如竞赛的裁判员一样秉承着客观、公正的立场，避免产生参与或偏袒某一方选手的行为。司法活动是一种类似于竞赛一样，存在着对抗特点的活动。司法主体不能将案件双方的经济基础作为审判案件的依据，应当严格坚持公正、客观的原则。司法主体在判决环节和判决结果的公正、客观在很大程度上决定了司法伦理的实效性。由此，在进行测评司法伦理的实效性时，司法主体的公正程度则自然成为测评的标准。

（三）价值性

法律价值和社会价值相一致，即是指裁判成果能否达到法律价值和社会价值相一致的程度。司法主体的作用不仅是处理社会主体日常矛盾，更为关键的是化解社会矛盾，实现社会和谐正义。司法伦理的非自然价值在于赢得法律权威，被称为是社会公平公正"最后一道防线"的司法活动，要想获得法律权威，关键在于司法主体解决社会主体矛盾的功能，而司法主体处理司法案件的数量并不能体现其解决社会矛盾的能力，而在于处理司法案件的质量。司法主体所做出的最好的判决结果是促进法律价值和社会价值相一致。然而，在现实的司法活动中，司法主体并非是脱离社会而独立存在的，因受到诸如政治、经济、文化等多种因素的浸染，无法做到严格按照法律要求、坚守法律原则。而这种司法主体在司法活动中过多关注社会价值，而忽略法律效益的判决行为，只能致使判决的结果和法律要求相去甚远，引发人们对司法权威的信任危机，严重破坏了社会对法律权威的认可程度。故此，"司法主体应当坚守法律准则来处理社会矛盾纠纷，才能切实提升司法伦理的实效性，促进法律效益和社会效益相一致，获得社会的认可，彰显法律权威"①。

第二节　司法伦理实效性的实践场域

司法伦理实效性是在司法实践的"场域"中得到实现和被我们所加以认定的。也就是说，实效性不是一个理论的问题，而是一个实践的问题。探讨司法伦理的实效性就不能离开司法行为的"实践场域"。因此，如何从各种司法实践的场域中获得司法伦理实效性的判断和认定，就是一个客观的经验基础和前提。

---

①　刘武根：《马克思主义理论研究丛书　执政伦理基本问题研究》，中国社会科学出版社 2011 年版，第 26—28 页。

一、司法主体自由裁量权行使中的伦理

在我国，司法机关主要是指人民法院和人民检察院，但在实际的司法活动中，能够行使自由裁量权的主体主要是指法官，法官行使自由裁量权是指法官在依照法定程序判决的环节中，在适当的范畴内具备一定的识别事实、应用证据、运用某些法律解决某些案件的灵活自主的选择权。在实际中，自由裁量权具有双重属性，关键在于如何使用。使用自由裁量权，可以在法律规定的"盲区"，即没有法律具体规范的裁判，法官可以遵行法律原则，在法律允许的范围内自主地审判案件，这给法官在审理此类案件中赋予了极大的自由裁决权力。如果这一权限被任意、错误、过度的使用，其后果只能是负面的，无法保证法律的权威反而会摧毁它。本书尝试将自由裁量权的实质和理念作为出发点，深入阐释制约法官行使自由裁量权的心理因素，在此基础上就构建防止司法自由裁量权滥用的法律法规架构提出可行性建议和意见。

司法自由裁量权，就法官而说，凸显了法官的自由审理权能。相对于一个国家、一个民族而言，该国家、民族的司法自由裁量权的行使能否体现公平公正，在一定意义上决定了该国家、民族法律的权威和建设法治社会的进程。但是，当我们以司法的历史作为研究背景来探察自由裁量权的形式状况时，不难发现：自由裁量权的作用因素是多种多样的，其裁量结果的现实效果因作用因素的变化而发生变化。自由裁量权的公正合理的运用，能够保证司法主体在一切时间、地点条件转移的情况下，能够及时并具体地进行案件审判，维护司法的权威和公平公正。同时，维护案件当事人的合法权益，实现一般公平正义和个别公平正义相结合，推进社会和谐进步。然而，"若行使不当或者被滥用，则不仅无利益于法律价值的实现，反而更有损法律的尊严"①。

---

① 林肃娅、马晓明：《影响法官自由裁量权运用的心理因素及其法律规制》，《西南民族大学学报》（人文社科版）2007 年第 5 期。

裁量权运用不当，更多时并非由法官的职业能力和水平决定，而是由法官道德水平决定，也体现了司法伦理在自由裁量权行使时的实际效用。法官的自由裁量权存在如下四个特点。

第一，自由裁量权并非是一种行政职权，而是来源于法律的司法权力。司法权这是法官自由裁量权的实质属性，这一实质特点将其和行政自由裁量权加以区分，行政自由裁量的实质属性是一种自由行政职权，其来源是由法律规定的行政机关的行政权。因此，二者存在本质区别。人民法院作为我国的审判机关是法律规定的，其所拥有和行使的审判权也是由法律赋予的，法官在判别事实、应用证据和运用法律解决某些案件时能够按照法律规定运用自由裁量权，并且自由裁量权只能由法官来行使。除法院及其法官外，所有组织和个人不具有运用审判权及相关的自由裁量权的自由和权利。

第二，运用自由裁量权的主体是特定的。人民法院作为法定的审判机关，在其内部存在着各个审判组织，法官承担着这些审判组织中的审判角色以及运用着相应的审判权力。因此，非法官以外的任何组织和个人不能行使法定的审判权，涉及个案的审判时，非法官以外的任何组织和个人同样不能运用自由裁量权。

第三，自由裁量权所呈现的并非是法官个人的意愿，而是法律意志或是人民的意志。法官依据法律法规等裁判案件，在自身权限范围内，就判别事实、应用证据、运用某些法律处理某些案件时存在自主选择的权利，这是法官自由裁量权的使用。虽然究其表现形式而言，似乎是法官个人意愿在发挥作用。然而，其实质依然是法官秉承法律法规，既是法律的意志，又是人民的意志。而因法官的个人道德因素导致自由裁量的肆意，则无法保障当事人的合法权益，也无法体现审判的正当性和合法性，更无法实现法律的精神和价值。

第四，自由裁量权并非是毫无限制的权力。法官在运用自由裁量权时，是受法律法规所限制的，不得滥用、乱用。法官在审判个案时，应当坚守法律法规，公平正义合理的使用，在存在两种及以上的可供选择时，作出符合案件双方的合法权益的选择。①

　　法官的自由裁量权并不是单方面的利好或弊坏，而是具有双重属性。故而，要实现司法活动的终极目标——社会和谐进步、公平正义，必须确保法官公正合理的运用自由裁量权。事实上，在司法活动中，要想实现司法公平公正，除了法官正确运用法律和具备精进的职业能力外，法官本身的公正品格是尤为重要。如果无法保证法官自身的公平公正，无论存在多么公平公正的法律机制，都无法实现司法公平公正这一目标。法官任意行使自由裁量权，法律制度的不完善这一客观因素固然不能忽略，但法官的任意行为取决于法官道德的主观性，起决定作用的是主观任意。这种主观性体现于品格与良心方面，法官的优良品格和道德良心表现于心理层面，法官心理因素是应当重视的关键因素。

　　第一，性格。性格是个体所具有的心理特质的集中表现。这种特点并非是个体在某方面的心理特质，而是个体最本真的、最基础的特质。每个个体的性格都是相区别而存在的，然而都是由共同的因素所组成的，这些共同因素的不同表现形成个体不同的性格。事实上，在大多数情况下，法官自然而然地形成优良的性格并不具备可能性，其良好性格的形成必然要经过自我内在的不断地升华和重塑。此外，每个个体的性格特征又都是互不相同的，都存在着异于他人的独特之处，而这种性格特征会在个体生活实践中展现。因此，由于性格的影响，人们在分析、处理问题时的观点和态度都是从已然形成的思维方式和取向出发，即从自己的性格特点出发。故而，法官在判决案件时也会受到性格特征的影响，比如惩罚的轻重程度可能会因自身对此案件的怜悯或厌憎的程度所影响；也可能会受到自身对某种违法犯罪行为的包容程度所影响。因而，性格特征是影响法官自由裁量权合理公正使用的影响心理因素之一。

---

①　胡铁耀：《浅谈我国法官的自由裁量权及其制约》，《法制与社会》2008 年第 20 期。

第二，情绪。积极心理学表明，一个人产生的情绪并非来源于事件本身，而是源于这个人对于事件的解读。法官对于法律精神的理解以及对案件性质的理解程度，影响着其司法行为的结果。一个优良的法官不管面对何种形式，何种情况下的审判，都要避免情绪左右，正如近代英国的霍布斯曾说："作为一个良好的法官或良好的法律解释者在审判中，要超脱一切爱、恶、惧、怒、同情等感情。"① 然而，个体是在社会环境中所存在的，个体的情绪既会受到个人情感影响而产生变化，又会受到社会环境的影响而变化，法官对案件的定性错误或是对法律精神的理解不透彻，都有可能致使案件审判的不公正性。司法是守护社会公平正义的最后一道防线，法官就是其最后的守门人和捍卫者。法官在审判案件过程或司法活动中的所有的行为表现并不能阐释为个人情感的表现，而应当认识为一种职业的行为表现。司法活动要求是公平公正的，司法所代表的是正义合理。因此，法官在司法活动中的行为表现应当符合司法精神和要求，必须是公正客观的，而不是与司法精神和要求相背离。

第三，动机。自由裁量权在司法活动以及相应的法律机制中是普遍存在的，即是指在审判环节和检察环节中大量存在，而这样的存在既具有正面的价值作用，同时也存在着负面价值作用。马克思指出，人们所苦苦奋斗的一切都与利益有关。所以，人们进行任何一项活动都为动机和目的所支配，审判人员亦不例外。以往因种种原因的影响，我们并未认识到司法活动的自由裁量权的重要程度，更无从谈起相应的制约手段和方法等，这也就造成当前司法活动问题较多的现状。法官在进行处理案件时，将个人的意志情感夹杂其中，司法公正性必定会受到影响。若在案件处理过程中，裁判者掺杂了诸如工作业绩、照顾熟人、讨好领导等个人意志利益，衡量个人利益得失等动机目的，全然不能保证案件处理的公正性。这时，裁判者在审判案件的观点和看法，以及处理矛盾的方式方法，并非是在案件自身基础之上形成的，而

---

① ［英］霍布斯：《利维坦》，黎思复、黎延弼译，商务印书馆 1996 年版，第 200 页。

是受其他因素影响而成；并非是法律法规、人民的意志的体现，而是外界各种力量或各种利益相平衡的产物。正像亨利·卢米斯所说："在法官做出判决的瞬间，被别的观点，或被任何形式的外部权势或压力所控制和影响，法官就不再存在了……法院必须摆脱胁迫，免受任何控制和影响，否则他们便不再是法院了。"①

法官自由裁量权的公正合理客观的运用，能够促使裁判者因地、因时、因条件的变化而进行具案的审判，以实现个别正义和一般正义的相一致，最终实现社会正义公正。然而在我国，裁判者行使自由裁量权时，若裁判者在案件审判之前存在对案件当事人不是建立在事实判断基础上的价值判断，则对案件当事人的判决结果出现不公正的可能性要大大增加。再者，当前我国在制约司法主体自由裁量权的行使的相应的法律机制和措施尚处于缺失状态，致使裁判者自由裁量权滥用的例子比比皆是。譬如：应处罚的未受到处罚，不应受到处罚的而被处罚；处罚的轻重程度未按照法律法规要求予以实施；等等。长此以往，不论是对裁判者还是对审判机关都是负面影响。事实上，人们愿意认可裁判者和审判机关，原因在于，司法公正客观是司法系统、司法活动、司法机关存在的必要前提，也是获取司法权威的基础。若司法不具有公正客观性，裁判者对案件当事人持有不客观的价值判断，法官也就不再是社会公平正义的捍卫者，而是破坏者。

二、司法主体案件审理程序中的制度伦理

"疑人不用，用人不疑"。作为法官，他们拥有丰富的专业知识，具备过硬的专业技能，能够坚守法律法规的相应的原则、精神等分析、处理案件，并且在无法可依的情况下秉承法律精神解决案件双方纠纷，实现案件双方合

---

① 肖金泉：《世界法律思想宝库》，中国政法大学出版社 1992 年版，第 90 页。

法权益的最大化，公正客观合理合法地运用权力。然而，法官仍然是人，十全十美的人在现实生活中是不存在的。法官因各种因素的影响致使自由裁量权的运用结果产生误差。为了将误差尽量缩小，确保司法过程和结果最大限度地体现公正正义、合理合法，我们在信任裁判者时，应该对其道德强化，在正确的道德观指导下进行自由裁量。因此，对其相应的审判权和自由裁量权都应当加以制约和限定。

（一）强化对裁判者的管控

对于法官所涉及的行为活动应制定出可行性的管理制度及机制。裁判者是行使审判权和自由裁量权的行为主体，其所代表的是法律的意志，法官应当秉承法律原则，并维护法律的权威。故此，裁判者所涉及的诸如立案、裁判等各项工作环节都应当具备详细的要求、原则以及惩处措施。各项工作环节要求等的设定应当是利于施行的详细内容。这些内容是关于裁判者在工作时间之内的管理方法。然而，在工作时间以外的其他的时间内，裁判者仍然存在着和案件双方不正当来往的可能性。此可能性一旦成为真实性必然会对司法公正性构成威胁。所谓的"吃了原告吃被告"的谚语，就是对这一可能性的形象写照。由此，为了杜绝裁判者在工作时间以外的时间与案件当事人存在不正当来往的可能性，强化对裁判者的管控，国家相应机构已然出台相关管理条例。法官在各项管理条例的制约下，谨慎运用审判权和自由裁量权，彰显司法的公正性和权威性。

（二）推进司法体制改革

要想法官公正合理合法的运用裁判权，司法权必须处于独立的地位。然而，当前我国的司法机关的财力、物力、人力仍未脱离党政机关而独立存在着。在此种形势下，司法机关及其法官是党政机关的依附品，无法实现自身的独立，审判权和自由裁量权的独立也就更无从谈起。所以，唯有进行司法体制改革，将司法机关转变成为和党政机关同等级别的独立性国家机关，而非依附单位，才能有效避免其他政治权力在司法活动中的干扰因素，促使司法权实现真正意义上的独立。由此可见，实现审判权和自由裁量权公正合理使用的前提是司法权的独立，没有后者的独立，裁判者试图公正合理自由运用自由裁量权的行为则十分艰难。

（三）完善司法监督机制

所有权力的运用都必须放在笼子里，即接受监督，如果脱离监督，权力滥用的可能性则无限增大。法官自由裁量权的公正合理合法的运用同样需要监督。首先，法律监督机制的确立。检察机关是法律监督机关，应对裁判者运用自由裁量权的实际情况加以严格监督。其次，内部监督机制的确立。审判机关内部应形成对内部权力运用的监督制度及机制。法院内部应对法官自由裁量权的运用情况进行监督，防止法官渎职、失职行为的产生。但在监督过程中应注意的是，监督不应干扰到法官行使裁判权的独立性，即是要求监督者严于律己。在此前提和基础下，加强系统内部监督推进法官公平公正合理运用权力。最后，强化确保程序公平的微观制约机制。法官在行使权力时，坚持秉承各项司法原则、制度、条例、精神等，以推进司法环节的透明度和司法过程的实效性。①

三、案件裁判结果中的公正伦理

实现社会和谐正义是司法伦理的方向和指针，而这也是裁判者进行司法活动的伊始和旨归。司法伦理的实效性能够被量化测评的主因是它的指向性很明确并且是客观的，其预期目标同现实成果的差距是显而易见的。虽然对

---

① 胡铁耀：《浅谈我国法官的自由裁量权及其制约》，《法制与社会》2008 年第 20 期。

司法伦理的实效性量化测评是可行的，但是其测评标准并不应该是随意捏造和主观空想出来的，而是应当构建一套与其测评相适应，并由实践加以验证的可行性的标准体系。

（一）法官在审判过程和裁判结果中是否体现公正和中立

法官的公平客观是指其在司法活动中无差别的对待案件双方，秉承着客观中立的立场处理案件，案件双方的现实经济、政治背景等因素并不应成为干扰法官判决的因素。实现社会公平正义和谐进步是法律的价值指向，法官在其中承担着关键的一环。法官的公平正义的程度对社会公平正义实现的程度具有直接影响的作用。司法活动好比一场竞赛，案件当事人好比选手，法官好比裁判者。因此，就像裁判者不应倾向任何一方队员一样，法官也应严格坚守客观中立的立场，以保证司法活动的公正性和司法伦理的实效性。故此，法官公平公正的实现程度也就成为评价标准之一。

（二）裁判结果是否解决了当事人的纠纷及达到令人满意的效果

法院存在的基础在于处理矛盾纠纷，因此，审判成果是否真正地处理了案件双方的矛盾纠纷、实现二者利益的最大化和双赢，则成为测评司法伦理实效性的关键标准。事实上，如若裁判者的裁判行为存在不合法、不合理的情况，而司法活动中的其他环节即便完美无缺，此次司法活动也是失败的，是被人们所不认可的，是被案件双方所质疑的，无法保证案件双方的合法权益的。只有公平公正合理合法客观中立地真正处理矛盾纠纷，使得审判结果达到人民满意和认可的程度，才能体现司法活动和环节的公平公正性。因此，裁判结果所获满意和认可程度是又一评价标准。

（三）裁判结果是否实现了法律价值与社会价值的统一

价值的互相促进有利于社会的稳定与发展，相互抵消则危害社会稳定与发展。就法律而言，在当代社会，如何保障和促进社会公平的前提下保障和促进社会效率，实现法律价值与社会价值的统一。法官存在的价值不仅在于处理日常矛盾纠纷，更为关键的是在于化解社会矛盾，实现社会公正法治。司法伦理的社会价值或社会效果在于法律权威的确立。而法律权威的确立则依赖于法官裁判案件的质量。因此，法官处理案件的最好结果则是法律价值和社会价值相统一。为避免法官在实际操作过程中只重视社会效果而忽略法律效果的现象的发生，裁判者在裁判案件时，必须秉承法律原则和精神，切实提升司法伦理的实效性，实现最佳结果——两项效果相统一，以获得社会认可和人们的信任，构建法律权威。由此可见，裁判结果是否实现两项效果的统一是测评司法伦理实效性的又一标准。

第三节　司法伦理实效性的制约因素

在分析了司法伦理的实践场域的基础上，进一步分析司法伦理实效性的制约因素就具有了前提条件。司法伦理实效性的制约因素会有很多。根据一般的逻辑意义上的因果关系，任何一个事物存在的原因，如果按照理性的逻辑追问下去，我们都无法获得其最终的绝对原因。事物存在与发展具有多因性，正如亚里士多德把事物的原因归结为"四因说"一样。这样，本部分对司法伦理实效性制约因素的分析，就仅仅限定在直接原因，而其他的间接原因就不在讨论的范围之内了。

一、源于司法主体价值取向的影响

司法伦理是反映法律职业特征的道德准则和规范。司法主体应该在受到专门法律知识训练的同时具备高尚的道德情操和优秀的品德修养，才能有助于对爱岗敬业精神的维系。司法主体是指享有司法职权，以法律的名义实施法律行为并承担相应法律责任的国家司法机关。我国的司法主体主要是由侦查主体、检察主体、审判主体和刑罚执行主体四个部分组成的，具有以下三种特征：

（一）以法律名义实施司法行为的国家机关

司法主体作为社会实践的具体主体，是相对于"司法行为"的具体实践对象而言。司法主体是建立于实践基础之上的司法行为专有实践客体的主体，这是一个具体的实践对象，反之，司法主体从司法实践的主体转变为其他实践对象的主体。也就是说，司法行为的具体实践对象使其执行人，即司法主体从其他社会主体获得了不同的质量，从而使司法主体作为特别的社会主体而存在。司法行为广泛而狭窄：广义上的司法行为指的是国家司法机关的司法和行政机关的执法；狭义的司法行为是指"根据法定权力和程序，特别指司法机关及其工作人员依法治国"的具体行为，适用于具体案件的具体活动。司法机关不仅要执行司法行动，而且必须以自己的名义实施司法行动。司法主体之所以能够成为司法行为主体的主要原因是司法行为在实施过程中已经被赋予了司法主体的意志。换句话说，司法行为是在司法主体的意志下执行的。正因为如此，主体与客体之间产生了一种特殊的关系。此外，司法行动执行的效果也要归因于其执行机构，即司法机构。相反，如果不是基于实施者的作用，那么实施者则不能作为司法行为的主体而存在，而是作为社会的主体而表现。法律则是表达者的意识和归属者的效用在"名义"上的集中表现。也就是说，法律行为在谁的名义之下，那么该法律行为则表达的就是该行为者的意识和归属者的效果。因此，该行为的实施者则成为该法律行为的法律主体。故而，司法机关只有以自身名义进行的司法行为才能成为该相应司法行为的法律主体。

（二）具备司法职权的国家司法机关

司法行为是一种专门的国家行为，这就意味着司法行为是一种体现国家意志和排他性状态的国家权威。在现代社会中，社会的高度发展使得国家的统一权力已经被分工的越来越细化，而细分的权力也变得越来越专业化。根据该情况的分工可以说是，专门负责司法行动的国家职权则被称为国家司法职权。在法治国家，国家法定权力是国家法定权力的前提。只有享受某些国家权力，才能实施某种国家权力法案。为了适应这种情况，司法主体希望被赋予一项司法权力，从而能够实施该项司法行为。这种司法权在决定某一国家机关能否实施司法行为以及是否可成为该司法行为的司法主体的同时，也决定着国家机关司法主体的存在样态和形式。因此，只有享有司法权的国家机关才是司法主体。根据国家劳动分工，不同的国家机关享有不同的国家职能和权力，从而成为不同的国家机关。其中，享有司法权的国家机关是国家司法机关。国家司法机关享有司法权，可以实施司法行为，成为司法主体。相反，其他不享有司法权的国家机关不能实施司法行为，不能成为司法主体。否则，就违背了司法独立的法律原则。因此，司法主体必须是享有司法权的国家司法机关。

（三）能独立承担法律责任的国家机关

国家行为作为一种普遍的治理行为，必须对人民承担相应的法律责任。"司法行为作为一种适用法律解决社会纠纷的国家行为是属于一般的治理行为，因而，也必须向人民承担一定的法律责任。"[①] 司法主体的伦理水平是促成司法公正及结果的重要因素，司法公正的主要依据是司法主体的自身价值取向、思想伦理和道德水平。因此，司法主体伦理道德水平的高低决定着司法公正的终极价值的实现。这是司法职业应尽之责和应负之责。

---

① 刘后务：《论司法主体》，《韶关学院学报》（社会科学版）2001 年第 11 期。

二、源于市场经济条件下利益博弈的结果

博弈是一个理性的人选择一种对自己有利的策略，以实现自身利益最大化或实现预期的目标，并在一个既定的环境条件下，然后从这些可以选择的策略中找到并实施最优化的策略。人们所说的市场经济博弈，就是市场经济和市场经济发展过程中多种因素相互依存、相互排斥的关系。利益冲突是经济冲突的一个重要方面，是引起经济冲突的主要原因。在当前市场经济体制下，资源分配和经营管理都在追求利益的最大化，尤其是物质利益和个人利益，众多经济体在利益分配和利益获得方面得不到满足，为了获取更多的物质利益，导致各经济体之间的利益博弈愈演愈烈，利益冲突也逐渐加深。市场经济的博弈包括市场的自由竞争和政府宏观调控、供求关系、信息不对称和公平贸易，以及私人成本与外部效应之间的矛盾。市场经济利益博弈包括个体利益与社会利益的冲突、买家与卖家的利益、生产者与经营者的利益、经济激励与收入差距之间的冲突。司法主体作为市场经济时代的生存者，难免在利益的诱使下丧失其本性，从而丧失其全部的责任担当，陷入利益的漩涡，影响裁判的公平正义，在利益与道德的博弈中丧失伦理规约，让公正消失于司法权力的寻租中。

（一）市场的经济矛盾导致道德沦陷

市场经济条件下各种利益关系之间的博弈产生了诸多制约司法实效性的因素。主要包括以下两个方面：

1. 权利与权力的博弈

在市场经济条件下，市场内部的经济发展不单单是一种运转机制，也是制度安排。在市场经济条件下，经济资源的生产经营方向和产业结构调整以及经济效益的分配都是由市场内部来调节的。市场能够进行内部调节主要是由于市场经济有着多种比较优势，市场内部调节具有利益、效率、速度等比

较优势满足市场的需求。政府代表着国家，当政府代表国家行使行政权力时，也必须由国家法律来规范政府，进行社会经济的宏观经济管理，即宏观经济的调控，然后在管理国家经济发展战略的全过程中，进而规范微观经济活动。在市场经济自由贸易的当今时代，市场自由经济与政府宏观调控二者之间存在着相互依存的关系。著名新古典经济学家萨缪尔森认为，市场和政府在经济运行中都是必不可缺的。没有政府的经济和没有市场的经济都是不完善的经济。而要想使二者统一必须由法律来规制。而法律的运行主体除执法主体外，重要的裁决职责则是由司法主体担当，在处理和协调各种矛盾时，能否"将权力关进制度的笼子"，还是因司法主体因道德约束不够，反被权力行使肆意时使司法权受到制约，而使司法权偏离法律的规制，陷入道德沦丧的误区，或使法律成为某些道德规范者的牟利工具，或使法律的公正价值消失。

2. 市场的公平与维护责任

信息不对称是指经济活动参与者在市场经济活动中所获取的信息不一致、不对称的现象。在市场经济条件下，市场经济本着自由贸易要求市场交易、公平竞争的原则要求市场交易活动的参与者能够进行公平交易。但在很多情况下，市场交易参与者做不到等价交换和公平交易，这恰恰是因为市场交易双方之间获取的信息不对称。因此，在现有的经济运行规律和制度下，公平交易显得尤为重要，参与者认为在交易活动中最基本的原则是公平。公平交易是确保市场经济良好运行的坚实基础，一旦失去交易的公平，市场经济就会变得无序，无法正常的运行和发展。特别是在参与者获得信息不对称的情况下，公平交易就变得更为重要，公平特别需要法律来维系。法律是衡量公平交易的尺子，尺子是客观的，那么能运用这把尺子的人，是否能量准度量则是由使用尺子的法律执行者和法律运行人的主观性决定的。如果不能量出如尺子一样的公平，那将是因其个人的品格的瑕疵导致法律公正的失衡。

（二）经济利益的博弈导致道德失范

市场经济利益性博弈，是指在市场经济运行机制下，经济活动参与者之间由于追逐利益而导致的矛盾与竞争。

1.个体利益与社会利益的博弈

在市场经济自由竞争利益的大环境下，最常见的利益矛盾就是个体的利益和经济利益所产生的社会利益之间的矛盾。这里的个体包括自然人的个体和法人的个体，即与整个社会相对应的个体。这种个体利益是市场经济中的基本利益，这些最基本的个体利益组成了整个市场经济。市场经济之所以能够运行，也是由于每一个个体都在这个市场中追求个体利益，可就在这个追逐的过程中也成就了整个社会的利益，这也就是英国著名古典经济学家亚当·斯密"看不见的手"的理论。斯密认为在市场经济自由交易中，每个人都在追求使自己获得更多的利益，最后导致整个国家和社会获得更多的利益。因此，个体利益是市场经济的基本刺激因素。其次，个体的力量给社会经济发展带来了动力。由于个体利益的目标和动机都是从自身出发，所以与社会利益存在着对立性。但是，由于个体对利益的追求有着强烈的渴望，所以，有时个体就会为了个体利益而损伤社会利益。个体利益和社会利益之间存在着矛盾，二者之间有时此消彼长。有时为了增加社会利益就会损伤一部分个体利益，而增加个体利益有时也会损伤社会利益，二者之间相互制约。另外，社会利益本身就会对个体利益做出要求并且时刻影响着对方，当社会利益不适当且不均衡的增长时，就会牺牲掉某些个体的利益，但是当个体利益损失严重时，最终也会导致社会利益的损失。无论从静态或动态进行分析，二者之间总是相互排斥的，增加这一方利益就会损伤另一方的利益。但是在市场经济条件下，个体利益和社会利益之间又存在相互依赖的特性。虽然二者之间存在矛盾，但是一旦失去对方，无论是个体利益还是社会利益都无法实现。没有个体利益，社会利益就无法运行和发展；没有社会利益，个体利益将失去安全稳定的发展环境。

2.生产经营者之间的利益博弈

在这里叙述的生产者和经营者，包括商品的生产者和商品的经营者。只有存在生产者和经营者，才能产生一定的商品生产活动和交换行为。所以说，市场经济要想具备运行的基础并开始以初级形态进行发展就离不开生产者和经营者之间开展的经济活动。在市场经济条件下，生产者和商家的利益是相互依存的关系。在生产经营者之中，同时存在着同种商品的生产经营者也存在着不同商品的生产经营者，他们之间存在着相互依赖的利益关系，并表现为两种不同类型生产经营者的差异性。首先，各种类型的商品生产者和商家的利益之间的相互依存关系表现为利益的互补性。为了满足消费者的各种需求，生产经营者们生产不同类型的商品，而达到生产经营者之间利益的互补。因此，不同生产经营者之间不存在利益的对立性。不同种商品的生产经营者之间总是存在着商品的流动性。其次，相同类型的商品生产者和商家的利益的相互依赖性是以利益互为前提的。如果确定了特定商品的价格，其他生产者和经销商就会以该价格标准来改善生产技术、改善经营管理的模式，以便逐步降低成本和价格，使商品价格降为一个较低的合理水平，促使新的产品价格的出现，从而进行下一轮互为前提的市场竞争。因此，他们之间的利益则是相互为前提和基础的。在市场经济情况下，生产者和经营者之间的利益是相互排他的关系。第一，不同类型的生产者和经营者存在着利益矛盾性。消费者在短时间内具有的购买力是有限的，当消费者已经购买了某些类别的消费品后，短时间内就无法去购买其他类型的商品。在这种情况下，被消费的生产者就获得了利益，而因为消费者购买力有限导致没有被消费的生产者就没有获得利益。因此，不同类别的商品生产者就会存在着利益矛盾。第二，相同类型的商品生产者之间也存在着利益矛盾。因为消费者对于同类商品的需求是有限的，一旦充分的购买了某一类商品，就不会去向其他生产者购买更多的同类商品。而消费者一般在购买同类商品时会将不同生产者给出的价格进行对比，然后选择购买价格较低的同类商品。因此，价格低的生产者实现利益，价格高的无法实现，这样就导致同类商品的生产者之间存在利益矛盾。

三、源于司法制度完备程度的制约

制度公正不仅是实现社会正义、改善司法制度的有效方法，也是人们追求社会公正的根本目标。确立制度公正并保持和进行发展，不仅需要制度自身的规划，还需要发挥隐藏于制度下并起着重要作用的背景文化和社会资源等支持。文化社会资源的背景主要是由公正合理的理性、公正文化及其与之相应的客观存在构成，他们在伦理资源的公平体系中起着推动作用，为制度的发展提供了真实的主体、资源、力量及条件，从根本上去推动制度公正的发展。

一般意义上说，司法制度是国家制度体系的重要组成部分。现代社会，法治是各个国家所尊崇和倡导的一种治国理政的重要方式，努力构建法治国家也是各国所奋斗的目标。在现代国家的基本权力体系中，立法权、行政权、司法权都是国家权力的重要组成部分，不同的政治体制、经济系统与文化传统等因素决定着不同国家对国家的基本权力结构，包括根本来源、分配等各不相同，司法制度所形成的标准也大不相同。我国的司法制度是以社会主义制度为基础的，以人民民主专政的国体决定我国司法制度的人民性，但从历史原因来看，现在中国的司法制度有两个主要的缺点，限制了其发展。

其一，基于司法机构同其他国家机关或组织的关系来分析，司法机关受到了其他国家机关和组织人员、财务和材料等方面的管辖。尤其当地方司法权受到地方政府、地方党委和地方权力机关的管辖，因而导致了司法权力的区域本土化。其二，从制约和监督司法的机制来看，一方面由于缺乏具体的操作程序，国家权力机关对司法机关的司法行为难以进行有效的监督；另一方面，由于司法机关工作的特殊性，司法机关尤其是地方司法部门以"独立于权力机构"为借口，难以接受国家权力机关的监督。

所以，一方面，在财力与人员任免上受到制约，如果控制不当，很可能出现"权力制约权力"的现象；另一方面，因为没有合理的监督机制，就会出现"权力滥用"或"权力寻租"的可能。

四、源于司法程序科学程度的影响

司法程序是实施司法行为形式上的制约因素。因此，程序正义就构成了司法伦理有实效性的形式制约因素。亚里士多德认为形式决定了内容。这也正是为什么在司法实践中应该注重程序正义的根本原因。

（一）司法程序的含义

司法程序广泛且狭义。广泛的司法程序是指人们为了执行法律必须依法遵守的时间、空间上的步骤、顺序和形式。它是实现实体权利和义务的一种法律形式和必要条件。司法程序既包括刑事诉讼程序、民事诉讼程序、行政诉讼程序等程序法，也包括实体法规定的程序。在对司法程序的界定中，有两个重要的方面是不能忽略的：一是司法程序是一个必然性但也具有选择性的过程，这个过程能够影响司法结果；二是司法程序能够反映人与人之间相互的权利和义务关系。狭义的司法程序仅指程序法中规定的解决纠纷的程序。传统法律在对司法程序的界定上，把它等同于诉讼程序。可见，在概念理解上具有片面性，把诉讼程序看作解决纠纷的一种法律程序，只是从狭义层面进行的理解和把握司法程序的概念。

（二）司法程序的基本特征

司法程序不同于其他程序，它是在严格的行为逻辑上形成的具有最高法律效力的程序。其主要特征有以下几个方面：

1.行为的特定性。行为主体的特定性，行为主体是法官与检察官；司法行为对象的特定性，司法行为对象是侵权行为人和被侵犯权利寻求法律救济的当事人。因此，公安机关侦查活动、检察机关的公诉行为、司法机关的程序性行为、监督制度的执行行为等法律行为都是司法程序的研究内容和范围。以上行为都受制于司法程序制度，相应的侦查程序、起诉程序、诉讼程序、执行程序等程序构成了司法行为场域。

2.时间和空间的规定性。司法程序必然包含法定时间和空间。时间特定性可以分为两类：一是行为主体发生法律行为时间上的先后；二是行为主体发生法律行为时占用的时间长短。空间的特定性包括行为主体及其行为在确定性和相关性上的空间关系，以及行为主体进行法律行为采用的行为方式。

3.司法程序的法定性。法定性是司法程序的显著标志，主要因为当前司法程序都是以法律的形式确定下来，统称为程序法。所以，司法程序具有明确的法定性特征。程序法与实体法的关系是形式与内容的关系，实体法规范了程序法，实体法的内容决定了程序法的形式，程序法是实体法的具体体现，法律的内容只有经过法律程序才能得以实现。

司法程序是严格的法定程序。从广义上讲，司法程序的设置、明确以及规范实施必须严格遵循法律，不能超越法律的规定性。从狭义上来看，一个具体司法程序涉及的道德方法、时序、时间等也必须由法律进行明确规定。同时，各方必须严格按照法律规定执行相关法律活动，这是诉讼参与人的法定程序的法定要求，只有在严格遵循司法程序的基础上进行法律活动，才能够产生预期的法律效力。

4.权利义务的正当性。法律规定的权力和义务的内容只有落实到行为中才能够实现，而诉讼当事人的权利与义务实现的过程就是通过司法程序和执行程序完成的。当事人权利的保障与救济，只有在履行正当程序的基础上才能够使其合法有效，只有接受程序的规范和引导才具有合法有效性。因此，司法程序中实现当事人权利义务是实现诉讼当事人权利和义务的基本条件。

（三）司法程序设定的特性

司法程序具有法定性，不是随意和任意设定的，而是受到宪法和法律明确规定的。因此，司法程序不能随意更改。与其他权力执行程序有着本质的区别：

1.司法程序具有稳定性。司法过程是稳定的，这意味着司法程序必须严格依法按照时间顺序和空间结构进行一定的法律行为，只有这样，法律行为主体才能按照法律的规定程序有计划的完成自己的诉求，使得自己权利享受的过程能够有条不紊、公平公正。司法主体也能够遵行法律程序给予当事人按照既有的程序，根据事实依据完成审理任务。为了当事人的权利得到保障，为了更好地实现法律惩治和教育的目标，司法机关必须严格按照法定要求进行程序运作。

2.司法程序具有秩序性。司法程序的活动是一环扣一环，具有次序性和连续性，这是司法程序最基本的要素之一，也是其核心要素。司法程序一旦运作起来，就是在时间和空间上的组合排列，如果不按照法律规定的要求进行，就会进入无序状态，司法公正就难以保证。因此，司法程序未经法律许可不得停止。

司法程序是不可逆转的，这意味着司法程序的一个部分或者一个环节一旦结束，就不能再次启动或者重新返回，这是保证司法程序稳定性和有序性的有效前提和必然结果。司法程序的不可逆性在一定程度上也能够体现对行为主体的约束和限制。经过程序认定的事实关系和法律关系，不能被轻易推翻或重新启动。

3.司法程序具有时限性。司法程序的各个方面、各个环节都有时间限制，这是保证运作效率的前提条件。司法活动的任何一个步骤都要遵循法定程序，既不能过于迅速也不能太慢，这样才能够避免程序的主持人和当事人的行为的随意性和随机性，为法律行为活动提供外部标准。同时，还能够为程序参与者提供统一的时间标准，有利于诉讼行为在实践和空间上能够连贯一致，有效衔接。

4.司法程序具有终结性。司法程序是终局的，这意味着司法程序的活动以产生最终决定而告终。司法程序的终结和时限往往容易混淆。司法程序终结性的侧重点是结果，司法程序时限性的侧重点是过程。因此，二者还是有所区别的。为了保证和维护司法结果的公正性、权威性和强制性，法律行为主体在作出裁决后不能任意更改或者重新启动程序。因此，程序的终结性能够使行为主体及时从诉讼过程中脱离出来，结束程序运作。

第四节　与司法伦理实效性制约因素的和解

上述分析了司法伦理实效性的制约因素。但是，这些制约因素和司法伦理实效性之间具有怎样的必然性关联，还是一个尚未得到澄清的问题。而要澄清制约因素与司法伦理实效性的内在必然性关联，就必须要诉诸对制约因素发生的"机理"进行分析，从而才能在实质的逻辑上确立两者之间的必然联系。

一、使法官自由裁量权使用更趋于合理

虽然赋予法官自由裁量权有利于实现法律的内在价值，但要求法官必须遵循公平正义，依法办事原则，在合理范围内依据已查明的证据和经验，认定事实，适用法律，进而解决案件。这种规制主要体现了公平正义的法律精神在法官行使自由裁量权时的内心约束、客观制约和利益权衡。自由裁量权并非绝对自由，遵行公平正义原则，依存法律精神，在法律允许的范围内进行自由裁量，才能使审判更加合理合法。那么，法官如何正确运用自由裁量权保证司法公正，这是一个值得探讨的问题。

（一）防止法官自由裁量权滥用

1. 掌握自由裁量权运用的度。一些学者指出，法官的判断，即法官的自由裁量权，是法官进行司法活动时的自由裁量权，是法官发挥主观能动性，选择、适用法律和司法解释，对具体案件进行评估和判断，并进行法律制裁的权力。也就是说，法官的自由裁量权不是无限的，没有边界的权力。孟德斯鸠指出，所有有权力的人都容易滥用权力，他们使用权力直到他们遇到界限，这是一种永恒的体验。孟德斯鸠也认识到没有无限的力量，如果你认为世界上每个地方都有你想要的人权，那就错了，这样的人权不仅从未存在过，而且将来也不会出现。在某一个方面，力量总是有其最大的限度。所以，在肯定法官自由裁量权价值的同时，我们也必须看到，自由裁量权也是一把有利有弊的双刃剑。一旦这种权力被滥用或误用，不仅会对法律价值的实现产生反效果，甚至会践踏法律的尊严，侮辱国家和个人的尊严，侵犯人民的利益。

2. 重视自由裁量权运用的后果。从前文中分析的法官滥用自由裁量权的情况来看，似乎对司法系统并没有造成什么伤害，但事实并非如此。正如我们所知，公平正义不仅是司法的生命和灵魂，也是司法本身存在的法律基础，更是司法具有公信力的前提。否则，在失去公证的状况下，法院将不再具有审判结果上的公信力，法官也不再是法律精神的代表和人类正义的守护者。

（二）建立法官自由裁量权的规制机制

法官自由裁量权是一把双刃剑，因此具有利弊两面性。合理运用可使法律效能充分发挥，若不能合理运用，这一权力将破坏司法公正乃至社会公正。那么，如何使自由裁量权更好地助力司法公正的实现，规制权力滥用，笔者将从以下几个方面提出较为合理的建议。

1. 法官任命精英化

法官是主持正义和明辨是非的仲裁者，行使着司法审判的权力，他们作为维持社会正义和司法正义的最后一道屏障，其职位应当由拥有正确价值观，又有专业的法律知识，并且有职业能力，受人们尊敬的法律专家来担任，这样才能确保法律运行的正确性和合理性。因此，任命一人为法官意味着这个人"在一项事业上已经达到顶峰"。那么，如何提升法官这一职业的阈值，实现法官职业精英化是值得深入思考和研究的。笔者认为，要实现法官职业的精英化，首先要提高法官职业的准入门槛。可以从以下几个方面进行衡量：一是学历层面。现代社会，要想成为一名优秀的法官，丰富博学的知识储备是必要的，学历是最为客观的衡量标准，应将研究生作为最低层次的学历要求，而对于法官精英化这一要求来说，博士研究生及以上的学历层次最佳。二是知识层面。一名优秀的法官不能仅具备法律方面的知识，更需要具备社会学、心理学、管理学等各方面的知识，由此才能在处理司法事件时更加得心应手。三是技能层面。作为职业法官，应当具备敏锐的观察力和优良的判断力，这样才能保证司法事件处理的公正性。除此之外，还要不断提高自身的学习能力、沟通能力、控制能力等，这对确保公正合理的司法审判的实现至关重要。四是实践经验。"纸上得来终觉浅，绝知此事要躬行。"一名优秀的职业法官不能只会纸上谈兵，不能明有满腹经纶，而不知如何运用。构建精英化法官队伍，必须要将实践经验作为重要的衡量指标。实践出真知，没有任何司法实践经验的人是不能够担任法官这一职业的。只有提高法官职业的准入门槛，才能使公众和法律相关从业人员意识到进入法官职业的困难性。而进入法官行业的条件严格化，则会使法官更加珍惜辛苦得来的工作和职业。法官不仅要将法律精神融于思想意识，还必须精于利用专业法律知识灵活运用于审判中，并且要学会通过对社会公序良俗的把握来加强对法律的理解，在此基础上，确保审判的公正性，维护法律的权威，从而赢得人们的尊重，确立一个法官的职业尊严。法官也将使用公正的道德原则来净化自己，使其作为正义的代言人身份生活、工作，掌握国家社会的司法权威，在面对社会上的诱惑甚至是威胁时，可理直气壮地弘扬法律之正气。

2.严格实施法官独立制度

法官独立指的是法官不仅独立行使司法权，不受任何个人或其他组织的干扰，而且法官在独立行使司法权时，也要独立承担相应的责任。这也就是说，虽然法官在行使司法权力时具备一定的独立性，但也绝不意味着法官可以不受任何约束的去行使权力。权力表征着可以用来管理别人使其服从，但更多地表征着责任的承担。只有法官真正的独立了，他们在行使自由裁量权时，才不会考虑更多无关案件本身的利益因素，才会真正地根据自己的意志进行独立的判断和裁判，做到不为别人马首是瞻。换言之，真正独立的法官，行使自由裁量权时，要根据自己对法律知识的掌握，对审判技术的运用，对法律的忠诚和信仰，对诱惑的良心把控和道德自觉，把握客观事实进行理性判断，在司法实践中做到行为自律，防止司法腐败，避免司法不公。

3.建立法官量刑的平衡机制

权力本身是很容易滋生腐败的摇篮，而绝对不受限制的权力的破坏力不可估量。因此，既要避免权力集中，又要对权力进行制衡。因为法官根据自己的职业经验，形成思维定式，并在潜移默化中进行经验裁判，不可避免地在审判中忽略一些案件细节，进而由于主观和客观情况导致审判结果出现和事实上的偏差。在审判具体案件时，应该采取人民陪审员制度，人民陪审员来自"动态"社会成员，在社会背景、职业、生活经历、道德价值等方面，他们更有可能理解当事人对法律的理解和对法官判决的期望。他们将尽一切努力，以其自身深刻的社会良知和社会正义为基础，作出合理并令人信服的判断。同时，社会的陪审员可以帮助法官收集各种经验和观点，集中智慧，通过经验的结合谨慎地得出结论，这种结果甚至比一两个法官的裁判结果更具有效率和价值。因此，法官在审判时，应尽可能征求人民陪审员的意见和建议。这样操作，就可以保证法官的自由裁量权受到人民陪审员的限制，使得法官不能够任意行使自由裁量权，将法官的自由裁量权限制在合理范围内，使公平正义得到更好的保卫。

4.体现司法程序的公开透明原则

现代社会对正义的要求是不仅要实现实体上的正义，更要实现程序上的正义。法官阐述其作出裁决的理由时需要说明——哪些情节是需要考虑的，哪些情节是不被考虑的，并详细阐明采用的理由。这就为裁判的合理性、公平性和可接受性提供了依据。同时，这样公开透明的阐述也可以让人们意识到法官的精神活动，从而使正义成为一种"看得见"的正义。这样的一种方式，一方面满足了社会成员对司法监督的需要，另一方面提升了司法的透明度，同时对司法的权威性和公正性确立具有积极的促进作用。

二、制衡市场经济条件下的利益博弈

市场经济条件下利益博弈的制约是非常复杂的。因为市场行为作为"看不见的手"，不仅仅是经济规律上的复杂性，而且更是由经济行为主体的内在需求和动机的复杂性所决定的。这就意味着，利益博弈的机理充满了主观性特征。

（一）利益博弈下的道德守护

能否化解市场经济的矛盾，能否克服利益博弈导致的不良后果，是检验司法伦理实效性的关键。因为案件的发生无不源于利益冲突，案件的裁判就是要平衡矛盾与利益冲突。司法主体能否抓住主要矛盾，居中调解矛盾与冲突，使利害关系人达到和解，这不仅是衡量司法主体的专业能力，更能够检验在利益熏染中的司法主体的道德定力，更是量化司法伦理的内在尺度。因此，提高司法伦理实效性的关键也就是要克服因市场经济利益熏染而使司法主体失去中立与公正。

1.直面矛盾的事实判断

实事求是的原则是马克思主义理论的精髓。我国政府一贯以实事求是的思想为基础来分析各种问题和矛盾，在面对经济矛盾时，要认识到经济矛盾的客观存在，正确区分不同性质的经济冲突，从现实的角度来处理经济矛盾，有必要对经济发展的实践进行深入的研究。面对经济发展中产生的各种问题，我们必须客观公正对待，避免和防止不客观和不公平导致的矛盾激化。市场经济条件下的经济矛盾是多元而复杂的，每个矛盾都有它自己的特殊情况，需要具体问题具体分析。这就要求我们在处理不同的经济冲突时要有区别地具体分析和对待，在这样的基础下"对症下药""量体裁衣"。绝对不应当不加区分地搞"一刀切"，以一种固定的方式去解决出现的各种矛盾。

2. 守护法理的程序正义

程序正义是社会主义市场经济体制建设的重要组成部分，程序正义原则也是我国法治建设过程中的一项重要的宪法原则和法治理念。程序正义也被称作正当程序原则，只有程序正义才能保证过程和结果的公正性，进而有助于公正的解决矛盾纠纷。程序正义原则对保护市场主体正当合法的权益具有重要作用，它可以防止公共权力对个体正当合法的权益造成不正当的侵害。坚持和把握好程序正义原则，作为司法机关应当做到以下三点：第一，司法程序中立公正。它要求司法机关在处理司法活动中对各方当事人都保持中立的、不偏不倚的态度和公正的立场，不存在对于任何一方的偏见。第二，重视当事人的参与。向参与当事人听取各方面的意见，实现"兼听则明"，从而使司法机关在行使司法权力时，能够达成最符合客观事实，最符合法律法规的正确抉择。第三，司法程序必须公开。司法程序的公开包括向当事人和利害关系人公开，以及向公众披露信息。该程序的开放性相当于"暴露"了执行的全过程，有助于加强社会各方对执法主体的监督，防止执法权力的不当使用。

3. 人民至上的民主法制保障

社会主义社会并非没有矛盾的社会。新时期社会主义市场经济的发展，正处在正确处理经济矛盾的进程中，市场经济条件下的经济矛盾特点、党的执政地位和执政基础的变化、构建社会主义和谐社会的目标以及一系列国家重大社会变革，决定了现阶段我国的经济矛盾，不再像计划经济时代一样，主要依靠行政手段来解决。市场经济中的经济矛盾主要是通过社会主义民主的不断发展和加强社会主义法治来解决的。发展社会主义民主，要坚持党的领导，人民当家作主和法治的有机统一，完善民主制度，丰富民主的实现形式，扩大公民有序的政治参与，推动社会主义民主政治制度化、规范化和程序化。依法治国方针的确立，决定了运用法律手段处理经济矛盾具有其他手段无法代替的优势：一是法治手段具有权威性。社会主义法律作为市场经济发展的重要保证，代表了人民群众的共同利益，体现了人民的共同意志，不仅规范了社会主体的行为，也规范了各种社会上经济主体关系。其次，法律手段在处理矛盾方面是公平的。以事实为依据，以法律为准绳是中国重要的法制原则。改革开放 40 多年来，我国社会主义法治建设不断完善和发展，使大量民事行为、经济行为、行政行为有法可依，初步形成了较为完整的法律体系规范，并成功取代其他具有权威性和公正性的标准而得到认可。最后，法律手段对社会效应具有普遍的教育和预防作用。明确体现其保护、鼓励和约束、禁止对象的行为，深刻反映其对社会价值观和道德的倡导和保护，对人们思想的重要影响，对社会的发展方向具有重要启发。

（二）引导利益博弈向度的对策

如果想逐步缓解这些利益矛盾并解决问题，根本方式还是深化改革，从制度改革着手、从制度方面解决问题。健全社会主义市场经济体制和民主政治体制，才能够为尽快解决经济利益矛盾，奠定关键的制度基础。要在促进社会安定中进行改革和发展，在保持改革发展同时维持社会稳定。

1.加强协调利益的表达机制

在中国现阶段，社会利益纠纷，尤其是群体性利益纠纷频发。一个重要的缘由是，公众表达意愿的渠道不通畅。在当今我国的市场经济发展下，面对各种各样的利害关系人和严重的利害冲突的现实、利害关系的问题，尤其是弱势群体的利益表达问题，成为我们党和政府都无法回避的问题。确立通达顺畅的利益表达机制，对更好地发挥党和政府的利益整合功能，各方利益关系的协调，化解各方利益矛盾，进而促进构建社会主义和谐社会目标的实现具有重要的推动作用。

（1）建立一个良好的社会平台来协调利益的表达。因为社会各个阶层掌握着不同的资源和法律渠道来表达自己的利益，因此，弱势群体想要表达自身的利益需求有时就不得不采取一些过激的行为。那么，使其各种利益表达需求可以得到妥善解决，同时也维护国家和政府的形象，需要在依法治国的道路上，树立法治化的治国理念，使各项工作有法可依，贯彻法治、民主、科学的新理念。

（2）应该加强建立民主法制建设，扩大公众的利益表达和政治参与的渠道。随着人民内部矛盾的激化，尤其是大量群体性事件的发生，应当意识到，这与人们缺乏开放性的利益表达机制有关。通过民主法制建设，设置有效的利益表达通道，给人们提供政治参与的空间，使人民矛盾在民主法制的制度下得到缓和。我们会开启利益表达的新渠道，给予社会公众更多的政治参与空间。

2.开辟新的接收民意的渠道

在完善利益表达机制方面，除了充分发挥人大，中国人民政治协商会议（政协）的利益表达和综合职能外，完善传统的信函制度，并结合民主制度建设，开辟新渠道接收民意反馈，更多地倾听民意和公众诉求。在与公共利益密切相关的情况的决策方面，党和政府在作出的重大决策时，应当建立规范的社会公示制度、听证制度和论证制度，广泛听取民意，使更多的公众参与进来。同时完善专家咨询制度，进一步提高政府民主水平和科学决策水平。面对各方的自身利益诉求政府应该为他们以理性、合法的形式表达利益诉求提供引导，并在政策制定上充分考虑到他们的要求，这样才能更加有效地化解各种利益矛盾，做好各个阶层与社会群体之间利益关系的协调，进而确保社会和谐与稳定目标的实现。

3.完善改革中的利益救济机制

对社会中的弱势群体，应该逐步建立和完善改革中的利益补偿机制，通过政府财政转移支付、再分配调整、社会保障和社会救助政策措施的完善，加大扶贫开发力度，并相应补偿我国弱势群体。在允许其他社会团体带头致富的同时，也不断提高弱势群体的生活水平，以确保所有阶层可以分享社会发展和改革的成果。

三、完备的司法制度下的伦理践行

司法制度的完善要从司法权的明确和监督管理机制的完善两个方面进行分析。首先，将司法权与行政权力分开，使得司法权能够独立行使。司法权与行政权、立法权有所不同。保证司法权的独立行使的前提是要了解司法机构具有集权性质，为了保证司法权的集权性和独立性，必须明确司法机关与其他国家机关的关系。还要明确和尊重法官和检察官的主体性角色，保证法官能够在司法实践中依法公正地履行审判职责。为此，要立足社会发展规律和司法运行规律，以审判权为中心建立和完善权力分配、运行机制，促进法官职业化和专业化，尊重法官主体地位，不断提高法官能动性。

其次，不断推动监督管理机制的完善和发展。将监督控制机制分为内部监督和外部监督，内部监督即充分调动法院内部力量进行人员内的相互监督。例如，法院可以为司法主体制定和发放能够随身携带的职业道德规范卡，可以随时随地提醒自己，规范自身的言行举止，同时还能够为他人提供监督。另外，法院和检察院中的纪律小组要规范审查流程、审查内容、审查时间等，对司法主体进行职业道德素养的审查，同时还必须相互监督，以更好地促进内部监督机制的不断完善。外部监督主要包括人民代表大会的监督和舆论监督。人民代表大会的监督是指司法机关应当向全国人民代表大会作报告，同时接受人民代表大会的审查，特别是要重点审查司法机关的规范性文件，是否遵循宪法和法律的规定，是否保证了司法的公平正义、公开透明。

中国的司法制度是一个由多个相互联系、相互影响、相互促进、服务于社会主义法治的子系统组成的大系统。从制度的角度看，中国的司法制度是一个复杂体系和有机整体，完备的司法制度才能保障司法伦理的有效践行。所以必须做到。

第一，坚持司法独立。司法独立原则源于三权分立学说。三权分立学说是洛克和孟德斯鸠对早期西方思想家分权的总结和发展，在资产阶级民主革命时期提出。权力分立是指将国家权力划分为立法权、行政权和司法权，彼此独立相互制衡。现代资本主义国家认为司法是一个十分重要的权力，司法权的行使具有独立性，不受外界各方面因素或环境的干扰影响，能够保证司法主体本着公平正义原则处理案件。司法独立在某种程度上维护了法律的权威和公正。因此，司法独立原则已被当今世界各国的宪法和法律接纳和确立。当前，我国在全面深化司法改革的进程中要始终坚持司法独立，首先要建立一个独立的司法系统，不去依赖各级行政机关和地方政权，特别是要改变地方司法系统依赖地方行政机关的人力、物力、财力等各个方面的现状，使得最高司法机关能够对地方司法机关的人权、财权进行统一集中管理。法治国家特别强调通过司法独立实现司法公正，但司法独立并不是不受任何约束和监督的独立，人类的历史经验一再表明，权力不受监督必然会引起权力滥用，引发权力腐败。因此，要保证司法独立，确保司法公正，还必须加强司法监督，通过监督实现司法机关的"透明"、独立。当前，我国已经建立起相应的司法监督机制，并且这些监督机制能够对司法机关、司法主体进行司法行为的监督。但实践证明，我国现行的监督机制并不能完全发挥其作用，主要在于整个监督机制还存在一定程度的不足。例如，司法系统内部存在着审判机关的审级监督、司法机关内设的纪检部门等"自我"的监督形式，即使存在外在监督，也常常是一些"事后"监督，在监督程序、监督效力中也缺乏明确性，各方监督力量也无法形成合力。因此，不能有效解决司法主体进行权钱交易、权情交易等滥用权力的问题。可见，对司法权力进行有效监督需要建立和完善一套科学性、权威性、有效性的监督机制。

第二，坚持司法民主。对民主的需要和渴求是伴随人类社会发展而不断发展的。然而，由于人们生活的地理环境、接受的文化教育以及所受到的历史影响因素的不同，导致人们对民主的在理论和实践上的理解都有所差别。司法民主原则主要包括公开审判、辩护、陪审、回避、上诉等。我国的司法民主原则作为司法制度的重要原则之一，它不同于西方资产阶级的民主，具体内容主要包括以下几个方面。

首先，司法民主首先要认可当事主体的独立性。司法运行或司法程序的启动首先以公民、法人和其他组织具有独立权利为前提条件，没有权利就没有司法。反之，不能保证其独立性以及拥有诉讼权利，民主就会成为无稽之谈。另外，要保证社会个体的自由和独立，就司法权力的行使主体而言，如果不能保证个体的自由和独立，权力的行使就会变成一种独裁和专制。反之，它就是一种体现民主的司法力量。总之，人类社会不断实现司法民主的过程，实际上是社会个体诉讼权利不断扩大的过程。因此，个人程序性权利的独立性和广泛性的确立是司法民主得以实现的有效前提。

其次，实现社会成员的有效参与是民主的首要意义。司法民主讲求社会参与性，实现案件的公开审理，陪审制度是司法民主的重要表现形式。陪审制度能够让人们共享司法权力，正如托克维尔在《论美国的民主》中指出，"实行陪审制度，就可以把人民本身，或至少把一部分公民提到法官的地位。这实质上就是陪审制度把领导社会的权力置于人民或这一部分公民之手"。因此，陪审制度可以给人民参与审判的权利和机会，让人们在参与案件审理的过程中去体会应当承担的社会责任。同时，陪审制度也为人们在一定程度上提供了监督审判过程的途径，从而在公民和法官之间形成了某种程度的制约。因此，陪审制度既是一种权力共享，也是一种权力制约，是司法民主的重要表现形式。在我国，宪法明确强调了陪审制度这一基本原则，然而，在实际操作当中，陪审制度在我国的应用更侧重于对法官进行限制而非侧重于司法民主，更多的是为了解决法院审判能力不足的问题。

第三，坚持司法合法。合法性是司法实践活动中法治原则的具体表现，是司法实践活动的重要原则。司法即法律的适用，其性质主要是用来解决纠纷，这就决定了司法活动必须严格按照法律规定的程序进行操作，不但要严格遵守实体法的具体内容实现实体正义，而且要严格遵守组织和程序法以实现程序正义。囊括法官法、检察官法、律师法、仲裁法等法律内容的司法组织法是司法机关、司法组织和司法工作人员等必须严格遵守的法律，这些法律保障了司法工作人员的基本权力和权利，是其主体合法性的基础；囊括各类诉讼法、仲裁法、公证法的程序法是司法机关、司法组织、司法工作人员等开展司法活动需要遵循的规则。倘若有违反法律规定的行为，则需要承担相应的法律责任和后果。同样，司法制度的改革和建设也必须遵循合法性原则，以维护国家法律统一、法律尊严和法律权威。从我国法治进程来看，我国司法改革基本符合合法性这一原则。

四、提高司法程序的科学性程度

体现法律基本价值观的法律原则是法律运行的根本立足点和出发点，构成法律制度的神经中心。在这一原则指导下，司法程序才能真正实现其科学性和合理性。

（一）司法程序的公正性

司法程序公正性是指国家机关及其相关机构在立法、行政、司法等过程中，必须对各方进行程序化处理，避免和排除一切引发不公正的因素。对司法程序公正原则有广义和狭义之分：从广义上来理解，司法程序公正原则是指能够保证个人、组织按照公正程序行使自己的权利，例如，听证制度、协商制度等；狭义上的司法程序公正指向范围缩小，仅只在诉讼活动中保证当事人的公平公正。司法程序公平原则是现代程序法最基本的原则，是法治建设的必然选择，更是社会民主化的客观要求。公正原则在程序法中表现为一系列原则，如正当程序原则、中立原则、确保当事人参与原则等，并且主要通过回避制度、合议程序、辩论程序、调查程序等表现出来。

（二）司法程序的稳定性

司法程序的稳定性意味着在整个法律程序当中，无论是社会还是程序活动主体都是安全稳定的。社会稳定是一切程序设置的立足点和出发点，因此，要在规范秩序的过程中进行适当、安全的制度安排。同时，在运行程序的过程中，主持程序操作的司法主体应当充分考虑时间和空间等各个方面的因素再作出决定，保证当事人之间是和谐关系，这样才能使得法律程序在安定状态下运行，也保证了社会关系能够安全、和谐发展。可见，程序的稳定性体现在一系列的程序系统和运行规则中。

（三）司法程序的公开性

公开性即强调向相对人和公众开放信息，让相对人和公众对程序设置、运行过程、各个程序主体的权力义务等有所了解，不断满足公众知情权、提高信息的透明度、展现法治的民主化。因此，司法程序的公开性原则具有以下重要意义：有利于保障公民的知情权，让程序在阳光下运行；有利于提供平等机会让公民参与进这些程序性活动中来，提高公民的主人翁意识，增强公民对国家权力机关的信任；有利于强化对国家机关的监督，让国家权力受到制约，防止权力腐败现象的产生。由此我们也可以看出，当前我国公职人员中还存在腐败现象，一个很重要的原因就是缺乏较为完备的程序公开制度。自进入 21 世纪以来，各级各地政府不断推进政务公开、检务公开、村务公开等，这些举措与公民的权利和利益密切相关，极大地促进了我国民主化进程。

（四）司法程序的效率性

司法程序的效率也可称之为经济原则，这意味着在程序性法律活动的过程中，从程序设计、程序运行再到程序结果的出现，这一系列过程必须进行成本和代价的考虑。我们必须在整个社会的水平上取得最大的利益，包括经济和社会效益，最低限度的使用人力、物力和财力。程序效率原则包括以下内容：（1）程序的每一阶段的运行都要按照既定的法定步骤进行，不能按照主观思想随意增减；（2）程序效率原则要求程序活动体现及时、简单、标准化等特征；（3）每个程序的主体需要通过最经济的程序来实现既定的目标。

上述原则不仅相互联系，而且相互区别，在法治过程中是统一的。

第四章　司法伦理实效性的评判标准

司法伦理实效性的产生需要具备一定的主客观条件，同时司法伦理是否发挥了效用，司法主体在司法过程中因负面因素影响，而激活的人性恶是否以伦理的方式达到和解，从而实现司法的公正，还要有一个评价标准，对司法伦理的实效性作出判定。但对司法伦理实效性的判断绝不是主观臆断的，它需要遵循一定的客观评判标准。

第一节　司法伦理实效性的判断生成

司法伦理的实效性是通过判断被确定下来的，而要形成对司法伦理实效性的准确判断，必须要抓住三个关键因素，一是司法主体，二是司法行为，三是司法结果。在司法伦理实践中，司法主体主导着司法行为，司法行为影响着司法结果，加之这三个方面都离不开人的参与，主观性较强，因此，对这三个方面的把握也就直接影响着对司法伦理实效性的判断。除此之外，在司法伦理实践中，还存在着一个相对前面三者来说较为隐性但却同样重要的因素，即伦理标准。司法伦理是司法主体运用所形成的稳定的道德观念和坚定的法律信仰来引导司法行为的一种崇高的理念。因此，在判断司法伦理实效性时也绝不能忽视对伦理标准的运用程度的把控，在不同的伦理标准下会产生不同的司法行为，进而形成不同的司法结果。由此，对司法伦理实效性的判断，要以准确的把握这四个因素为前提。

一、司法主体的归因

在司法伦理范畴中，司法主体主要指的是法官和检察官，他们在践行法律的过程中，所形成的一些道德观念和法律信仰，会直接影响到他们的司法实践，进而影响司法伦理的实效性。由此，司法主体自身所具备的素质如何，会对司法伦理实效性的判断产生十分重要的影响。具体来说，这些素质主要包括政治素质、道德素质、思想素质、业务素质。所谓政治素质，就是司法主体应当具备坚定的政治立场和法律信仰，始终坚持在马克思主义理论的指导下，坚持社会主义方向，结合中国实际，从事各项司法活动。过硬的政治素质是司法主体能够合理有效进行各项司法活动的前提。所谓道德素质，就是司法主体应当具有良好的道德操守，在司法活动中，始终站在人民的立场上，维护人民的利益，坚守自身的职业道德底线，不做违背道德良知的事情。良好的道德素质是司法主体合理有效地从事各项司法活动的保障，拥有良好道德素质的司法主体才能在真正意义上使司法活动在阳光下、在法律的框架下运行。所谓思想素质，就是司法主体应当自觉学习马克思主义理论知识并将其与中国法律实际相结合，不断提高自身的思想觉悟和水平，坚持用发展的马克思主义武装自己。思想是行动的先导，只有在先进思想的指引下，才能提高行动上的自主性与自觉性。先进的思想素质是司法主体进行各项司法活动的灵魂。所谓业务素质，就是司法主体应当具备良好的业务能力，在从事司法活动的过程中，能够在法律的框架下，合理有效的解决各项法律问题。业务素质是司法主体根本能力的体现，是司法主体从事各项司法活动的基础。

在司法伦理实践中，司法主体自身所具备的素质会直接影响着他们的司法活动结果，司法主体的各项素质较高，则活动的实效性较强，反之不然。

二、司法行为的公正

司法行为的公正是保证司法伦理实效性的重要一环。所谓公正，就是公平正义，要使司法伦理具有较强的实效性，必须要确保司法行为上的公平与正义，否则就不能认为司法伦理是有效的。要做到司法行为上的公平与正义，需要从以下四个方面做出规范。

（一）司法行为的实施立场应当坚定且明确

司法行为的产生受一定的思想的指导，思想的积极正确与否取决于司法主体的所持的立场。简言之，立场决定思想，思想决定行为。由此，要做到司法行为的公正，司法行为的实施必须要保持坚定且鲜明的立场。所谓立场，就是人们想问题办事情所应坚持的原则，它具有方向性。面对同一个问题，所坚持的立场不一样，人们的思维方式以及采取的行为方式就会有很大的差别，这就是立场方向性的一个重要体现。在司法伦理实践中，司法行为的实施必须要坚持政治立场、人民立场、法律立场。

所谓政治立场，就是坚持政治性的方向。司法行为的实施不能偏离党和国家路线、方针、政策，要坚持社会主义方向，一方面要在坚持社会主义制度的框架下实施司法行为，另一方面不能照抄照搬西方国家的司法行为方式，也不能套用西方国家的司法思维方式，而要用中国式的思维方式来实施司法行为，也就是司法行为的实施必须要符合中国国情，要具有中国特色。政治立场是根本立场，司法行为如果没有坚定的政治立场做支撑，公正就无从谈起。我国作为世界上拥有 14 亿人口的社会主义大国，确保司法行为的公正对我们这样一个社会主义东方大国来说至关重要。当前我国的司法体制还在进一步的健全和完善当中，要保证司法伦理的实效性，很重要的一点就是要保证司法行为的政治性，这是保证司法行为不偏离社会主义方向的根本指标，有了坚定的政治立场，才能真正在社会主义的框架下思考和实施司法行为。

所谓人民立场，就是坚持以人为本，从人民的根本利益出发。司法行为产生伊始，就与人民脱不了干系，司法行为就是运用法律手段来处理人民群众之间的利益关系，司法行为能否真正体现公平正义，取决于司法主体能否真正做到坚持人民立场，从人民的根本利益出发。我国作为社会主义国家，始终坚持人民当家作主，坚持国家一切权力来源于人民、属于人民，司法主体在实施司法行为时，从根本上讲是代替人民来行使职权，其权力是由人民赋予的。因此，司法行为的实施只有坚持人民的立场才能进一步地认为其行为是合乎公正的。凡是从私人利益出发以及其他不正当的利益出发所做出的司法行为都是不公正的。人民立场是基本立场，任何一个合乎公正意义的司法行为的产生必定是在坚持人民立场的前提下得出的。

所谓法律立场，就是坚持依靠法律，维护法律的权威。法律是党和国家用来保证社会正常发展，维持社会秩序的重要手段，司法行为的实施一方面要以事实为依据，另一个重要方面就是以法律为准绳，任何一个司法行为的实施必须要有法律上的依据，否则司法行为就是无效的。坚持法律立场，就是要坚持依靠法律来解决问题，坚决维护法律的权威，运用法治思维来想问题、办事情。所谓公正司法，就是要求司法行为的实施一定要在法律制度的框架下来运行，要能找到法律制度上的依据。法律立场是重要立场，也是保证司法行为公正性的重要判断标准，没有在法律框架下所实施的司法行为必然是不公正的，也必然会降低司法伦理的实效性。

（二）司法行为的实施方式应当合理且合法

司法行为的实施总是要采取一定的方式方法，方式方法是行为实施与发展的保障，保证司法伦理的实效性，一方面要保证司法行为的实施方式符合道德的要求，另一方面要保证司法行为的实施方式合乎法律的规范，这也是保证司法行为公正的重要一环。

依法治国和以德治国相结合是我国治国理政的基本方式，社会公众对国家政府机关的各项行为不仅通过法律的标准进行判断，还通过道德的标准进行衡量。司法行为是以司法主体为主导的行为，人们对其进行判断时，同样会从法律和道德的角度进行衡量，只有那些既合乎法律又合乎道德的行为才会被认为是合乎公平和正义的。因此，要确保司法行为的公正，应当从其实施方式的合理性维度和合法性维度进行判定。

（三）司法行为的实施动机应当积极且向善

任何一种司法行为都不是无缘无故产生的，都会有一定的动机指引，其动机的性质决定行为的性质，优良的动机会导致优良的行为，不良的动机会导致不良的行为。司法行为是作为与人民群众密切联系的行为，其行为是否公正关系到人民群众的切身利益。因此，要保证司法行为的公正，首先要保证司法行为的实施动机的积极性和向善性。保证积极性，就是要保证在实施司法行为时，不能以一种消极的态度应对，而应当积极主动的使司法行为朝着公平正义的方向发展，不能违背公平正义的原则性要求。保证向善性，就是要保证在实施司法行为时，应当站在合乎正义的一方，做出善的行为来，而不能为了自身私利或其他不当利益而做出恶的行为来。积极且向善的动机是确保司法行为公正的重要支撑点，如果动机不纯，其做出的司法行为也必然是不公正的。

（四）司法行为的实施目标应当利国且利民

任何司法行为的实施都具有一定的目标要求，这里的目标同样有两个维度，一是司法主体实施的司法行为应当维护国家利益而不能对国家利益有所损害，二是司法主体实施的司法行为应当符合人民的利益而不能对人民的利益有所损伤。目标是行为实施的导向，只有在导向正确的前提下才可能产生公正的行为。司法行为的实施要站在人民的立场上，要做到人民立场的坚定，则必须要保证其目标的利民性，同时国家利益是根本利益，司法行为的实施要以国家的法律制度为依据，以维护国家利益为根本原则。因此，只有在利国且利民的目标引导下，才可能做出公正的司法行为。

三、司法结果的证成

司法结果是司法主体通过运用法律，做出一系列司法行为之后而形成的一种司法状态，司法结果一旦形成就会受到当事人及社会的监督，由于司法结果的公开性使得司法结果也必然成为判断司法伦理实效性的重要一环，由此判断司法伦理的实效性也就需要先判断司法结果的实效性。司法结果是否有效，笔者认为应当从以下三个方面进行判断。

（一）司法主体对司法行为的认知

司法结果是司法行为进入最终阶段所得出的一种司法状态，司法结果的形成过程离不开众多司法主体的参与。一般来讲，司法主体不仅包括做出司法行为的司法主体，还包括参与司法事件当中的其他工作人员。而由于形成什么样的司法结果最终是由司法主体决定的，因此，这里所讲的能够对所形成的司法结果进行效用程度判断的司法主体，就不能包括作为第一责任人的司法主体，而只能是参与到当时司法事件当中的其他工作人员。

在明确了司法主体的范围之后，这类群体对司法主体所采取的一系列司法行为的认可程度就在很大程度上影响着司法结果的实效性。在整个司法事件过程中，他们作为重要的参与者，对司法主体所实施的司法行为时刻进行着自己的判断，也影响着司法结果的形成过程。如前所述，司法行为的公正性取决于四个方面因素，一是实施立场，二是实施方式，三是实施动机，四是实施目标。司法主体对司法行为的结果进行判断时，也主要是基于这四个方面因素来进行。以最理想的状态来讲，只有立场、方式、动机、目标完全都正确无误的情况下，所形成的司法结果才是最完美、最有效的，也最能得到司法主体的认可。但在实际的司法事件操作过程中，立场和动机作为司法主体的主观性内容，其他司法主体难以进行直观把握，但立场和动机却可以通过方式和目标间接地反映出来。因此，司法主体只要通过对司法主体在处理司法事件过程中所采用的形式和要实现的目标进行判断，就可以对所形成的司法结果做出一个相对正确的认识和评价。一般来讲，只要司法主体处理事件的方式方法正确得体，确立的目标合理得当，就会增加司法主体对所形成的司法结果的认可程度。反之，如果司法主体所采用的方式方法不得体，确立的目标出现偏差，就会在很大程度上降低司法主体的认可度。如果司法主体对司法行为的认可程度不高，那就不能认为司法结果是足够有效的。

（二）当事人对司法行为的认可

所谓当事人，就是与司法事件有直接利害关系并且直接参与其中的群体。他们作为司法事件的直接参与者，其对司法行为认可程度的高低，直接决定着司法结果实效性的大小，而当事人对司法行为认可程度的判断主要是基于司法行为的实施方式。司法行为的实施方式反映着司法主体的立场和动机，当事人通过对司法行为实施方式的判断，一方面会对司法主体的立场和动机有一个基本的判断，另一方面也会依据自身的情况对可能产生的司法结果有一个大致的衡量，当司法行为的实施方式较为公正合理时，就会提升当事人对司法行为的认可程度，从而提升司法结果的实效性，加速司法事件的处理进程。而当司法行为的实施方式出现偏差，当事人对司法行为的认可程度就会大大降低，如此不仅降低了司法结果的实效性，同时也会延缓司法事件的处理进程。

（三）社会对司法结果的认同

司法结果的实效性程度如何，除了有司法主体和当事人对司法行为的认可程度的判断之外，还应当包括广大社会对司法行为的判断，他们对司法行为的认可程度在很大程度上体现着司法结果的实效性，同时社会所形成的判断不仅影响着当前司法结果的实效性，甚至还会影响到未来的司法事件当中所形成的司法结果的实效性。这是因为，社会成员作为旁观群体，他们虽然不参与到某一具体的司法事件当中，但对某一司法事件所形成的司法结果都会有自己的判断，并且会将这种判断的结果进行复制、传播，进而影响他们对其他具体司法结果的判断。同时还由于对某一具体的司法事件来说，社会成员所形成的判断较为客观，能够比较真实反映出司法结果的实效性。因此，对司法结果实效性的判断应当而且必须要将社会成员对司法行为的认可程度纳入衡量范畴之内。

社会对司法行为认可程度的判断通常基于两个方面：一是司法行为本身是否符合法律规范，二是司法行为是否符合社会的公序良俗。无论何种司法事件，司法主体所采取的司法行为必须首先要符合法律的规范，不能与法律规范相违背。在现实生活中，并不是所有人都能完整准确的理解和掌握每一部法律，但这并不意味着司法主体可以随意实施司法行为。遵照法律，公正司法是每一位司法主体应有的职业道德操守。同时，对于每一部法律总会有人对其有较为全面准确的理解和把握，任何与法律规范相违背的司法行为一定会有人对其进行揭露，而这样的行为一旦被揭露并公之于众，那么对整个司法结果的实效性将是一个极大的削弱，并且这种影响将是长远的。此外，司法行为是否与社会要求的公序良俗相符合，也是社会成员判断司法行为的一个重要方面。司法主体在实施一定的司法行为时，除了要考虑法律规范以外，还要注意社会的公序良俗，一方面要使司法行为合乎法律的要求，另一方面也不能使司法行为与社会公序良俗有太大的偏差。社会成员在对司法行为进行判断时，如果在对法律没有理解的情况下，往往会用社会上的一些伦理道德要求来进行衡量，这时候如果司法行为与社会伦理道德有太大的偏差，必然会引起公众对司法结果的质疑，影响司法结果的实效性。

这里需要说明的是，社会成员通过法律规范和社会公序良俗对司法行为进行判断时，不仅仅是通过他们个人对这两方面的把握来进行判断，很多时候他们会通过其他人士对相关法律或内容的解读，再结合自身的理解，形成自己的判断，进而再达成一个社会的共识。也就是说，社会成员对司法行为认可程度的判断相较于司法主体和当事人，具有相当的广泛性，所最终形成的判断的参考性最强。

四、伦理标准的运用

作为司法主体行为规范的司法伦理，其关注的是司法主体的德行问题。司法主体在处理司法事件时采用什么样的伦理标准对司法伦理的实效性也有着很大的影响。伦理标准相对于其他三个因素来说，虽然较为隐性，但依然也是不可忽视的一个重要因素。对司法伦理的实效性要作出合理的判断，伦理标准必不可少。在社会秩序的规范准则当中，法律和道德是相辅相成、互为补充的，但同时道德所能约束和规范的行为远多于法律，有时法律所不能规范或难以规范的地方却可以用道德来进行约束。伦理标准之所以可以作为司法伦理实效性的判断因素，是因为它可以对司法行为进行检验，运用不同的伦理标准所形成的司法行为是不同的，继而会导致不同的司法结果，最终会影响司法伦理的实效性。

司法主体运用伦理标准，一方面是对道德价值精神的一种践行，另一方面也是保证司法伦理实效性的需要。但由于司法主体所具备的伦理理念的不同，使得他们在面对具体的司法事件时，尤其是那些在运用具体的法律法规无法处理的具体事件时，所运用的伦理标准是不同的。伦理标准的层次性影响着司法伦理的实效性。司法伦理标准的层次性主要体现在以下三个方面。

第一，是基本层次的伦理标准。它指向的是成为一个良好的公民所应当具备的最基本的伦理道德要求。对基本的是非善恶有一个清晰的判断，对最低限度的社会公序良俗有一个明确的认知。这一层次的伦理标准是最基本的，也是最低层次的，司法主体在运用伦理标准时，不能逾越这一最低界限，否则司法伦理就难以具备实效性。司法伦理突出地表达司法主体道德的正当性、公正性特质，可以想象，假设一个熟知法律但品德恶劣的司法主体，他在处理司法事件时，会产生什么样的后果，最基本的司法公正肯定是难以保证的，如果性质再恶劣一点，甚至会危害整个司法制度，司法伦理的实效性就更难以实现。

第二，是一般层次的伦理标准，它指向的是作为一个良好的司法主体所应具备的职业道德。"职业道德也叫行业道德，是社会道德的组成部分。它是在人们的职业生活实践中形成的比较稳定的道德观念、行为规范和风俗习惯的总和，是一定行业的从业人员在本职工作中应该遵守的道德。"①司法主体职业道德经过不断的道德行为的积累，形成了他们稳定的职业道德品质。所谓职业道德品质，它指的是司法主体在实施一系列职业道德行为时，所体现出来的稳定的行为倾向，它是职业道德规范在个人行为当中的体现。在具备良好职业道德水平的条件下，司法主体才能在日常最普通的司法事件当中，按照职业道德规范，明晰自身的权利和义务，明确哪些是应该做的行为，哪些是不应该做并且被禁止的行为，哪些是应当去追求的行为。良好的职业道德不仅能够让司法主体在道德规范的限度内行事，还能够让他们端正自身的价值取向，而后者对司法伦理的实效性来说更为重要。

第三，是最高层次的伦理标准，它指向的是司法主体在具备的一般的职业道德之外，还要具备高尚的精神世界。培根说：登高位而德行愈增。运用这一层次伦理标准的司法主体，往往具有较高的道德情操，这对提升司法伦理的实效性具有重要作用。

---

① 蔡治平：《职业道德、家庭道德、社会公德》，黑龙江人民出版社 1985 年版，第37 页。

司法需要借助司法主体的行为才能体现和实行，司法伦理的存在需要通过司法主体的建构，同时，司法伦理不是简单的司法主体道德的总和，它是建立在司法主体自觉意识基础上的对公正价值的追求。因此，司法伦理的实效性要有清晰明确的判断，必须要有伦理标准的参与和体现。

第二节　司法伦理实效性评价原则

司法伦理是否具有实效性需要通过司法主体、司法行为、司法结果和伦理标准四个方面进行判断，这是对司法伦理是否具有实效性问题的回答。同时我们还需要回答的一个问题是，司法伦理应该具有怎么样的实效性，这就是对司法伦理实效性的评价。要对司法伦理作出公正合理的评价，需要遵循一定的原则要求。

一、司法伦理适用适度原则

所谓司法伦理适用适度，就是指在评价司法伦理的实效性时，既看司法主体在处理司法事件时所运用的司法伦理的适用性，即是否采取了正确合理的司法伦理，还要看司法主体在处理司法事件时所运用的司法伦理的适度性，也就是司法主体所运用的司法伦理就其处理的事件来说，是否过高或者过低，如果司法伦理不能够体现适用适度原则，就不能认为司法伦理是有效的，或者说其实效性是不够的。

在评价司法伦理实效性时，要坚持适用适度原则，既是实现司法公正的客观要求，也是落实司法为民的客观需要，司法主体在处理司法事件的过程中，不仅要做到司法公正，还要做到司法为民，这样才能使司法伦理更具实效。

（一）司法伦理适用适度是实现司法公正的客观要求

"司法公正是指在司法活动的过程和结果中应坚持和体现的正义原则，包括公平、正义、平等、正当等含义，是实体公正与程序公正的统一，整体公正与个案公正的统一。"① 公正是法治的核心和灵魂，是司法伦理的精髓，同时也是人们所追求的崇高理想、价值和目标。司法在法治社会中能否发挥作用，关键在于其能否公正。司法公正是一个国家实现社会公正的最重要的也是最后一道关口，是法治的基本条件和组成部分，是当代建设法治社会的基本要求。司法伦理适用适度，就是要求司法主体在处理司法事件的过程中，要以追求司法公正为目标，在运用司法伦理时，一方面要考虑司法伦理的适用性，另一方面还要考虑司法伦理的适度性，不仅要做到程序上的公正，还要做到实体上的公正，同时还要符合伦理上要求，要按照法的精神及其原则公平合理地处理纠纷，在一定范围内修补法的漏洞，矫正立法的缺陷，从而真正实现法的正义。

（二）司法伦理适用适度是落实司法为民的客观需要

为民司法是司法伦理实效性的一个重要体现。司法是维护社会正义、裁判社会纠纷的主要途径，它无法独立于社会生活之外，必须要面对纷繁复杂的矛盾和冲突，对社会中的各种利益关系进行协调，同时为确保最终的公正，它还必须要保持严格的中立，从而实现为民司法。近年来，我国人民的法治理念、法治意识不断增强，我国整体的法治建设进程不断加快，社会主义法治文化在社会中逐渐形成，社会公众对司法的了解已经从单一走向了全面，从浅显走向了深入，司法行为、司法过程、司法结果等这些基本的司法内容，普通民众都能理解和把握。在现实生活中，不同的利益团体、机关和个人都寄期望于司法的活动过程，希望能够在司法的帮助下实现公平正义，

---

① 王利明：《司法改革研究》，法律出版社 2000 年版，第 12—13 页。

普通的民众也都期望能够通过司法主体的公正司法来帮助解决他们所遭遇的各种不幸之事，而司法能否真正做到为民司法，就要看司法主体是否真正在司法过程中做到以民为本，是否真正切实的去关心群众疾苦，帮助他们排忧解难，保护群众的正当的、合法的权益。由此，要使司法伦理更具实效性，就要看司法主体在司法过程中是否真正落实了司法为民的要求，而要看其是否落实司法为民，就是要看在司法过程中司法伦理的适用适度情况，如果司法伦理不适用或者超过了一定的限度，就不能认为司法主体在司法过程中做到了司法为民，从而也就不能认为司法伦理是有效的。坚持司法伦理适用适度原则，是评价司法伦理实效性的第一原则，也是最重要的原则。只有坚持此项原则，才能更好地维护和践行司法公正，使司法为民理念落到实处，使司法伦理真正出实效。

二、司法主体权责统一原则

评价司法伦理的实效性，还要坚持司法主体的权责统一原则。所谓"权责"，即权力和责任。在司法领域，指的就是司法主体的司法权力和司法责任，在现代民主法治社会，权责统一是公共权力行使应当遵循的原则之一。有权必有责，权责相统一，这是国家权力运行的必然规律。行使公共权力的同时必须要承担相应的责任，使之形成合理的行为约束，防止权力被滥用，而对于公民各项权利有直接影响的司法权更加应该接受人民的监督。如果不对司法权以相应的责任承担进行约束，必然会导致权力滥用、司法不公的后果。司法公正是司法伦理的重要内容，而要切实地保证司法公正，必须要做到司法主体的职权责任统一明确，由此才能保证司法伦理的实效性。

党的十八届三中全会作出的《中共中央关于全面深化改革若干重大问题的决定》中指出："完善司法人员分类管理制度，健全法官、检察官、人民警察职业保障制度。""完善主审法官、合议庭办案责任制，让审理者裁判、由裁判者负责。明确各级法院职能定位，规范上下级法院审级监督关系。"①
紧接着，党的十八届四中全会上又明确提出了"完善主审司法主体、合议庭、
主任检察官、主办侦查员办案责任制，落实谁办案谁负责"。同时中共中央
在《关于司法体制改革试点若干问题的框架意见》中也要求"主审司法主体、
合议庭司法主体在各自职权范围内对案件质量终身负责"。从这些重要文件
的阐述中，我们可以看出党和国家对司法责任的重视程度，而之所以如此重
视司法责任，是因为只有坚持司法主体权责统一，才能够真正使他们在运用
权力的同时担负起相应的责任，赋予司法主体充分的裁判权力，从而切实把
责任具体到每一个人，维护司法公正，实现司法伦理的实效性。

　　权力和责任两个因素是相辅相成、协调统一的。司法主体的权力并不是
凭空而来的，它是在司法主体承担起维护社会公共利益责任的前提下而被赋
予的，但这种权力绝不是没有限制的，它必须在一定的权责范围内执行。同
时，由于司法权力是一种强制性力量，一旦权力实行，就需要被执行人无条
件的服从，但司法主体受其他角色定义的影响，还必须要承担一定的道义责
任。由此，司法主体一方面需要依法行事，另一方面还不能违背道义，需要
维护道义，实现权责统一。司法主体在把握权力和责任的相互关系，应当着
重从以下三个方面着手：第一，司法主体必须要更加明确自身的责任意识。
司法主体，要始终明确并坚持全心全意为人民服务这一根本宗旨，作为特殊
的国家公务人员，司法主体的最根本的职责就在于要始终对人民负责，始终
为人民服务。第二，司法主体必须做到依法司法。司法主体应当对自身的工
作作风进行严格要求，严格在法律的框架内依法处理各项司法事件，切实让
自身的司法行为，符合法律规范，合乎法律要求。第三，司法主体必须做到
公正司法。司法主体的权力是人民赋予的，是建立在人民的信任之上的。因
此，司法主体在合理使用权力之时必须要考虑到公众的利益，实现为人民服

---

① 《中共中央关于全面深化改革若干重大问题的决定》，《人民日报》2013 年 11 月 16 日。

务。权力和责任二者是相互统一，缺一不可的，享有权力的同时就必须承当相应的责任和义务，司法主体应当注意明确并处理好权力和责任二者之间的关系。角色扮演论也指出了同样的问题，该理论认为当一个人拥有相应社会角色时，他就会拥有相关的权力和义务。角色扮演的人是必须承担自己相关的责任和义务的，与此同时，这也就意味着该角色扮演者拥有一定程度，或多或少的特殊权力，这就是角色权力。① 有权力就必然存在相应的义务。司法主体权责相统一原则，是评价司法伦理实效性的重要原则，只有司法主体在处理司法事件的过程既能够合理有效的行使手中的权力，又能够自觉承担起相应的责任和义务。如此，司法公正才能有保障，我们也才能认为司法伦理具有实效性。

三、司法伦理责任"不谅解"原则

所谓司法伦理责任，它指的是伦理规范的普遍性与司法主体个体性的结合，是对司法主体行为进行有效控制的规范和制度。所谓司法伦理责任"不谅解"，它指的是从事司法事业的司法主体，其所有的行为必须符合法的理念和统一的价值标准，对于其违反职业伦理的行为，无论这种行为是否造成了不良后果，也无论这种不良后果是否严重，都应受到职业惩戒，而这样的行为惩戒是没有准入门槛的，只要违反，就要惩罚。由于这样的责任带有"不可被谅解"的性质，因此，可以将其称之为司法伦理责任"不谅解"。之所以把它作为评价司法伦理实效性的原则，是因为只有对司法伦理责任不设立准入门槛，有犯必罚，才能从根本上遏制司法主体不当的司法行为，切实的维护司法公正。

司法将法律的一般正义转化为个人正义，是司法主体运用法律调整社会

---

① 丁水木、张绪山：《社会角色论》，上海社会科学院出版社 1992 年版，第 48 页。

关系和人们行为的过程，良好的司法对人们的尊严和情感有着充分的尊重，因而是有伦理基础的。在对司法事件的裁判中，往往隐含着伦理判断问题，对这其中的伦理问题，作为司法主体是不能够推卸的，而应当对社会公众的伦理性要求有一个正面的回应和关切。"从根本上讲，伦理精神或道德理性是司法公正的题中应有之义，它要求把仁、善、和等观念贯彻到法律运用之中，意味着伦理和道德的原则优越于普遍的法律规则，强调法律的实质而非形式。"①"康德的整个道德哲学是以'责任'概念为基础的……责任分为两类，一类属于外部的责任，它由法律规范来调节……另一类责任属于内在的责任，它由伦理规范来调节。"②

司法主体的伦理责任，应高于一般人的伦理要求。司法主体的司法伦理责任主要体现在以下三个方面。

首先，充分尊重当事人的权益。司法主体要时刻树立服务意识，维护当事人的合法权益，这是人道主义原则在司法中的必然体现。在当事人委托司法主体解决自身的各种纠纷问题时，司法主体便处于对当事人的责任关系之中。"道德是除法律逻辑方法和法律解释方法之外运用比较广泛的方法之一，并且在我国很长的历史时期内，道德一直就是法律领域判定法律责任的主要手段。"③道德对认定司法主体的主体责任有着重要作用，在审判过程中，司法主体只有表现出对当事人足够的尊重，才不会觉得其脱离群众而变得高高在上，才能够真正做到司法为民，保障当事人行使各项权利。

其次，不断追求司法公正。司法伦理责任的根本目的是为了确保司法公正的实现，司法主体的伦理责任问题，从根本上要解决的就是"司法道德责任"问题，对司法权威来说，最大的问题是司法主体自身是否能够真正做到

---

① 那述宇、吴延溢：《司法公正中的价值冲突及其权衡》，《山东社会科学》2002 年第 4 期。

② 陈嘉明：《建构与范导·康德哲学的方法》，上海人民出版社 2013 年版，第 281 页。

③ 邹川宁：《司法理念是具体的》，人民法院出版社 2012 年版，第 296 页。

公平和正义。作为司法主体，无论居于何种层次的职位，首先要锻造的就是自身的正义感，要让自身成为一个具有正义感的人。假如司法主体在处理司法事件时不能自觉坚持公平正义的司法理念，同时自身又没有相当的正义感，那么带来的恶果就是作为司法主体，其本身不会得到人民的尊重，而其所做出的司法行为以及与司法相关的各项事务同样不会得到尊重，甚至还会引起人民的猜疑。由此可以看出，正义感是司法主体必须具备的一种优秀品格，要始终心存敬畏，平等地对待所有当事人，切实做到以事实为依据，以法律为准绳，不被假象所蒙蔽。同时还要做到准确正当地适用法律，要努力让案件当事人感受到公平正义的力量。

最后，时刻坚守诚实信用。司法主体要培养自身诚实守信的道德品质，要具有敬业精神，忠实履行法律赋予的各项职责，不能为了一己私利而欺骗当事人，要做到不欺骗他人，同时对其他人的一些不正当行为要积极主动地制止和防范，从而实现最大多数人民的正当利益，保障弱势群体的合法权益。

在司法实践中，司法主体所依据的是法律，他们要努力实现的是公平和正义。对司法主体来说，必须遵守职业共同体为其所设定的伦理、道德规范，绝不能以法律没有规定而拒绝遵守。坚持司法伦理责任不谅解的评价原则，对促进司法公正，构建积极健康的司法环境，树立法院的威信等具有重要的促进作用，对衡量司法伦理的实效性具有重要的意义和价值。

第三节　司法伦理实效性的实践评判标准

评判司法伦理的实效性不仅需要在理论上坚持一定的原则，同时也需要在实践中遵循一定的规范和要求，只有这样，司法伦理的实效性才能得到合理正确的检验。在司法伦理实践中，正确的法治观念、完善的司法制度、合乎公平正义的司法程序和健康向上的司法环境都是评判司法伦理实效性的重要指标。因此，这几项指标的完善与否是我们判断司法伦理实效性究竟如何的重要依据。原因在于司法伦理是否具有实效性是可以通过司法主体、司法行为、司法结果以及伦理标准四个因素加以判断，但司法伦理具有何种程度的实效性却是需要通过实践来进行评判的，实践的效果如何会直接影响到司法伦理的实效性。在司法伦理实践中，既会受到来自司法主体自身内部因素的影响，也会受到来自司法主体之外的外部因素的影响，内部因素主要是司法主体的法治观念，外部因素主要是司法制度、司法程序以及司法环境，把它们作为评判标准，可以使司法伦理的实效性得到合理而又准确的判断。

一、司法主体的法治观是否正当

司法主体作为司法伦理的直接参与者，他们所业已形成的各种价值观念，都或多或少的会对司法伦理的实效性产生一定程度的影响，而在这许多价值观念当中，对司法伦理实效性起着最为直接的影响作用的是司法主体的法治观念。思想指导行为，有什么样的思想指导，就会有什么样的行为产生，而要保证司法伦理有较强的实效性，则司法主体必须要不断健全自身的法治观念，也只有在健全的法治观念引导下，才能产生合理的司法行为。由此，才能保证司法伦理的实效性。

法治是我们国家治国理政的基本方式，党的十八届四中全会以后，全面推进依法治国在全国范围内展开，作为司法主体，尤其要把法治作为自己想问题、办事情的出发点和落脚点，坚决依靠和维护法律的权威，不断健全自身的法治观念。具体来说，作为司法主体，健全自己的法治观念，应当做好以下几个方面：

（一）坚持法律至上，依法办事

法治既不同于人治，也不同于德治，在处理司法事件时，相较于人治来说，法治所依据的是人民共同遵守的法律，它反映的是人民大众共同的意志，而不是某些领导或个人的意志。由于法律的普遍适用性和国家强制性等特点，使得法律相对于别的规范来说，在调整社会利益关系和社会成员的行为时，其作用力更强。同时又由于法律是普遍遵从的，因此依照法律办事最能够维护社会的秩序，而不致产生一些不良的社会矛盾。由此我们可以得出，我们之所以强调法治，反对人治，就是因为法治本身所体现出来的优越性，法治因此也成为我们当前及今后治理国家和社会的重要手段之一。而相对于德治来说，德治虽然也具有一定的协调社会关系的职能，但其作用的发挥的范围和程度都是有限的。因此，司法主体在处理各类司法事件时，必须要坚持法律至上，既不能被某一个领导人的想法所左右，也不能完全地依靠道德标准来调整，必须要将法律作为自己想问题办事情的唯一标准，只有树立这样的法治理念，才能保证司法的公正，提升司法伦理实效。此外，在坚持法律至上的同时，还要做到严格的依法办事。依法办事是法治的精髓，"有法可依，有法必依，执法必严，违法必究"就是依法办事理念的生动体现。同时，党的十八大又提出了新的法治建设要求，即科学立法、严格执法、公正司法、全民守法。对司法主体来说，在严格依法办事的同时，还要做到司法的公正，不断增加自身的法治观念和法治水平，从而为提升司法伦理的实效性打下坚实基础。

（二）恪守公平正义，为民司法

公平正义是处理司法事件时的核心要义，为民司法是处理司法事件的本质要求。司法主体在处理司法事件时如果不能恪守公平正义，坚持为民司法，难免会使司法的公信力不断丧失。有效的司法伦理要求司法主体具备健全的法治意识和法治观念，而公平正义和为民司法是对一个有着良好法治观念的司法主体的一个最基本的要求。因此，作为司法主体来说，要保证司法伦理的实效性，必须要做到公正的裁判，将公正视为裁判的生命，同时要从人民的利益出发进行裁判，只有做到这两点，才能确保司法结果的公正性，也才能让人民大众从内心服从。那些仅仅用司法的强制力说话的司法主体，必然会导致司法结果的不公，严重的有可能还会引发社会公众的反感，导致社会矛盾激化。因此，公平正义、为民司法是每一位司法主体所应该坚持和坚守的，在处理任何司法事件时，要做到不偏不倚，公正合理地进行裁判，要深刻认识到自身所肩负的责任和使命，使人民大众能够真正树立起敬畏和服从法律的信念。"司法主体在司法过程中身体力行公正裁决，才能从内心深处唤起人们对法律的信赖和亲近的情感，这种情感逐渐发展成为一种坚定的信念和信仰，又可以成为支持法律的实施和自觉遵守法律的强大精神力量，而这种力量正是司法独立得以维持的民众基础。"①司法越公正，就越能得到人民大众的信赖，就越能守住司法的公信力，而不至于使人民大众寻求正义的最后一道防线丢失。只有这样，法治国家、法治社会的蓝图才可能实现，法律的权威和尊严也才能得到真正的维护，司法伦理也才能更具实效性。

（三）坚持正派作风，廉洁司法

正派作风和廉洁司法是每一位司法主体应该坚持的信念要求和行为指向，保持自身的清正廉洁是对司法主体最基本的伦理要求。法律是人民大众维护自身权益的最后一道防线，而司法又是各项法律事件处理的最后一道防线。清正廉洁之所以成为对司法主体最基本的要求，是因为如果司法主体自身做不到清正廉洁，存在着类似于贪污受贿等的行为，首先司法公正难以得到维护；其次司法公信力致其丧失，人们会不断养成只要花钱就能办事的思想；最后可能还会导致法律的最后一道防线被破坏，人们不再愿意通过正当

---

① 王淑荣：《法官职业伦理——现代法治建设与法治教育必破之掣》，延边大学出版社2008年版，第114页。

司法途径去解决纠纷，而是寻求一些不正当的歪门邪道。因此，司法主体无论在何种情况下，何种条件下，都应当努力保持自身的清正廉洁，为人要正派，要始终站在人民的立场上去想问题、办事情，要敢于并且勇于同一些不正当、不合法的行为做斗争，要通过自身的廉洁作风维护好司法的公信力，保证法律权威和尊严的实现。坚持正派的作风，为人处事清正廉洁是司法主体良好法治观的重要体现，它们不仅能够为其司法行为奠定良好的群众基础，同时也可以保证司法正义的实现。

具备健全的法治观念，可以让司法主体更好地认清自己的角色定位，让他们更好运用自己的权力，做一个既有高度又有深度的裁判者，从而使人民大众在日常生活中遇到问题时敢于并且愿意寻求法律途径解决，使法律的尊严和权威得到切实地维护，让司法公信力不断提升，不断提升司法伦理的实效性。

二、司法制度是否完善

司法制度作为司法伦理实效性的一个外部评判指标，它的完善程度影响着司法伦理的实践，进而也影响着司法伦理的实效性。由此，我们在判断司法伦理的实效性时，应当而且必须把司法制度的完备程度作为一个重要的标准来看待。我国现行的司法制度是中国特色社会主义制度的重要组成部分，虽然它总体上能够与我国现阶段的基本国情和各项政治经济制度相适应，能够成为我国社会主义事业建设的可靠法治保障，但它依然存在着司法观念脱离实际、司法管理不科学、司法监督体制不完善等一系列问题。作为判断司法伦理实效性的重要指标，必须要将司法制度结合时代发展和我国国情不断完善发展，与时俱进，使其不仅适应本国需要，还能够充分反映人民意愿，同时还有利于社会矛盾纠纷的解决，社会公平正义的实现，从而实现经济发展、民族团结、社会和谐、国家稳定的目标。完善中国特色社会主义司法制度，应当做到以下几点：

（一）确立公正合理的价值取向

一是全面加强司法建设，确立建构主义的司法价值取向；二是提升司法建设过程中的高效性、公正性和权威性，确立司法公正的价值取向；三是要把握世情，立足国情，顺应新时代发展潮流，坚定不移地走中国特色社会主义法治道路，确立中国特色社会主义司法制度价值取向。四是在党委领导下科学设计、协调推进、可持续地加强司法建设，确立积极稳妥推进改革的价值取向。通过确立这四种价值取向，就是要改变过去在面对司法制度改革时的"眉毛胡子一把抓"的现象，实现司法制度建设"有所为、有所不为"。

（二）全面结合中国社会发展实际

司法制度的建立和完善不是凭空臆断的，完善中国特色社会主义司法制度，需要与中国实际相结合。具体来说，主要是：第一，完善司法制度要结合我国现代化建设发展的战略目标、任务及实践过程，实现与时俱进；第二，完善司法制度要结合我国以人为本的发展理念，要将维护人民的利益作为制度建设和社会发展的核心，切实做到司法为民；第三，完善司法制度要结合我国关于深化政治体制改革的各项要求，推进司法体制机制改革，提升司法的信度和效度；第四，完善司法制度要结合我国建设社会主义法治国家的战略部署，使全面推进依法治国方略能够得到有效落实。

（三）不断适应中国社会发展状况

当前，中国社会发展日新月异，发展速度居于世界领先水平，社会生活各方面深入发展，节奏变化速度加快。因此，完善司法制度建设，必须要与中国社会当前发展状况相适应，这样才能保证司法制度建设不落后。具体来说，主要包括以下三方面内容：首先，要与我国社会发展的要求相适应，当前我国社会发展进入新阶段，对社会各个方面的发展都提出了新的要求。因此，完善司法制度不能闭目塞听，要与我国经济、政治、文化等各方面的发展要求相适应。其次，要立足我国基本国情，要从最基本的司法发展规律出发，与司法机关本身的各项条件要求相适应。最后，是要坚持为民司法，以广大人民的根本利益为出发点，与人民合理的司法诉求相适应。这对于更有效的解决社会纠纷，提升司法伦理的实效性有着重要意义。

三、司法程序是否正义

法治理论的核心内涵是司法公正，司法公正同时也是各项司法活动所追求的目标，由此司法公正也成为衡量司法伦理实效性的重要指标。公正即是公平和正义，要有正义，必须先确保公平。因此，司法程序是否符合正义的前提是要看司法程序是否合乎公平，一个丧失了公平的司法程序就毫无正义可言。司法程序的作用不仅是要求司法主体按照一定的程序裁决纠纷，还要求司法主体在依照程序裁决纠纷的同时要让当事人能够认同并接受这样的程序，也就是让当事人既能从中感受到公平，也能够感到自己的权益切实得到了维护，代表了正义的存在。这对维护法律的权威，提升司法公信力起着重要的作用。

在日常生活中，我们想问题办事情总是遵循一定的程序来进行的，程序通常是指处理问题的先后次序，在司法实践中，称之为司法程序。所谓"司法程序，顾名思义就是规范司法行为和司法活动的程序"①。司法程序有广义和狭义之分，广义的司法程序指的是国家专门机关以及诉讼参与人在进行诉讼时所应遵循的原则、步骤、制度、规则等，狭义的司法程序指的是人民法院审理各类案件时所遵循的程序。司法属于法律运行的最终阶段，具有终结

①　江必新、程琥：《司法程序的基本范畴研究》，《法律适用》2012 年第 5 期。

效力,在司法程序中,司法权所遵循的原则、步骤、制度、规则不同,就可能导致不同的司法结果,而这些原则、步骤、制度、规则等并不是一成不变的,它既可以通过立法等进行重新制定和修改,也可能由于司法主体受一些不良因素的干扰而在司法过程中对司法程序进行更改,而之所以强调司法程序的正义性,也正是基于此。此外,还由于司法程序一旦运行起来,它往往会对人民的生命、财产等其他各项权利走向起决定作用,由此也就必须要指出,实现司法伦理的实效性,必须要确保司法程序的正义性。

美国法学家威廉·道格拉斯认为:"权利法案的大多数规定都是程序性条款,这一事实决定不是无意义的。正是程序决定了法治与恣意的人治之间的基本区别。"司法程序正义要求司法主体在处理司法事件时,要严格按照诉讼程序进行,要使当事人的各项权利得到充公保障。在司法实践中维护公平与正义,它反映着一个社会对于法治的认识和追求,决定着人民大众对法律权威的信仰。司法程序上的正义对促进和确保法治国家和法治社会目标的实现具有重要意义和价值。

在保证司法程序正义性的前提下实现司法公正有至关重要的现实意义。第一,程序正义能促进良好社会风气的形成。司法机关严格按照公平正义的程序处理司法事件,进而实现了公正合理的司法结果,如此就能够让社会成员切实感受到法律的作用,体会到正义的力量,促使社会成员养成依法办事的习惯,从而在全社会逐渐形成尊重法律、尊重程序的良好风气,自觉地维护公平与正义。第二,程序正义能帮助公众树立法治理念。法治理念倡导依法办事,在法律的框架下解决社会矛盾和纠纷,但法治理念的树立不是一蹴而就的,它需要一个积累的过程。在这个积累过程中,如果有与法治相违背的事件发生,就可能导致前功尽弃,就会使社会公众的法治理念难以树立起来。程序正义要求司法主体要严格遵守法律程序办事,同时还要符合人民利益,体现正义,让社会公众切实地感受到法律的存在、正义的存在,不断地帮助公众确立法治思维,最终实现法治理念的确立。第三,程序正义能促进公众确立法律信仰。法律信仰寻求的是人人信赖法律，在面对社会矛盾纠纷时，能够在第一时间通过寻求法律途径，而不是其他什么途径。通过法律解决矛盾纠纷，必然要有一个程序性的问题，在这个过程中，如果每一例司法事件都能够确保程序过程的公平与正义，那就能够在全社会越来越确立起法律的权威。人人信赖法律，人人依赖法律，最终所达到的就是人人信仰法律。信仰一旦确立是很难改变的，当全社会公众都能确立起法律信仰时，法律的作用就会空前提高，建设法治国家的目标就会得到实现。第四，程序正义能帮助提高公众道德水平。法律与道德作为国家治理的两种手段，始终是相辅相成的，一种行为被法律所禁止或者被给予了法律的制裁和处罚时，从道德的角度来说，也是对其作出了否定性的评价，它会警示人们要自觉提高自身的道德素质，不要去做那些违法乱纪的事情。坚持程序正义就是要保证司法结果的公正，只有公正的司法结果才能让人们信服，也才能发挥出道德教育的效果，否则不但破坏了法律的权威，还会对公众道德情操的培养造成阻碍。

四、司法环境是否健康

任何司法活动总是在一定的社会环境中进行的，要确保司法伦理的实效性，维护一个积极、健康、向上的司法环境是十分必要的。司法环境既包括外部环境，也包括内部环境。司法外部环境指的是以司法机关为中心的社会环境。当前，我国的法治建设还在不断建立和完善当中，法治观念在人民大众的心中还没有完全形成，公众对司法的权威性还存在一定的怀疑，社会上一些人通过不正当手段干预司法的现象也时常出现。因此，加快构筑并完善一个良好的外部司法环境至关重要。良好的外部社会环境，可以让司法更加充分地发挥作用，一个健康向上的外部司法环境对司法的公正性起着重要的保障作用。司法内部环境指的是以司法机关工作人员为中心的机关环境。主要包括机关内部的司法主体、司法组织、司法体系、诉讼制度、司法投入等。良好的内部环境能最大限度调动内部工作人员的工作积极性，能自觉地控制个人需求，将自身获取职位升迁等各方面的欲望转化为积极工作的动力，从而自觉自主地去维护司法公正，确保各项司法活动切实围绕人民的利益需求展开。因此，建立并维护一个良好的司法内外部环境，对保证司法工作人员切实履行自身职责，促进公正司法，提升司法伦理实效性具有重要作用。

一个健康的司法环境既要保证内部环境的健康，同时还要保证外部环境的健康，两者是相辅相成，缺一不可的。当前我国的司法环境还存在着一些问题，这在一定程度上影响着司法伦理的实效性，这些问题主要表现在：

第一，在内部环境问题上，就是司法机关内部管理体制和运行体制存在漏洞，上级意志代替下级意志的现象时常发生。这与我国司法机关行政化的管理体制有关，上级领导下级，上级领导的指示，下级必须执行，这可能会导致在处理某些司法事件时，不是完全的以事实或法律为依据，还受到其他一些因素的影响。同时，由于司法机关内部管理体制机制的不健全和行政化的管理方式，容易导致内部人员在面临一些涉及自身切身利益的问题时，会想方设法通过一些手段去干扰领导的决定，这种行政化的管理方式对良好内部司法环境的构建是十分不利的，同时它也不利于机关内部人员和谐工作关系的维护。

第二，在外部环境问题上，主要是司法权的地方化和司法监督机制的缺失，突出表现就是司法机关的独立性没有得到切实有效的维护和落实。根据我国宪法规定，司法机关，即法院和检察院独立地行使审判权、检察权，不受行政机关、社会团体和个人的干涉。但在司法实践中，司法机关仍然受各种不当制约与干预，其独立地位并没有得到切实的维护。司法权的地方化严重破坏着司法环境，影响着司法公正。同时由于我国司法监督体制机制的欠缺，加上我国公民的法治意识尚未完全树立，法治观念还不是很强，导致社会的司法监督作用难以有效发挥出来，这对良好外部司法环境的塑造都是十分不利的。

确保司法公正，提升司法伦理的实效性，必须要努力构建良好的司法内部和外部环境。为此，应当做好以下两点。

第一，消除司法行政化，建立良好的内部环境。加强司法机关内部业务管理和组织管理，司法机关在进行内部业务管理上，要厘清每一个人的工作职责，上级领导只能作为提供参考意见的角色，切实保证司法主体的权力，真正实现"司法主体除了法就没有别的上司"。同时，在司法主体的调用上，要切实做到"任人唯贤"，而不是其他什么标准。

第二，保证司法独立性，维护良好的外部环境。保证司法独立是司法制度的一项基本原则，也是成为法治国家的主要标志。在国家权力机构中，要保证司法不受行政权、立法权的干预，切实保证司法机关依法独立行使职权，不受其他行政机关、社会团体和个人等各项因素的干涉，让他们能够切实做到严格依法裁判，处理任何司法事件都能够做到以事实为依据，以法律为准绳，不以任何团体或个人的意志为转移，真正实现公平与正义，切实维护宪法和法律的尊严。

第四节　司法伦理实效性的终极评判标准

一种理论的确立，其最终的目的应当是为了国家和社会的稳定与发展。理论指导实践，如果理论的方向不正确，那么实践肯定是要出问题的，这也就是为什么理论要讲求实效的重要原因。同时，这也是人们评价一种理论实效性的终极指标。司法伦理作为一种重要的知识理论，我们在评判其实效性也必然会看它是否有利于国家和社会的发展，这是评判司法伦理实效性的最高标准，也是终极标准。

一、是否有利于法治国家的稳定

建设社会主义法治中国是我们的奋斗目标，依法治国是我们治理国家的主要手段。当前，我国的社会主义法治国家建设进入新阶段，尤其是十八届四中全会以后，提出全面推进依法治国，进一步使法治国家的建设进程驶入快车道。保证我国的社会主义法治国家建设平稳、有序、健康发展，是当前及今后在推进我国法治国家建设过程中所必须坚持的目标和准则。在司法领域内，处理司法事件的准则和要求就是坚持司法公正，同时司法公正也是建设社会主义法治国家的必然要求。司法伦理建设是司法公正的核心内容，没有司法伦理，就谈不上真正的司法公正。因此，强调司法伦理的实效性，必须要看其是否能够确保司法公正，是否有利于法治国家的稳定。

（一）法律权威能够得到切实有效的维护

法律权威性的确立是法治国家的重要标志，一个没有法律权威的国家根本不能称为法治国家。对司法主体来说，自觉地维护法律的权威性是他们的一项基本义务。通过对法律权威的维护，一方面可以增强司法主体对法律的重视程度，另一方面也能够让他们更加自觉地尊重法律，提升对法律的忠诚度。一个国家的法治发展水平越高，就越要强调法律的权威性意义，国家的任何公权力都必须要受到法律的约束和支配，如此才能更加有效地保证法律的权威性，这也是法治的最基本要求。司法伦理的建构在法律权威的维护过程中起着重要的作用，人们在既能在法律的框架下做事，又能够符合伦理方面的要求，这就能够逐渐培养起人们的法治观念以及对法律的信仰。由此，司法主体就能够更加自觉地运用法治，在社会生活中担当起法律的守卫者和完善者的使命，更有利于建设法治国家。

（二）社会公正能够得到充分有效的体现

司法伦理在一定程度上对司法公正具有决定作用，同时司法伦理在确保裁判的公正性上也具有重要的保障作用。司法伦理可以帮助司法主体更好地运用手中的权力，切实有效地维护人民的利益，实现社会公正，防止出现司法腐败，为司法权威的树立和维护以及法治国家的建设建立"安全阀"。同时，司法伦理对于帮助司法主体更加理性地认识自己的司法行为也同样发挥着作用。它通过让司法主体体验和反思自身所经历的法律生活，从而更加清醒地认识到所基于的法律条文和伦理标准是否符合合法性和合理性，从而对社会成员的所作所为有一个清晰准确的判断，实现不误判、不错判，真正实现司法公正，从而为实现社会公正打下坚实的司法基础。

（三）司法腐败能够切实有效的得以扼制

司法伦理通过运用伦理机制规范了司法主体的行为，他们在处理各项司法事件时，能够自觉树立公正的理念，在各项裁判过程中，自觉地站在人民的立场上，在确保司法公正的同时，保持自身品行的纯洁性和高尚性，拒绝权钱交易，依法办事，依规办事，将权力关进制度的笼子里，在阳光下司法。当前，由于一些司法主体品行意志的不坚定，使得一些司法腐败的事件时有发生，这对司法伦理的实效性是一种损害。作为司法主体，不仅要做到用法律办事，还要学会用道德来约束自己，从而使司法腐败得到有效遏制，提升司法伦理的实效性。

二、是否有利于法治的社会价值

建设法治国家，法治社会的终极目标就是要确保公平与正义，公平正义保证不了，法治国家、法治社会就无从谈起。对司法伦理来说，评价它的实效性，就要看它能否促进实现公平与正义，对公平正义的促进程度愈强，其实效性愈强，反之，则愈低。确保法治社会公正的最后一道防线就是司法公正，因此，要确保法治社会的公正，就必然要确保司法的公正，这也是当代法治社会的一个重要体现。

公正是人类社会最重要的理想和追求，确保司法公正可以保证人类社会在良性的轨道上持续发展，公正是司法的灵魂，没有公正，司法也就失去了其存在的意义和价值。但同时，公正性的实现是要建立在道德的基础之上的，不符合道德的要求，也就无所谓公正，它需要依靠伦理的途径将法律和道德规范内化为司法主体内心的使命感和责任感，在处理司法事件的过程，既遵循法律的要求，也合乎道德的规范，如此法治社会的建设才能不断进步。身为司法主体，必须要不断提升自身的道德素质和道德水平，使自身的道德理念与社会公序良俗发展的要求相符合，与大众对伦理道德的发展诉求相符合，不断促进司法公正。

司法公正是司法伦理的核心，同时也是法律的基本价值诉求。司法活动必须以法律为依据，在此基础上才能维护法律的尊严与权威，体现法律的公正，从而最终达到社会公正的目的。罗尔斯说："正义是社会制度的首要价值，正如真理是思想体系的首要价值一样。"司法主体在进行司法活动的过程中，不仅要准确地运用和实施法律，更要在司法伦理的引导下，做到司法公正，从而促进社会正义的实现。新加坡学者洪德也指出，正义的理念总是和一国的宗教、道德、法制和政治等紧密相关，其中道德和司法制度是正义裁判或其化身。因此，谈正义脱离不了道德伦理的范畴，而且常被视为司法的理念。由此，建设法治社会就是要体现和维护社会的正义性，要在全社会营造出人人崇尚法治，人人依赖法治的社会风气。同时，还要让全体社会成员，尤其是司法主体自觉树立公平正义的理想信念，促进社会公正的实现。

柏拉图说过，"正义，总是从自己本阶级、本集团的利益出发赋予公正以不同的意义和模式，这就使得本质就是最好与最坏的折衷。"处于不同阶级关系和利益关系中的个人或团体对于公正的认识和要求并不是完全相同的，因此，他们在对公正进行评价时所得出的结果也会产生一定的差异性。公正是一个规范性的概念，它所表达的是在人们日常的社会交往中所体现出来的与自身的利益要求相符合的，且具备正当性的关系或行为。司法公正作为司法活动的目标和追求，从伦理的角度来说，首先必须坚持法律面前人人平等准则和要求。同时，司法公正的实现离不开法律权威的树立，而法律权威的有效树立同样也离不开司法过程中公正性的保证，保证司法公正就需要司法主体在处理司法事件的过程中，自觉遵守法律与道德的要求，做到不徇私、不枉法、不背德。

法治社会的一个重要特征就是严格依法办事，任何人想问题、办事情都必须要严格在法律的框架内执行。法治社会期盼司法公正，正如前文指出的那样，司法是法律的最后一道防线，倘若出现司法不公，法律的最后一道防线就会遭受破坏，法律的权威性就会丧失，社会的公正性也就难以树立。弗朗西斯·培根也曾指出："一次不公的（司法）判断比多次不平的举动为祸尤烈。因为这些不平的举动不过弄脏了水流，而不公的判断则把水源败坏了。"不公正的司法对法治社会的构建和社会公正的实现具有相当大的破坏作用，它会使人们降低对法律的信任，轻视法律的权威，守法护法的意识减弱，最终会导致人们法治信仰的丧失，这样的危害不可谓不严重。因此，作为司法工作者，尤其是司法主体一方面要不断提升自身的职业素质，准确的运用法律，在执行司法时，不能用其他任何东西去代替法律，只要法律作出了规定，就必须要按照法律的要求严格执行，而不能有丝毫的折扣，这是对法律尊严的维护。只有坚决地维护法律的尊严，法律的权威性才能真正树立起来，人们才会从内心建立起对法治的遵从。另一方面还要不断提升自身的道德素质，追求司法公正，以高标准的伦理要求从事司法活动，从而使自己所经历的每一项法活动都能够在促进法治社会的构建、实现社会公正上取得一定的成效。这对维护法治社会公正性具有重要的意义，也只有在这样的理念指导下，司法伦理才会具有更强的实效性。

三、是否有利于法治文化的建构

法治文化指的是在法治理念的指导下，人们在日常的社会生活中逐渐形成的并根植于内心的法治理念和思维方式，人人学法、懂法、用法、守法，把法治作为自己想问题、办事情的出发点和落脚点。评价司法伦理的实效性，不仅要看其在建设法治国家和法治社会过程中所起的作用，还要看其是否有利于法治文化的培育。要让全体社会成员养成法治自觉的习惯，依照法律去处理社会中的各项事务，要在全社会不断培育法治文化，不断发挥文化的软实力作用，以文化聚人心，发挥出法治的效用价值，提升司法伦理的实效性。

我国的社会主义法治文化是以理性文化为基础的，这里的理性文化是体现社会主义性质的，符合真、善、美的社会文化系统，它与非理性文化中的那种跟着感觉走的特点是完全不同的。就法治社会发展来说，科学精神、公民意识、权利义务观念、平等自由观念等理性文化要素对构筑法治文化具有重要作用。当这些文化要素在建构法治文化过程的作用发挥程度不断增强，司法伦理的实效性才会随之得到提高。具体来讲，包括以下方面：

（一）司法伦理要有助于培养人们的科学精神

崇尚科学，反对愚昧是对社会成员成长发展的要求，是在想问题、办事情的过程中所必须坚持的。作为司法主体来讲，尤其要坚持发扬科学精神，才不会导致冤假错案的发生。之所以发扬科学精神，是因为任何人都不是完美无缺的，都有人性的脆弱点，司法主体同样也不例外，他们在处理司法事件时，有时也会因为个人的情绪、好恶、成见等导致司法行为被情感所左右而失去理智，致使一些不好的司法结果产生。因此，作为司法主体，在司法过程中，一定要时刻保持一颗对科学的敬畏之心，做到崇尚科学，用科学的眼光去处理和看待各类司法事件。只有这样，才能不断将法治文化的基础打牢，也才能使司法伦理出实效。

（二）司法伦理要有助于提高人们的公民意识

法治文化的构建离不开公民的参与。所谓公民意识，就是要让全体社会成员能够清晰认识到自己的身份和地位，要认识到自己已然是社会的主人，而不再有人身的依附，要有强烈的主人翁意识，全体社会成员要自觉参与到社会生活和公共事务当中。司法伦理强调要坚持人民立场，从人民的利益出发，司法主体在处理司法事件时，要让公民参与其中，充分地行使自身的权利。同时，公民自身也应当认识到自己所拥有的权利，提升自身的主人翁意识，履行好公民职责，不断构筑优秀的法治文化，提升司法伦理的实效性。

（三）司法伦理要有利于提升人们的权利义务观念

权利义务观念是法治文化构建的重要条件，这是因为在一个有着良好法治文化的社会里，社会成员既能够明确自身的权利，还能够明确自身的义务，从而正确地行使权利，自觉地履行义务。提升人们的权利义务观念就是要让社会成员充分地知晓自身的权利，懂得哪些权利是正当的、合理的。同时，还要学会正确地行使自己的权利，对一些恶意干扰自己行使权利的行为要勇敢地与其斗争，维护自己的权利。但也要明白，权利不能滥用，要主动适应权利主体的要求作出应有行动，不因自己的过错而逃避自己应该承担的责任。最后，要积极主动地履行对他人、社会和国家的各项义务，既包括法律的，也包括道德的。

（四）司法伦理要有助于提升人们的平等自由观念

平等自由观念是法治社会的重要体现。法律面前人人平等，要让全体社会成员感受到任何个人或团体都没有超越法律的特权，只要触犯了法律，都会受到法律的惩罚，并且这种惩罚要体现出最基本的平等性，不因其他因素的干扰而出现偏差。社会主义核心价值观所倡导的自由、平等、公正、法治，就是要在全社会形成崇尚平等自由的氛围，在法治的框架下实现社会公正。自由观念的基点在于在法律和道德允许的范围之内，人人都可以尽其所能地做事。同时，平等自由观念也体现着一种包容的精神，对于那些与自己主张和看法不同的观点，只要不与法律相违背，不与国家的方针政策相冲突，就应当予以理解和包容。

司法伦理要不断增强其实效性，需要促进构建社会主义法治文化，也就是要不断提升人们的科学精神、公民意识、权利义务观念和平等自由观念。这些都是判断司法伦理实效性的重要指标。

第五章　提升司法伦理实效性的对策探索

依法治国方略的全面实施，使中国进入建设社会主义法治国家新时代，对司法提出了更多更高的要求。司法伦理作为保障司法公正实现的有力武器，需要进一步提高司法伦理实效性。司法伦理实效性的提高，离不开合格的司法主体、完善的司法制度、科学公正的司法程序、强有力的司法制约机制等。

第一节　司法主体价值观的提升对策

价值观是个人对周围世界中人、事、物的基本看法，是人们在自身价值选择上的基本态度。具体地说，价值观是指社会成员对社会现象和思想意识进行是或非、有意义或无意义、值得接纳或不值得接纳的判断时，所依据的一系列最基本的准则或尺度。每个人都会有基于认知和了解事物的需要，为了满足这种"认识"和"评判"的需要，每个人的内心世界都会建立一个对自己生存和发展有意义的框架，而这一框架就是所谓的"价值观"。价值观是由社会实践决定并且在社会实践中逐步形成的。价值观形成后，又会反过来对社会实践产生一定的反作用。价值观在一定意义上又表现为个体的内心信念和信仰，而这种信念和信仰又会激发主体的激情和热情，促使主体依据一定的价值和标准做相应的活动，并产生一定的价值后果。具体到司法主体及其行为也是如此，司法主体会在一定的司法实践中逐步形成司法价值观，司法主体的价值观又会在一定程度上决定司法主体在司法过程中作出相应的价值选择，进而产生相应的司法结果，而司法结果是否公正科学，在一定程度上反映着司法伦理实效性的实现与否。因此，基于价值观对主体行为选择及行为后果的影响，司法伦理实效性的提升，需要从提升司法主体的价值观这一本源着手。

一、司法主体的法律信仰教育

卢梭说："一切法律中最重要的法律，既不是刻在大理石上，也不是刻在铜表上，而是铭刻在公民的内心里。"伯尔曼在其代表作《法律与宗教》中也说："法律必须被信仰，否则形同虚设。"由此可见，法律信仰在实现法治的过程中具有重要的作用和地位。徒法不足以自行，法治的实现，除了需要良法善治之外，还离不开民众对法律的信仰，没有法律信仰的法治将举步维艰。同时，法律信仰是建设社会主义法治国家的社会心理基础，是实现中国法治现代化的精神动力，只有人人信仰法律，才能实现建设法治国家的目标。司法主体的法律信仰状况直接影响着司法改革和法治现代化的实现，更影响着司法是否能够公正。司法主体的法律信仰不是与生俱来的，需要经过一定的系统性教育和实践锻炼才能逐步树立。

在法律教育中加强法律信仰教育。法学学科以其人才培养的专业性和行业性特点，在推进社会主义法治国家建设进程中发挥着极其重要的作用。法学承担着为中国法治国家建设输送合格法律人才的重要任务，司法主体必须接受全面而系统的法律教育才能通过司法机关的考核，进入司法主体队伍。司法主体法律信仰状况一方面取决于在从事司法工作前接受系统性的法律教育时，对法律信仰的培育情况，另一方面还取决于司法主体从事司法工作后接受的在职教育中，是否纳入了法律信仰教育的内容。法律职业要求通过一定的法律教育，使法律人掌握法律科学基本的知识体系，具备从事法律职业所必需的基本技能和职业素养。法律教育应当培养既具备法律知识和法律技能，同时还具备法律职业道德的专门人才。法律教育如果想要为法治国家建设培养德才兼备的法律人才，就需要在法律教育中加强法律道德教育，并强化法律信仰的培育。法律教育应按照法治国家建设对法律人才的要求，设定科学合理的教育目标，制定针对性强、可实施、可测量的教学计划，完善法律教育的基本内容，通过法律教育对个体进行系统而全面的法律教育，把法律职业要求的基本准则、核心素养、职业道德、伦理规范等，内化为法律职业工作者应当具备的政治素质、思想素质、道德素质、职业素质和心理素质等，最终实现法律教育为国家法治建设和现代化建设培育合格法律人才的基本目标。在法律教育中强化法律道德教育，不仅是司法主体在进行司法实践时所应当倡导的，而且是他们在日常生活中也应该一以贯之的，同时强化司法主体追求真理、崇尚法律、维护正义、捍卫法律尊严等精神的培育。对法律的忠诚和信仰是司法主体之所以成为司法主体的关键，司法主体具备法律信仰与否，或者司法主体法律信仰的忠诚度，在一定程度上能够让司法主体明确法律职业行为好坏、对错的标准，以及其职业行为和价值选择是否正当的标准；明确司法实践、行为选择"善"的标准是什么，依据什么可以为"善"；明确自身在面临司法伦理争议时如何坚持自己的立场和捍卫法律的尊严；同时以自身具备的法律信仰促使司法实践的公平正义取向的实现，保障司法公正的实现，即在法律信仰驱动下对法律的信仰和忠诚转化为公平正义的司法行为和职业行为，促进司法公正的实现。

将法律至上观念的培育作为司法主体教育的核心内容。司法主体依据法律从事相应的法律活动，必须从内心树立起法律至上的观念，法律只有在司法主体心目中具备至上的地位，才能促使司法主体在具体的职业活动中严格依照法律的要求从事相关活动，才能树立法律的最高权威。"它要求法律的权威高于任何个人的权威，法律是治理国家的基本手段；要求法律适用上一律平等，坚决排斥法律之外的任何特权；要求通过法制机制促进公民的权利，并且要创造一个正常的社会生活条件，使个人的合法愿望和尊严能够在这些条件下得以实现。"① 培育司法主体法律至上的观念是司法主体法律信仰生成的坚实基础，对司法主体开展教育应从三个方面培育他们法律至上的观念。一是法律居于至高无上的地位，享有最高权威，在法律职业活动中必须无条件地适用法律，遵守法律的各项规定，自觉守护法律的尊严和权威；二是法律的至上性一旦受到践踏，司法主体一样要受到法律的制裁，法律面前人人平等；三是法律作为调控社会各项活动的基本准则，司法主体的各项活动须在法律的规定下发挥作用。司法主体作为维护司法最后一道防线的执行者，司法主体的行为一定程度上会影响公众对待法律的态度，而司法主体作出什么样的司法行为，除了需要依赖全面而完备的法律知识以及充分的司法实践经验外，最为关键的还需要具备法律信仰、具备法律至上的观念，只有这样，司法主体在处理司法问题的过程中才能以身作则，真正地把法律作为开展司法审判、作出司法行为的至上性依据，杜绝法律之外的人为因素对司法结果的影响，从而真正树立法律的公平正义和至上权威。司法主体作为精通法律并实际操作和运用法律的特殊群体，他们将法律奉为至上的依据，并在具体的实践中依靠法律、信仰法律、尊重法律，并以自己的专业学识竭力维护法律的尊严和权威，通过司法主体尊崇法律的司法实践和对应产生的司法结果，让民众感受到法律的公平正义，感受到法治的魅力，只有这样，才会逐步在司法实践中强化自身的法律信仰，也才能使民众通过司法主体的一言一行感受到法治的威严与魅力，民众也才会做到相信法律、依赖法律、信仰法律。

法律信仰是司法主体在对法律知识感性认识的同时，要对法律精神进行

---

① 公丕祥：《当代中国的法律革命》，法律出版社 1999 年版，第 477—478 页。

认知及法律情感的理性升华，从而增强对法律的信心和产生对法律的敬畏之情，严格遵守法律和理解法律精神，这是增强司法伦理实效性的基础。法律信仰是中国法治现代化的精神动力，是依法治国方略的顺利实施和社会主义法治国家建设目标实现的精神保障。司法主体的司法行为也决定着国家法治化的程度和公民对法律的信仰程度。而司法主体的法律信仰一定程度上决定着司法行为的具体实践。司法主体完备的法律知识体系和娴熟的法律技能是其司法行为的基础性条件，而司法主体的法律信仰状况是决定其司法行为是否能够维护法律公平正义，是否能够让民众信仰法律的关键性因素，因此需要长期不懈地对司法主体加强法律信仰教育，树立其坚定的法律信仰。

二、社会主义核心价值观融入法治观

任何社会的法治建设都必须在当前主流价值观的引领下，只有这样，法律的运行和法律相关工作者才不会迷失方向，才能保障法律职业工作者在法律活动中作出正当性和公正性的裁判。司法主体的具体裁判行为会受到一定的法治观的影响和制约，而他们的法治观以及整个社会的法治观需要在社会主义核心价值观的引领下生成。具体到司法主体，也需要将践行社会主义核心价值观的要求具体化为自身的法治观，并以此作为自己今后具体工作的指引。

将社会主义核心价值观融入法治建设。2016 年 12 月，中共中央通过了《关于进一步把社会主义核心价值观融入法治建设的指导意见》，指出"各地区各部门积极运用法治思维和法治方式，推动以富强、民主、文明、和谐、自由、平等、公正、法治，爱国、敬业、诚信、友善为主要内容的社会主义核心价值观建设"。这意味着今后需要将社会主义核心价值观融入法治中国的建设实践，在法治建设的方方面面践行社会主义核心价值观的具体要求。将社会主义核心价值观融入法治建设，既是建设法治中国的精神引领需要，也是用法治推动社会主义道德建设的组成部分，同样也是依法治国与以德治国相结合的具体表现。社会主义核心价值观融入法治建设，是对法治建设中话语权的控制，主要表现为让法律实施的主体接受社会主义核心价值观的核心要义，从而逐步调整其思想和行为，从而在法治建设的全过程运用社会主义核心价值观来监督、衡量自身的法律活动，及时纠正法治建设进程中出现的偏差，从而保障社会公平正义的实现和法治建设各项任务的顺利完成。从宏观层面看，法治是治国理政的基本方式，实现国家治理现代化，有必要依赖法治思维和法治方式化解社会矛盾，将权力关进制度的笼子。从微观层面看，社会主义核心价值观在推进法治建设进程中能够发挥重要的引领作用。在具体的法律实践活动中，社会主义核心价值观所蕴含的价值在法律解释论证、修辞论辩过程中也发挥着积极的作用，在司法、执法的具体过程中可以通过解释、论证、修辞等方法将社会主义核心价值观的具体要求融入司法和执法的具体实践中，同时在具体的运行过程中不断完善司法政策以适应社会主义核心价值观的要求，增强法律法规适用的公平性、及时性、有效性。最后，还要制定惩治违背社会主义核心价值观、违反司法职业伦理行为的具体司法政策，将社会主义核心价值观真正地融入法律运用的全过程中。

将社会主义核心价值观具体化为司法主体的法治观。社会主义核心价值观本身具有公正的要义，将其融入法治建设自然而然地就具备了要求司法公正的意蕴。社会主义核心价值观中的公正可以分为程序公正和社会公正。其中程序公正又包括权利公正、机会公正和规则公正。在规则公正的建设中，司法公正是很重要的一个方面，需要重点强化，这既是实现规则公正的需要，又是防止司法不公的保障。在司法机关的法治实践中，公平正义的实现是维护人民合法权益和维护国家法律尊严的核心要求。要坚持司法为民，坚持实体公正与程序公正，坚持司法独立，维护司法权威。要实现司法公正，维护社会公平正义，就需要司法主体具备公平正义的法治观，公平正义的法治观不会凭空产生，需要有一定的价值观进行引领和启迪，社会主义核心价值观的重要内容之一就是公正，发挥社会主义核心价值观对法治建设的引领作用，能够帮助司法主体树立公正的法治观。发挥社会主义核心价值观对司法主体法治观的引领作用，并切实将社会主义核心价值观的具体要求转化为司法主体的法治观，将公平正义的法治精神植根于司法主体的心中，并通过司法主体的具体司法行为践行公平正义的要求，进而弘扬社会主义法治精神，推动全体司法主体树立公平正义的法治意识和法治观念，将社会主义核心价值观落实于化解纷争的过程之中，形成崇尚公平正义、维护社会公正的司法氛围，使全体司法主体成为社会主义核心价值观的拥护者和践行者，成为维护社会公平正义最后一道防线的忠实守卫者。

三、司法主体价值观导向司法行为

司法主体应当形成公正、廉洁、为民的司法核心价值观。这是最基本的价值规范基础。最高人民法院于 2010 年 8 月 5 日发布了《关于进一步加强人民法院文化建设的意见》，正式将公正、廉洁、为民作为司法核心价值观的要求确立下来。司法核心价值观的确立为司法主体作出公平正义的司法行为提供了价值引领，促使司法主体将司法核心价值观内化于心，并在一定程度上促使司法伦理的形成，这种司法伦理又指引司法主体在具体的司法实践中作出公平正义的司法行为，并通过司法伦理的要求促使自身的司法行为不断朝着公正、廉洁、为民的方向发展。公正作为公平的正义，是司法的核心要义和本质要求，而司法核心价值观中的公正需要通过司法机关及其公职人员公平地实施司法才能实现对社会公平正义的价值追求。廉洁的实现需要司法主体处于相对中立和独立的地位，而司法的本质特点是中立，司法又必然要求独立。因此，廉洁作为司法核心价值观也是题中之义。廉洁的本质要求在于忠诚，司法主体需要具备对司法事业的绝对忠诚才能在司法过程中心无二至，才能真正做到为民办事，才能真正通过司法实现公正为民，才能获得社会公众的支持。为民是司法的动力，也是司法实践的指明灯，司法主体能否在司法过程中做到为民，很大程度上取决于司法主体的价值取向是否为民。司法主体在司法观念上要"亲民"，司法过程要"便民"，司法结果要"利民"才能使司法真正做到为民。在司法核心价值观中，公正是灵魂，廉洁是基石，为民是主旨，三者共同构成了司法核心价值观的辩证统一整体，并指引着司法主体的司法行为。

司法主体应将司法核心价值观内化于心、外化于行。司法主体价值观很重要的一个作用就是促使司法队伍养成良好的道德自律，将司法核心价值观作为司法主体价值观的核心内容，是不断推进司法公正的内在要求。司法核心价值观能够促进司法队伍职业道德建设，助力和谐公正司法氛围的形成，防止司法腐败、促进司法公正的实现。司法是否能够实现公正、廉洁、为民不是法律自身机械化运行的结果，而是通过司法主体的行为来予以体现，而司法主体作出什么样的司法行为取决于司法主体拥有怎样的价值观。在司法诉讼的各个环节中，在裁决和判断的过程中，均或多或少地包含有司法主体的个人主观意志，裁判结果的公正与否，不仅取决于司法主体是否具备过硬的专业素质，在很大程度上还跟司法主体的理性、良知等品格修养有关系，甚至有时司法主体的主观意志会左右司法裁判结果的公正性。司法被人们视为保障社会公平正义的最后一道防线，因此，公正的实现往往与解决纠纷的司法过程相关联。对于司法主体而言，在每一起案件的处理中都要坚持不偏不倚的公正立场，都要把司法核心价值观的要求内化于心，外化于处理纠纷的过程和裁决结果中，保障社会主体法律保护上的公平正义。如果司法主体的司法实践行为不能体现公正的要求，其后果必然如培根在《论司法》中所提的，"一次不公的判断比多次不平的举动为祸尤烈。因为这些不平的举动不过弄脏了水流，而不公的判断则把水源败坏了"[①]。司法主体在具体的司法

----

① 《培根论说文集》，水天同译，商务印书馆 1983 年版，第 193 页。

实践中践行公正、廉洁、为民的价值观要求，通过案件的处理、纠纷的解决伸张正义、维护公平，让人民群众在司法案件的处理中感受到公平正义，必将对社会公众产生积极的影响，对于维护司法公信力和构建社会主义和谐社会具有重要的意义。

第二节　司法制度对市场消极因素的矫正对策

一个国家的法律制度在某种程度上讲是通过司法而实施的，因而规范和调整司法活动的司法制度对国家法律的实施具有重要的影响，并对影响司法能否公正有效实施的各种因素起着重要的规范作用。市场中存在的消极因素会影响到司法的公正性，因此，必须通过司法制度这种具有强制性的规范去规制各种权力的博弈、市场利益的不合理诉求等。"司法制度的设置就是借以使众多的法律由精神王国进入现实王国以控制社会生活关系的桥梁；法律借助于司法机关的司法活动而降临尘世。法律机器得以完善的运行，得益于程序完备的司法制度。"[①] 司法制度是统治阶级为保证法律有效实施而制定的制度，是国家制度的重要组成部分。由于历史原因，我国现行的司法制度存在诸多弊端，加之司法活动相关的各个利益群体不同的利益诉求，导致司法中存在各种各样的影响司法公正性的因素。因此，必须通过司法制度这种根本性的制度来规制和调节消极因素。

一、司法制度对市场利益诉求的规制

完善司法独立制度。现代法治国家的建设必然要求司法权的独立行使与

---

① [美] 约翰·赞恩：《法律的故事》，刘昕等译，江苏人民出版社 1998 年版，第 142 页。

运行。司法机关只有真正地实现独立行使职权，才能保证在司法实践中排除外在力量的干扰，真正依法独立办案，也才能真正成为维护社会公平正义的最后一道防线。在我国，显然不能采取西方的司法独立标准与机制，但必须推行司法改革，以此来保障司法权的合理配置和独立运行。现实证明，对司法过度强调政治领导，其结果必然导致党政干预司法，司法不公现象屡见不鲜，司法公信力不断下降，民众感受不到公平正义，怨气不断积累，会严重危及社会稳定与和谐的社会秩序。新一轮的司法改革，以确保司法机关独立公正地行使检察权、审判权为目标，正是为了解决这一弊病而开展的。十八届四中全会提出"建立领导干部干预司法活动、插手具体案件处理的记录、通报和责任追究制度"，为司法独立的实现提供了一定的帮助。诚如习近平总书记指出的："我们要依法公正对待人民群众的诉求，努力让人民群众在每一个司法案件中都能感受到公平正义。"司法独立的实现，要求司法机关能够独立依法行使相应的审判权和检察权，避免公权的干涉对案件审判公正性的影响，保障人民群众合法权益的实现。因此，在一定程度上，司法独立还必然是依法治国、法治中国建设的价值追求和目标体现。

我国要推行的司法独立与西方的司法独立有所不同：一是我国推行的司法独立主要是行使司法权时不受任何行政机关及其个人或社会团体的干涉。二是司法机关行使司法权是在国家权力机关的监督下进行的。三是司法机关司法权的独立行使，不仅要接受国家权力机关的监督，还要接受社会的民主监督。四是司法机关的人、财、物权的独立。由最高司法机关统一集中管理各级地方司法机关的人权、财权，改善地方司法机关对地方行政机关的依附，从而促进司法独立的真正实现。只有实现司法真正独立，司法主体及其活动不受行政机关及其个人的制约，真正做到独立司法，确保司法主体严格依照法律独立办案，保障司法公正。

全面推进司法活动民主化。在全面深化改革进程中，扩大公众对司法程序的参与，促进司法活动的民主化，使司法活动在阳光下进行，才能最大程度地规制不合理的利益诉求，使利益诉求方望而生畏，自觉接受法律的公正裁判。推进司法活动的民主化，需要从以下几方面着手：一是要扩大人民陪审员参与审理案件的范围。在严格遵照事实、依据法律的基础上，科学合理地扩大人民陪审员参与审理案件的范围，尤其是在涉及最广大人民群众根本利益问题的司法听证、司法调解、司法拆迁、涉诉信访等司法活动中，保障人民群众的广泛参与，不断促进司法活动的阳光化，使司法活动更加透明、公开、便民、高效。二是要进一步提高司法活动透明度。我国司法公信力的提高，在一定程度上需要依靠司法活动透明度的提高来实现，需要进一步完善检察机关行使监督权的程序与制度，不断强化对涉及最广大人民群众利益的司法活动的监督，使司法活动在相应监督机关的监督下运行。同时，还要求加强人民监督员制度的不断完善，在民事诉讼、刑事诉讼、行政诉讼的各个环节强化监督，杜绝法外开恩现象的发生，杜绝权力、金钱、关系、人情等法外因素对办案的干扰。除此之外，还要加大司法裁判结果的公开力度，逐步完善裁判文书和典型案例的公开制度。在全面建设法治中国的实践进程中，不断完善并强化对司法活动的监督，促使司法主体在阳光下办案，不断规范司法主体的司法行为，使司法活动的各个环节都能在公开、透明、公正下进行，以此防止司法不公的发生。通过司法活动民主化的不断完善，加强了社会成员对司法过程和司法结果的监督与制约，一定程度上能够规制司法活动相关主体的利益诉求。

二、司法制度对市场利益博弈的调节

努力实现司法统一。就法治国家的基本情况而言，现代法治国家基本遵循司法统一准则。首先，理论上而言，作为单一制的我国，应该有一个统一的国家司法系统。但就我国现行的司法机构设置、隶属关系以及司法主体的任免程序而言，还没有形成一个统一的司法系统。为了有效调节司法活动中各个利益群体的博弈，需要实现司法统一，改革现行的司法制度，维护国家法治的统一和有效实施。一方面，目前的人事制度、财政制度以及领导体制均需要进一步改革，从而确保在全国范围内建立一个统一而又独立的司法系统，以此保证司法权的独立与统一。司法统一的实现首先需要加强党的领导，由党的中央组织对最高人民法院和最高人民检察院党组进行领导，"两高"党组依照党中央的指示和授权领导全国各级司法机关，从而在体制上保障司法系统统一性的实现。另一方面，要进一步改革目前司法主体的任免程序，促进司法系统用人的统一性和专业性。

其次，实际工作中司法主体任用多数由各级司法机关依据一定的考核形式和考核标准从法律类专业毕业生中遴选，尚未在全国形成统一的标准和考核体系，各地司法系统用人标准参差不一，难免会出现司法主体素质不一、专业化程度差异性较大。因此，在处理司法活动中各利益相关方博弈问题上，改革司法主体的任用程序，进一步提高司法主体任用门槛和专业化水准，能够遴选更多专业水平高、职业伦理过硬的司法主体从事司法活动，因而能够在一定程度上保证司法主体在司法活动中科学、公正地处理各种利益博弈。此外，各级地方司法机关的财政体制也需要进一步改革和完善。由于目前地方司法机关的财政供给由地方财政负担，因此，司法机关及其工作人员在处理案件时会在一定程度上受制于地方，司法主体在司法活动中会受制于统治阶层对国家政治统治的要求，难以实现独立办案，司法的独立性和公正性也难以实现。因此，如果将地方各级司法机关的财政统一由中央政府集中调配，改变地方司法机关对地方财政的依附机制，实现各级司法机关及其工作人员的独立性和去行政化，也是调节司法活动各利益主体博弈的重要手段之一。

严格落实错案责任追究制度。"制而用之存乎法，推而行之存乎人。"司法体制改革实行的责任制，实现了谁审判谁负责的责任终身制。保障裁决的公正性，使违法主体受到应有的惩罚和制裁，使受侵害的权利受到应有的保护和救济，司法才能真正实现公正。而现实中司法案件的各利益主体出于自身利益诉求，会通过各种手段和行为去破坏司法应有的公正性，干扰司法机关及其工作人员严格依法办案，司法机关及其工作人员也会由于种种威慑力的存在而不能独立司法，司法机关或者司法主体个人在处理案件时往往会受到各种行政关系、权力制约的掣肘，而导致其无法独立公正办案。错案责任追究制度的实施，要求司法诉讼错案在进行国家赔偿外，还要依法追究办案人员的责任，这在一定程度上会对办案人员形成一定的制约，督促其在具体司法实践中杜绝外在因素的干扰，独立依法完成司法审判，为其做出公正的裁决提供一定的约束机制，确保司法行为的合法性。依据法律面前人人平等原则和违法必究原则，司法机关及其工作人员出现错案时，在对案件结果或行为进行纠错的同时，还要追究办案责任人的相应法律责任。司法主体虽然作为执行法律的人员，掌握着运用法律解决纠纷、解释法律的权利，但在法律面前，司法主体与其他人一样，没有任何特权，他们在司法中忠于国家的法律并依法行使司法权，否则将承担法律责任。只有这样，才能强有力地通过错案责任追究制度调节司法活动相关利益主体的博弈，保障司法公正的实现。

三、司法制度对市场利益增长的引导

司法活动中各种利益诉求的合理引导，需要有完善的监督体系来予以引导。我国司法民主和司法制度改革的重要内容之一，就是要有效的监督司法机关的司法权。司法权的独立和不受制约能够更好地帮助社会正义的实现，但同样也需要避免被滥用的可能。因此，对司法权的合理有效监督能够有效避免裁判者裁判案件时的主观随意性。司法活动的运行规律要求司法独立且有一定的自主性，但在法律活动越来越趋于专业化的形势下，司法活动所依据的法律文本内容也更为专业，为了避免法律行业被垄断而出现司法阶层对法律操纵和践踏的可能，必须在法律各环节对司法权力加以约束和监督，才能有效防止司法腐败、杜绝权力滥用。

一方面，要健全司法机关内部监督制约机制。司法权力与其他权力相比具有特殊性，需要具备一定的专业性和独立性，司法内部监督和责任制的完善是促进司法公正实现的重要内容。在司法机关内部筑牢监督体系和防腐拒变体系，合理引导司法活动利益主体的利益诉求。另一方面，进一步加强检察机关的法律监督。我国《宪法》第129条明确规定："人民检察院是国家的法律监督机关。"进一步完善法律制度，确保检察机关行使监督权的合理性和合法性，才能确保检察机关监督职责的依法履行，监督力度的不断加大以及监督水平的不断提高，真正实现以监督促公正的实现。将检察机关行使监督职责的法律制度不断完善，使各类司法活动、各级司法机关及其工作人员变被动接受监督为自觉接受和支持检察机关的法律监督，通过检察机关的法律监督规避司法活动中可能出现的利益诉求，使利益诉求方迫于检察机关监督的压力消解因诉求利益而出现的可能导致司法不公的行为，进而保障司法的公正性。此外，还要强化人民群众监督和社会监督。人民陪审员制度是保障人民群众参与和监督司法活动的有效手段，要在现有基础上进一步完善人民陪审员的选取模式，解决"陪而不审""审而不议"的现象，提高人民陪审员在促进司法公正中的有效作用。同时，要进一步完善人民监督员制度，确定人民监督的重要范围和案件。通过内部监督与外部监督相结合，肃清干扰司法主体依法作出公正裁决的内外部不利因素，杜绝暗箱操作的发生，让司法各利益主体依法规制自己的行为，让各类司法腐败无处藏身，进而保障司法公正的实现。

第三节　司法程序科学化的提升对策

法律程序是人们在法律实践中总结出来的，具有一定的主观性，司法是法律运行的最后一个环节，对法律程序的效力具有终结意义。因此，司法程序的科学程度决定了法律能否公正，法律的权威能否得以保障。司法程序的不断健全和完善不仅是司法改革的需要，还是提升司法伦理实效性的必然要求。司法程序，简而言之就是规范司法行为和司法活动的程序，司法程序是由国家专门机关主导和诉讼参与人参加下进行的，无论何种司法程序，其主体都是特定的，司法程序的三方主体是由人民法院、原告、被告共同构成的，缺少任意一方，都不是严格意义上的司法程序。而司法程序的科学性应当体现为以防止司法权和诉讼权利滥用为必要内容，同时还需要体现一定的过程性和阶段性。

一、司法程序的科学设计

司法程序首先应将防止司法权和诉讼权滥用作为最基本的内容。司法程序作为国家专门机关行使司法权和个人行使合法权利过程中所必须严格遵循的程序。司法权与其他权力一样，都会存在被滥用的可能和危险，正如孟德斯鸠所说："一切有权力的人都容易滥用权力，这是万古不易的一条经验。有权力的人使用权力一直到遇有界限的地方才休止。"为了防止权力在运行过程中被滥用，国家各级机关都会预先设定一定的机制或程序来对权力的运行予以监督。因此，司法程序也是国家机关为了防止司法权被滥用而导致司法不公这一问题而出现的。科学而合理的司法程序既为各主体提供了充分陈述意见的机会和机制，为相应主体行使个人权利提供了便捷，同样也对各主体尤其是司法主体滥用权利进行了规制和约束。因此，司法程序设计的科学性需要能够充分控制和规范人民法院、原告、被告这三方主体的活动，使各主体均依照严格的司法程序行使自己的权利，从而能够最大程度上避免因诉讼本身而导致的司法不公的出现，以及由此导致的社会冲突和矛盾的出现。

司法程序必须依法定规则进行。从司法程序涉及的主体来看，司法程序会涉及国家权力和个人权利的关系，对国家权力的运行加以科学性控制和规范，能够有效防止国家权力被滥用而出现的个人权利被侵害这一可能性的出现。因此，"必须依法定程序进行。所谓依法定程序进行，不仅指严格遵守形式上的程序手续，更重要的是要符合寓于程序之中的实质性要求和原则性精神"①。司法程序需要体现严肃性、法定性和统一性，它的设计需要依据程序法来进行，从而对司法权的运行和个人权利的行使程序作出规范和限定。司法程序的设计除了需要依据一定的规则外，还应当体现相应的程式要求，如明确规定一些在诉讼活动中所具体采用的步骤、方式、方法，如法官须穿着法袍主持庭审，在庭审中使用法槌，合议庭法官到庭后需要其他人全体起立等等。同时还应该规定诉讼中程序参与者和实施者应该遵循的原则、规则、制度等，以此来提升司法主体的职业归属感和使命感，提升司法活动参与人对司法的敬畏，进而维护法律的权威和尊严。

司法程序应当具备规范个人或组织行为的功能。法律是通过规定人们依法享有权利，应当履行的义务以及违反法律规定后应承担的责任来调整人们的行为。而司法程序是依据实体法和程序法，通过运用一系列司法手段和方式来规范组织社会关系，使各种社会关系法律化和制度化，进而实现司法目的。司法程序主要通过三种方式对社会关系进行调整：一是应当，即要求当事人、其他诉讼参与人或者司法机关应当作出某种行为或者承担作出某种积极行为的义务。二是允许，即当事人、其他诉讼参与人或者司法机关拥有作出某种积极行为的权利。三是禁止，即要求当事人、其他诉讼参与人或者司法机关不能作出某种行为。这三种方式都是司法程序针对各主体权利和义务作出的规定，其中"允许"方式主要针对各主体的权利，而"应当"和"禁止"方式主要针对的是各主体的义务，这三种缺一不可，共同构成司法程序

---

① 宋英辉、李忠诚：《刑事程序法功能研究》，中国人民公安大学出版社 2004 年版，第 2 页。

规范权利与义务的三大法宝。

司法程序必须绝对体现公正。在司法程序中，行使司法权时遵循的原则、方法、步骤都是影响司法结果的核心要素，这些问题可以体现在立法程序中，也可能由于法官的个人意志在司法过程中发生改变。司法程序作为法律程序的最后一个环节，其公正与否直接决定着司法是否公正、法律的权威能否充分体现，司法程序在一定程度上决定着相关主体合法性权利能否得到实现、正义能否得到伸张。因此，司法程序必须体现公正的要求。司法程序公正要求司法主体必须严格按照诉讼程序开展各项活动，充分保障诉讼主体各项权利的实现，保障公平正义的实现。司法程序公正作为保障司法公正的核心环节，一方面体现为司法主体要依照法定程序裁决纠纷，使当事人的权利得到公正的实现，义务得到相应的履行。另一方面体现在处理纠纷时，让公民对司法程序的公正性予以肯定和自觉接受，在司法程序的具体运行中感受到法律的公平正义。司法程序的公正使各个主体在裁决过程中享有平等地位，充分体现法律面前人人平等的基本原则，任何人不得以任何借口搞特权，从而避免司法主体依据主观意志或外在压力而作出有违司法公正的裁决，从而在司法实践中真正保障司法主体合法权利的实现和公平正义的伸张，维护法律的尊严和权威。

二、司法程序的自我调节

司法程序虽然体现着公正的要求，也必须依照既定的程序来运行，但司法程序并不是一成不变的，司法程序需要在实际的运行过程中，既能依据程序法律的意志和要求进行相应的司法实践，又能在实际运行中依照实践需要和社会生活条件的变化进行适当的调整。

司法程序所应体现的普适性需要不断自我调适。一方面，司法程序的规定和内容，以及其中蕴涵的理念和原则应当普遍地适用于司法实践，普遍地适用于所有案件和所有主体。传统的司法程序存在程序使用和创设上的主观随意性，由于司法程序设计的漏洞，传统的司法程序存在可以任意地对不同的人适用不同的程序，甚至对部分人创设事后程序的弊病。司法程序的自我调节需要革除这种主观随意的弊病，充分体现法律面前人人平等的要求。另一方面，司法程序也应在具体的运行中根据司法实践和社会现实的需要不断发展和完善。司法程序应根据社会发展变化的需要不断体现现代化的要求，并且在运行中不断寻找与社会实际需求和公众期待之间的差距，从而有效地实现自我调节。司法程序的不断完善和不断科学化需要摒弃传统的特权主义、个人意志等对司法程序公正性的不良影响，杜绝"法外程序"的存在，不断根据我国的国情和实际需要修改完善司法程序，这样才能保障司法程序形式上的公正合理和实际上的普遍适用。

司法程序诸要素应相互依赖、相互制约、相互作用。司法程序是由不同性质、不同种类、不同阶段的诉讼程序组成的，这些诉讼程序既相互依赖又相互作用，司法程序的自我调节应体现为逐步提高司法程序的体系性。一方面，司法程序在具体的司法实践中，必须严格遵守相应的法律规范，按照既定的司法程序进行审判活动，避免法外程序的存在和运行。另一方面，司法程序在具体的运行中还需要及时发现漏洞，依据司法实践和社会发展的需要逐步完善现有司法程序所不能涵盖的各种可能性，从逻辑上明确处理各种未预先规定情形的基本方法和基本原则，保证司法程序的严密性。再者，司法程序的具体运行还需要不断调节程序内部出现的各种冲突因素，即需要不断调整不同诉讼程序之间或者同一诉讼程序内部存在的各种冲突和矛盾。司法程序的自我调节，需要体现逻辑性和科学性，司法程序本身和司法程序结构应充分体现一定的可预测性，促进司法程序的层次性和连贯性，应当不断完善现有司法程序的丰富性和多样性，杜绝司法解释与法律规定相左情况的发生，进一步提高司法程序的周延性、体系性和逻辑性，进而不断保障司法程序的不断优化，为司法公正的实现保驾护航。

三、司法程序的运行保障

建立健全司法程序公开制度。随着人民群众对司法活动知情权、参与权、表达权和监督权的需求不断提高，"阳光司法"、司法公开、审判公开不断完善。司法程序公开作为司法公开的一个有益探索，不仅是公正司法的体现，又是公正司法的重要保障。司法程序公开有两种形式：一种是静态的司法程序公开，即人民法院在刑事诉讼、民事诉讼、行政诉讼活动中应当遵循的步骤、方法、时限、过程等程序要求，通过制定公布《刑事诉讼法》《民事诉讼法》《行政诉讼法》以及司法解释的方式向社会公开，使社会公众了解和熟悉司法程序。另一种是"动态意义的司法程序公开，指人民法院在审判活动中按照诉讼法以及最高法院司法解释的要求，将审判活动的具体步骤、方法、时限、过程等向当事人和社会公众公开"①。静态的司法程序公开是前提和基础，动态的司法程序公开是实质和结果。司法程序公开使整个诉讼活动在当事人的监督下进行，能够充分保障当事人的诉讼权，有利于增强当事人对裁判活动的信任和对司法威信力的信服。司法程序公开也可以增强司法主体的责任心，将司法活动公开在社会公众的监督下，将迫使司法主体比以往任何时候都要以充分负责的态度开展司法实践，同时可以有效避免人情案、行政干预、暗箱操作等司法腐败现象的发生，促进司法公正的实现，树立司法权威，提高司法公信力。

建立健全司法程序运行监督机制。司法程序得以顺利运行还需要有一套行之有效的监督制度。建立和完善司法程序运行监督机制，要着重完善监督主体、监督内容和监督方式。结合司法程序的特点，司法程序的监督应从内部和外部两个方面进行监督。一是内部监督，主要包括系统内部上下级法院之间的互相监督，法院自身和其他单位之间的监督以及法院内部

---

① 江必新、程琥：《司法程序公开研究》，《法律适用》2014年第1期。

监督部门的监督。二是外部监督，主要是来自各级人大和有关媒体的监督。各级人大设立专门的监督机构，对人民法院司法程序的运作情况进行监督检查并提出意见。民主监督，人民政协、民主党派、人民团体、公众和当事人可以就涉及司法程序实际操作的问题向有关法院提出请求或者提出建议，人民法院应当予以答复。此外，还有来自媒体的监督，媒体可以就司法程序中的信息披露进行报道，并提出问题和建议。人民法院应当说明并答复。在实际操作中，可以将内部监督与外部监督有机结合起来，发挥综合效应，使监督有效。

建立健全司法程序运行评价考核机制。审查和评估司法程序的运作是一种手段。评估的目的是通过审查和评估结果发现问题，提高司法程序的效果。首先，我们必须建立评估结果分析制度。确保评估指标的设立是可以具体量化的，并且保障指标的设立能够具体指导司法程序的合理运作。因此，可以将司法程序评估的结果作为进一步推进司法程序改革的重要参考和现实依据。在开展司法程序改革时，依据相关评估结果指定改革方案，保障改革的针对性。其次，有必要建立考核评价结果通报制度。最高法院有必要每年及时报告前一年评估司法程序的结果，这有利于全国法院确定工作目标，评估结果。最后，建立考核评估结果应用制度。评估结果应及时适用，有关法院应及时督促并确保评估结果中发现的问题予以纠正。司法主体的考核结果应作为司法主体的年度目标和个人绩效考核内容，探索建立奖惩机制，促进司法机关积极性和主动性的提高。

第四节　确立司法伦理实效性的保障机制

司法伦理实效性的提高，不仅需要司法主体恪守特定的伦理行为准则，还需要关注司法主体权益的保障，形成司法伦理实效性的保障机制。

一、保障司法主体的自身权益

完善司法主体的业绩评价制度和晋升制度。国家提出的司法改革部署中，有提及司法工作人员选举制度的改革，具体而言是促进司法主体的正规化、专业化、职业化建设，这就对司法工作人员的入职条件提出了更高的要求。司法主体选拔条件的不断优化和提高，能够在一定程度上确保品行端正、经验丰富、专业水平较高的优秀人才进入司法系统。在这样一个情况下，有必要完善与之相适应的司法主体晋升制度，使优秀的司法工作人员的工作业绩能够得到充分的认可，使那些专业水准高、恪守职业伦理、能够严格秉公执法的司法主体得到应有的晋升，充分保障司法主体职业生涯的科学发展，使其受到应有的尊重和信任，让司法主体有充分的获得感和幸福感，地位得到应有的提高和尊崇。他们为了不辜负自己所处的地位和国家对他们的信任，会在具体工作中更加严格要求自己，用自身的专业知识和职业伦理准则去严格依法办事，进一步促进司法公正的实现，维护司法的权威和尊严。

改善司法主体的薪酬体系。在中国，司法主体隶属于公务员管理系统，薪酬福利执行公务员工资标准，但司法主体在现实工作中却承担着比较重要的工作任务，其工作职责神圣、任务繁重，相比普通的公务员其肩上担负的责任比较繁重，他们的行为直接关系到司法公正能否实现，而目前司法主体的收入与其付出不相符。司法主体所承受的工作任务、压力与所获得的薪酬不平衡。完善司法主体的薪酬体系，探索司法系统独立的薪酬标准，给予司法主体的辛勤工作以肯定，这样能够在一定程度上使司法主体在个人收入方面有足够的保证，从而在司法实践中能够免受法院内外压力和权力的干扰，能够在裁判时依法作出独立审判。此外，让司法主体享有与其劳动付出相符的劳动报酬，也是对司法主体社会地位、尊严和职位责任的一种尊重。

司法真正实现独立。司法独立不仅是司法主体应当坚持的义务，也是司法主体职业伦理的基本要求。托马斯在《澳大利亚的司法职业道德》一文中指出："司法独立与法官个人品行及职业道德有很深的渊源，甚至具有共生关系。"维护司法独立才能使司法主体在司法实践中遵守职业规范，减少外界干扰。司法独立的实现有助于司法主体和司法机关逐步强化独立审判意识，进而促使司法主体和司法机关逐步实现独立。没有司法独立，就没有真正意义上的审判独立。审判的内在特点和规律决定了司法权的行使应突出法院尤其是法官的"自主性"，而司法独立是司法公正的必然要求。司法主体独立履行司法职责，并采取一切措施保障司法独立。司法主体在审判时以自己的良知和职业伦理独立思考、独立决断，以保证裁判结果的公正，树立人民群众对司法权威的尊重和信仰。

二、完善司法主体的行为伦理准则

为了充分保障司法伦理实效性，需要针对司法主体的行为伦理制定一定的准则，司法实践关系到司法公正和社会公平正义的实现。因此，司法主体的行为伦理准则需要体现正直、公正、独立的要求，只有这样才能充分保障司法主体行为符合司法伦理的要求。

司法主体须具备正直的行为伦理准则。法官在司法活动和日常生活中能够做到行为公正无私，能够维护和加强公众对司法主体队伍的信任。在一个行之有效且足够健全的司法体制下，社会公众对司法主体队伍的信任是十分关键的，它直接关系到司法公信力的实现和社会公众法律信仰的建立。如果司法主体在司法实践内外的行为缺乏正直无私的精神时，会在一定程度上弱化公众对司法权威和尊严的信任和尊崇。因此，司法主体必须具备正直无私的品格。法律的权威来自司法公正，司法主体的正直是司法伦理基本要求，司法权威也来源于民众的信任，依赖于司法主体的正直品德。没有司法主体的正直品德，就没有民众对法律的信任和依赖，司法独立和司法权威也就不能维持。司法主体在司法实践中必须以公平、尊重、礼貌和不带任何偏见或成见的态度对待诉讼参与者和司法活动参与人员。对于司法主体的伦理要求应该比其他国家公职人员还要严苛，因为司法是法律公正与否的最后一道防线，司法是为解决各种纠纷而存在，这一特殊使命要求司法主体具备较高素质和正直品格，从而保证司法主体诚实地、合乎道德地、公正地履行其职责。

司法主体须具备公正的精神。维护正义是法律职业活动的一条基本原则。因此，司法主体在依法履行职责的过程中应当崇尚法律、维护人权，在司法实践中最大限度地体现公平正义的精神。正如美国学者勒斯克所指出的："法的目的在于主持公道，而法院的任务则是审判，公道地、不偏不倚地适用法律，解决争议。"因此，公正是司法主体伦理准则的最高层次，也是最核心部分。公正既是一种理想的道德标准，又是法律的根本出发点，是法律的最高形态。法律是公正的代表，司法主体依据法律程序处理社会纠纷、维护社会秩序、保障公平正义。虽然法律的内容会随着社会的发展而不断丰富和拓展，但对于公正的追求是永恒不变的。司法主体正确运用和实施法律就是在促进和实现社会公平正义。新加坡学者洪德说："正义的理念必然牵涉到一国（一地方、一社会、一群落）的宗教、道德、法制和政治。其中尤以道德和司法制度，被认为是正义裁判所、或其化身。由是谈正义脱离不了道德伦理的范畴，而且常被视为司法的概念。"从一定意义上说，正义的实现最终要通过司法来保障。而司法主体是践行正义、伸张正义的化身，司法主体的人格是公平正义的最终保障。在司法实践中，司法主体须保持中立，公正裁判，将公正作为内心的信念和信仰。

司法主体须具备独立的品格。"司法独立不仅仅因涉及到国家权力的分工而需要在宪法上加以确认，同时它也是一项重要的法治原则。一个社会只要实行法治，就必须要采纳这一原则，尤其是司法独立还是一个技术性的规则，这就是说，司法独立是最公正的程序规则。"① 司法主体具备独立的品格

---

① 王利明：《司法改革研究》，法律出版社 2000 年版，第 110 页。

是实现司法公正的前提和基础，是司法主体应当具备的品格。司法主体做到独立而不受外界干扰和影响，在具体的司法实践中，更可能作出公正的裁判，否则不公正的裁决极容易发生。司法主体独立公正裁判，不仅能带来司法结果的公正，更能给社会公众带来感觉上的公正性。在现代法治社会，司法主体具备独立品格，法官具有独立地位是保障司法公正、保障当事人合法权益的必然要求，也是社会各界的强烈要求，同样也是实现法治的本质要求。司法主体独立表现为独立于政治、不受其他任何外在权力的左右、保持正直纯洁的形象。司法主体的职责在于无所畏惧和不偏袒地适用法律，独立是司法主体伦理准则的必然要求。

三、建立违背伦理准则的惩戒措施

司法主体是正义的化身，是社会正义的维护者，是正义防线的守护人。因此，人们对于司法主体的要求和期待比其他公职人员还要高，而司法实践这一关系社会公平正义的活动自然也更加要求司法主体能够恪守伦理准则。司法主体可能会由于个人主观意志以及外在压力而做出有违司法伦理准则的行为，这些行为是破坏社会正义的邪恶力量，他们以一种潜隐的方式侵蚀着社会上层建筑，侵蚀着人们对法律的敬畏和信仰。因此，必须建立违背伦理准则的惩戒措施，使违背司法伦理准则的行为得到应有的惩罚和警诫，为其他司法主体的行为设定界限、树立标杆，从而对司法主体形成一种威慑作用，增大违背司法伦理准则而产生的违法成本，从而通过惩戒来提高司法伦理的实效性。

依据行为失范程度不同制定不同的惩戒措施。一般而言，司法主体违背伦理准则而出现的行为失范多由于个人主观意志或外在压力引起。按照失范程度不同，司法主体违背伦理准则的失范行为大致分为两大类。一类是一般性损害司法公正的违纪行为和违背职业伦理的行为，如司法主体言行举止粗鲁、工作消极懈怠、玩忽职守等。另一类是严重损害司法公正、破坏司法公信力和法律权威的行为，如司法主体严格违背司法程序的行为、违宪违法行为、贪污受贿行为以及其他严重违法违纪的行为。惩戒措施和方法的制定需要依据失范行为的严重程度作出有层次和梯度的区分，以保证惩戒的公正性。比如我国现行的《法官法》第2条中所列的行为，则给予一定形式的处分，"处分的形式分为警告、记过、记大过、降级、撤职、开除；构成犯罪的，依法追究刑事责任；非正式的惩戒措施还包含谈话警示、说服教育、责令检查、通报批评等"。2010年重新修订的《中华人民共和国法官职业道德基本准则》中也明确规定了"各级人民法院负责督促实施本准则，对于违反本准则的行为，视情节后果予以诚勉谈话、批评通报；情节严重构成违纪违法的，依照相关纪律和法律规定予以严肃处理"。2014年，司法部出台的《关于进一步加强司法行政队伍建设的意见》中，也提出了建立职业道德评价和惩戒机制。

对司法主体违背伦理准则的惩戒是为了极大地激发司法主体恪守职业伦理准则，真正目的不是为了惩罚，是为了保障司法公正的实现，是为了社会公平正义的维护，是为了维护司法的公信力，提高人们的法律信仰。当然，惩戒措施本身由于外在行政力的干涉、司法不能完全独立和司法主体队伍素质参差不齐等原因，惩戒的措施某些时候还不能够完全发挥应有的惩罚作用，效果也不甚理想。因此，在不断推动司法改革的形势下，惩戒措施也应顺应形势而进行适当的改革和调整，惩戒措施的制定、执行机构、执行程序、惩戒的监督等各个环节还需要不断完善，才能真正发挥惩戒应有的效力。真正通过惩戒进一步保障司法主体恪守自身伦理准则，独立公正办案、严格履行职责，真正实现司法独立和司法公正，维护人民的合法利益，实现社会公平正义。

第六章　提高中国特色司法伦理
实效性的社会价值

　　司法伦理实效性就其自身价值而言是解决司法公正的问题。但就其社会价值而言，司法伦理实效性的实现，从其价值效能来说，不仅仅表现于司法领域的贡献，而是对全部社会生活都具有更重要的价值。如果说司法领域里的伦理实效性是社会生活伦理里的"底线"，那么社会领域中的实效性价值就是司法伦理的升华。因此，它在一定程度上能够影响社会伦理生活的质量。

第一节　实现社会主义核心价值观的引领作用

　　社会主义核心价值体系是国家、社会和公民行为应遵循的最高伦理，社会主义核心价值观融入法治建设，一项重要标志就是使社会主义核心价值观入法入规。入法入规的核心价值观怎样将其核心要旨体现到实践中，那就是要公正司法，而司法伦理是实现社会主义核心价值观的重要环节。社会主义核心价值观在司法领域里的落实，其中很重要的一个环节就是实现为司法伦理的实效性，即在司法伦理的意义上实现核心价值观与伦理行为的契合，进而实现社会主义核心价值观引领法律公正与社会公正。

一、司法伦理实效性标示着社会主义核心价值观得以认知

司法伦理实效性是指法律和道德在社会实践中所处的应然的地位，并最大限度地发挥了应有的作用，更好地促进依法治国与以德治国的融合。党的十八大正式提出了社会主义核心价值观，它从国家、社会和个人三个层面提出了不同的要求。富强、民主、文明、和谐是我们国家的奋斗目标；自由、平等、公正、法治是社会的价值取向；爱国、敬业、诚信、友善是个人的价值准则。从理论和认知层面来说，司法伦理实效性有助于深化对社会主义核心价值观的具体认知；从实践和现实需要来看，建设社会主义现代化强国需要德法共治。

（一）司法伦理实效性深化了我们对社会主义核心价值观中"富强"这一奋斗目标的理解和认识

社会主义政治、经济、文化建设与发展，需要协调好道德和法律的关系，使其更好地发挥各自的作用。首先，司法伦理实效性的实现有助于加速国家经济的发展。一个国家要想走上富强之路必须有经济的支撑，但"富"是远远不够的，真正的强国必须要统筹全局，在政治、军事、文化、经济等各个领域全面发展，逐步提高自己的综合实力和国际影响力。处理好市场和政府的关系是社会主义经济治理的关键所在，要想使市场和政府在社会主义市场经济中各司其职，使社会主义市场经济正常运行和发展，需要加强以诚实守信为核心的道德建设。另外，相对自由的市场经济带有一定的自发性，所以需要法律的强性制约。因此，只有协调好法治与德治的关系，才能更好地加速经济的发展。其次，司法伦理实效性有助于深化我们对社会主义政治文明的认识，我国政治建设的核心是完善社会主义民主和健全社会主义法制。真正地实现社会主义民主不仅需要完善社会主义民主制度，还需要加强党的先进性和纯洁性建设，提高党员的道德水平，从而更好地服务群众服务

人民。再次，司法伦理实效性有助于深化我们对社会主义文化建设的认识，一个国家的文化软实力在综合国力中占有越来越重要的地位，为了提高文化软实力，我们不仅需要大力发展科教文化事业，还需要加强思想道德建设，不断提高我国公民的整体素质。发展科学和教育事业必须不断完善相关的法律法规，而全民素质的提高也离不开思想道德教育。因此，文化建设需要德法共治，只有法治和德治都充分发挥其作用才能更好地促进社会主义文化建设。

（二）司法伦理实效性使我们对社会主义民主有了进一步的理解和认识，从而促进了社会主义民主建设

司法伦理实效性有助于深化我们对社会主义民主和法治的认识。我国是人民民主专政的社会主义国家，对人民实行民主制度，对敌对分子实行专政，专政是为了更好地实现民主。人民的权利必须得到法律的保障，人民行使权利的内容和形式必须有法律的明文规定。同时，民主并不是完全意义上的自由，人民行使权利必须在法律的范围之内。要想更好地实现社会主义民主必须坚持并不断完善社会主义民主政治制度。社会主义民主的实现不仅需要依靠法律还必须有道德的支撑，民主发展的如何，最重要的是看人的思想道德素质如何。首先，决策者必须要有民主意识，并让内心的道德指引实际的行动，而后才能真正做到倾听民众的声音，尊重公民的民主权利，全心全意为人民服务。其次，社会公民只有心存道德，并将这种意识内化为自己的信念，进一步在社会实践中依靠道德约束自己的行为，才能更好地尊重他人的民主权利，而尊重他人的权利正是实现自己权利的基础和前提。因此，德法共治有利于加深我们对社会主义民主的理解，从而促进社会主义民主建设。

（三）司法伦理实效性有利于深化我们对城市公共文明的认识

随着社会主义市场经济的不断发展，人们的生活水平越来越高，同时

城乡差距和贫富差距也越来越大，为了更好地生活，为了给子女更好的教育，大批农民工涌入城市，人口聚集带给城市巨大的压力也加大了城市治理的难度，突出的问题有交通拥堵、住房紧张、环境污染、市民文明素质偏低等。① 如何有效地解决当前存在的问题，缓解城市压力，德法共治是重要借鉴。法治是依靠权威和强制力制约人们的行为，大部分的城市外来人口受教育程度比较低，加上在农村长期自由散漫的生活方式，造成了他们较低的自制力，对城市的具体规定也不够了解，难免会有一部分人不遵守公共秩序、不懂得爱护公物。在公民素质没有得到大幅度的普遍提升时，充分发挥法律的强制性作用就显得尤为重要。首先，要想有效地解决交通拥堵的问题，减少和避免交通事故的发生，必须要有合理的交通法规，同时还应该对不守规则的人实施相应的惩罚，这些都需要有相应的法律依据。其次，随着外来人口的大量涌入，中心城市群租房的治安问题也愈来愈严重，要想维持这种特殊区域的公共秩序，更好地维护社会治安必须靠法律的强制性作用。另外，随着社会生产力的不断发展，市场经济的自发性也越来越明显，为了追求物质利益和经济利润，大量的工厂不经处理就排出废水废气，造成了对环境的污染。所以，需要相关的法律对其进行制约。加快城市文明建设离不开法律的强制性制约，同样也需要充分发挥德治的作用。德治与法治不同，德治是使社会主义荣辱观成为全体人民普遍认同并自觉遵守的规范。规则制度和惩罚措施的治理范围有限，也容易激起人民内部矛盾，所以最好的治理方式是"德治"。加强对人民群众的思想教育，提高国民素质，使得人民自觉遵守公共秩序，社会的整体秩序才得以维护，文明城市的建设才能真正落实。比如，随着城市管理学的不断发展，设置合理的交通设施并制定相应的交通规则已经不成难题。但是，让全体市民自觉遵守交通规则必须依靠道德的力

---

① 赵爱玲、董京波：《德法共治的学理探析——兼论德法共治在首都公共文明建设中的意义》，《渭南师范学院学报》2016 年第 20 期。

量。因此，德法共治有利于加深我们对城市文明现状的了解，从而促进城市文明的建设。

（四）司法伦理的实效性有利于深化我们对社会主义和谐社会的认识

和谐社会总的来说就是人与自然的和谐，人与社会的和谐，以及人与人的和谐。党的十八大以来，我国综合国力显著增强，经济发展更为迅速，人民生活水平也日益提高。与此同时，人们对生活品质的要求也越来越高。但是，社会主义初级阶段的基本矛盾依旧存在，转变为人民日益增长的美好生活需要和不平衡不充分的发展之间的矛盾。社会主义市场经济的发展带给人们巨大的财富，同时也对人们的思想观念和行为方式产生了巨大影响，人们过分地追求自由和民主。为了更好的、高品质的生活，人们不惜牺牲他人的，甚至是集体的、社会的利益为自身谋求财富。过分的贪婪和自私破坏了人与人之间的和谐，破坏了大自然的生态平衡，也破坏了人与社会的和谐。要想解决当前存在的问题必须依靠法治的力量，法治建设是构建社会主义和谐社会的必然要求。良好的法治理念是和谐社会的重要前提，相对稳定的法治社会是和谐社会的坚实基础。法治理念只有符合最广大人民群众的根本利益，才能树立它的权威性，才能让人民群众真正地信仰法律、尊重法律。胡锦涛同志曾于 2005 年科学阐释了和谐社会的具体内涵，其中提到的"安定有序"不仅是和谐社会的重要内容，更是和谐社会的前提和保障。

要想真正地实现社会稳定必须完善社会主义法律制度，合理有效地解决社会矛盾。人们道德素质的普遍提升是各项制度有效发挥其作用的前提。首先，具体的法律法规不会涉及社会生活的每个领域和细节，调节范围十分有限，这就造成了一定的纰漏，给思想觉悟偏低的人创造了很好的"机会"。只有不断提高社会公民的道德素养才能使他们明辨是非善恶，只有不断地加强社会主体的自律性才能避免和减少社会矛盾，从而促进社会主义和谐社会的建设。其次，只有法律执行者富有较高的道德品行，法律制度才能得到更好的贯彻落实。法律法规由人制定，实施的主体也是人，好的制度符合社会发展的规律、符合人民群众的根本利益，若是被"有心人"恶意扭曲，再好的法律法规也发挥不了其应有的作用。因此，要想维护社会稳定、促进社会和谐不仅要有完善的法律法规，还需要有责任心、有自制力的人去操作。法治是依靠法律强制推行的，德治则是依靠引导和自觉。建设社会主义和谐社会既需要"法治"这一重要保障又需要"德治"这一重要条件。

总之，从社会价值层面来看，司法伦理实效性的实现是我们对人性自由的深刻认知，人性的自由一定是在社会民主法律、和谐规范的前提下才可以真正地实现。我国正处于社会主义初级阶段，人民的精神境界尚未得到极大提升，大量影响自由的消极因素依旧存在，因此需要社会主义核心价值观的引领，需要德法兼治。加强对人民的道德教育，不断提升国民素质，加强法治教育增强法律意识。争取自身自由的前提是尊重他人的自由，若是为了所谓的自由而损害他人的权利，则必须接受法律的惩罚。国民素质的提升不是一朝一夕就能实现的事情，在必要的时候应该充分发挥法律的作用。因此，真正的自由需要道德和法律共同维护，司法伦理实效性能够深化我们对自由的认识，从而促进人民自由的实现。

二、司法伦理实效性有助于巩固核心价值观的践行效果

社会主义核心价值观在具体的司法过程中有相应的要求和内涵，司法伦理实效性有助于巩固核心价值观的践行效果。

（一）国家层面

从国家层面来看，充分发挥司法职能能够构建和谐的社会。构建社会主义和谐社会最重要的是实现人与人之间的和谐，司法作为调节人际关系的一种方式是通过法院的审判活动调解人们的矛盾和纠纷。为了使社会呈

现出一种和谐的状态，从法院的角度出发，首先要充分发挥法的作用，引导人们增强法律意识、规则意识，自觉遵守法律，在法律的范围之内行使自己的权利，并积极主动履行相应的义务。其次，法院还要充分利用其强制性手段对违反犯罪分子实行专政，通过依法打击犯罪分子保障人民权利，维护社会治安，促进社会和谐与稳定。除了运用强制性手段，法院还应该拓宽思路，积极寻求多元化的矛盾处理方式。比如，用调解的方式引导当事人化解矛盾、实现和解。但是，调解不等于"和稀泥"，只有符合矛盾双方意愿的调解才能真正地解决矛盾、促进和谐，暂时的和解则有可能带来更大的"隐患"。

司法职能的正确发挥有助于实现国家富强。"无论是新中国成立到社会主义改造的革命和建设时期，还是改革开放时期，人民法院通过审判职能为经济建设发挥着巨大作用。"[①] 人民法院在具体的司法过程中表现出其与时俱进的理论品质，能够根据时代的要求、法律的修订作出正确的判定和抉择。在当今时代，经济建设是中心，转变经济的发展方式是重点，人民法院充分发挥其作用，依法妥善处理非法集资、民间借贷等案件，有效地维护了市场经济的秩序，为经济的发展提供了前提和保障。农村经济的发展对我国的经济建设具有十分重要的意义，继家庭联产承包责任制之后，针对土地问题我国又确立了"三权分置"的原则，放活了土地的经营权。人民法院根据这一规定妥善处理相关案件，并积极为农村经济的健康发展提供法律保障，促进了农村经济的发展。党的十八大提出了"创新驱动发展战略"，明确指出"中国未来的发展要靠科技创新驱动，而不是传统的劳动力以及资源能源驱动"，根据这一要求，人民法院进一步加大了对知识产权的保护力度。随着改革开放的深入发展，中国在"走出去"的同时积极引进外资，人民法院妥善处理涉外事务和相关案件，平等地保护中外企业的合法权益，从法治层面为我们

---

① 袁春湘：《社会主义核心价值观的司法解读》，《法制资讯》2014 年第 6 期。

更好地"引进来"提供了良好的社会环境。

（二）社会层面

司法伦理实效性能够实现社会公正。人民法院公正司法，让人民群众在具体的司法过程中感受公平正义，是维护社会公正的具体体现。首先，诉讼程序公开透明并坚持对等原则，人民法院在具体的审判过程中允许群众旁听审判结果，原告和被告的权利和义务以及举证责任分配都要坚持对等原则，确保了裁判结果的公平公正。其次，人民法院内部有严格的监督机制，并且我国一贯坚持司法责任原则，法官、当事人和律师不得有不正当的交往，破坏司法公正，司法机关和司法主体在行使权利的过程中侵犯了公民或者其他社会组织的合法权益，造成严重后果的必须承担。除此之外，人民法院不仅在积极构建更为先进的审判管理机制，同时不忽略对"法官"这一特殊群体的人文关怀。人民法院不断完善审判管理机制，行政管理人员不得参与具体案件，审判人员也不得干预行政管理工作，从而做到了使行政管理人员和审判人员各司其职。另外，法官是一个有风险的职业，部分极端的当事人可能会因为对审判结果不满意而威胁法官，甚至是蓄意谋害。人民法院积极保护法官的人身安全，并且时刻关注法官的精神状态，使他们保持清醒的头脑，并在具体的审判过程中保持公正的态度，从而真正地实现司法公正。除此之外，人民法院关注现任法官的生活现状也有效地预防和避免腐败。

司法伦理实效性能够保障公民的自由。人民要想真正地获得自由必须有法治的保障，法律正是人为了争取自由而努力奋斗的结晶。司法是指国家司法机关依据法定的职权和程序，运用相关法律处理具体案件的活动，所以说司法的价值与法律的精神是一致的，都是为了争取自由。要想真正地实现自由，最重要的是保障人权，而司法审判对人权保障具有重要意义。司法审判保障了公民的政治权利，我国公民依法享有选举权和被选举权。追求自由必须要有底线，必须是在法律允许的范围内，也就是说人的自由是由法律规定的自由。因此，维护公民的合法权益也就是在保障他们的自由。2012 年湖南省衡阳市人民代表大会在选举省人民代表的过程中，有 56 人涉嫌向市人大代表行贿。2014 年 8 月 18 日，本案经司法审判，共 69 人在一审中判处有期徒刑、拘役、剥夺政治权利等刑罚。在这个案子中，人民法院通过司法审判严惩了破坏选举结果的相关人员，保障了公民自由选择人大代表的权利。

司法伦理的实效性能实现平等。司法平等原则是司法的基本原则，在我国，司法平等原则具体地体现为"公民在法律面前一律平等的原则"。目前，我国已经建立起了相对完善的司法体系，司法的职权和程序都是法定的，人民法院必须依法进行司法审判，人民检察院代表国家依法行使监督权和检察权。司法的裁判权威性迫使任何个人和组织不得违抗法律、以公谋私、擅用职权，否则将遭到法律的严惩，这就有效地保障了公民的合法权益，真正地实现了平等。

法治中国的建设需要司法公正和司法权威。法治的价值目标呈现出多元化的特征，但是最高的价值目标就是自由和人权。司法伦理的实效性能够实现司法公正和人民自由，并且能使法律面前人人平等真正成为一个事实。司法公正不仅有效地保障了人权而且制约了国家权力的行使，有效地预防了腐败，从而为法治中国的建设提供了良好的政务环境；司法公正有效地维持了社会主义市场经济的秩序，从而为法治中国的建设提供了良好的市场环境；司法公正有效地保障了社会的稳定，为法治中国的建设提供了良好的社会环境。维持社会秩序，建设法治中国，只靠人们的道德良知是远远不够的，还需要法律保障。法治社会作为一个由法统治的社会必须树立其权威，宪法和法律要得到人民的拥护和支持，司法机关作为维护人权的最后一道防线必须依法行使审判权。法律作为人民维权的一种手段，自然得到了人民群众的支持和拥护。另外，司法具有裁判权威性的特点，针对敌对分子实行专政手段，有效地维护了社会稳定促进了法治中国的建设。

（三）公民层面

司法伦理的实效性能够树立诚信。首先，在具体的司法实践中，为了真正地实现公平公正，我国高度重视诉讼诚信体系的建立，相关人员必须以其人格和良知保证忠于宪法和法律。在司法诚信中法官诚信是最重要的，在审理具体案件的过程中，法官不得单独约见一方当事人，而必须按照法定程序依据相关法律作出相应裁决；当事人及其代理人的诚信同样重要，他们必须遵守法庭纪律、如实陈述与案件有关的事实、提供真实的证据；其他相关人员的诚信也不可忽略，比如：相关证人、案件侦查人员、鉴定人员等，他们不得为案件提供虚假证据。其次，在司法过程中，人民法院注重保护诚信主体，并通过案件的审理向社会倡导诚信，在具体的审判过程中支持诚信，对失信的人进行教育甚至是制裁，从而使公民的合法权益得到保障，同时也彰显法律的公正。在具体的调解过程中，法院还要积极对诉讼双方进行思想教育。人民法院还积极关注社会媒体对相关案例的报道，并及时对此作出合理的回应，形成诚实守信的良好社会风尚。另外，对特殊非诚信行为，人民法院也会对其作出相应制裁。

三、司法伦理实效性有助于弘扬核心价值观的价值效能

司法伦理实效性有助于弘扬法治精神，培育和践行社会主义核心价值观，从而扩大核心价值观的社会效力。人民法院通过司法审判旗帜鲜明地向社会宣扬，在当今社会我们反对什么，拥护什么，并通过司法的裁判权威性规范人们的行为，引导人们区分是非善恶，树立正确的人生观和价值观。积极培育社会主义法治精神对弘扬社会主义核心价值观具有十分重要的意义。社会主义法治精神与社会主义核心价值观在其内在规定性上具有一致性，两者相互促进。一方面，社会主义核心价值观中的"自由、平等、公正、法治"的社会价值目标与社会主义法治精神相契合。另一方面，法治精神强调用法律的强制性作用维

持社会秩序，这种强制性要求民众必须尊崇法律，否则将受到法律的严惩，这就在很大程度上提高了民众践行社会主义核心价值观的自觉性。

司法伦理实效性有助于弘扬社会公平与正义。在具体的司法审判过程中，人民法院始终坚持着"在法律面前人人平等"的原则，依据法定程序行使法定职权，坚持做到公正司法，使民众切身感受到公平与正义，不断提升司法公信力，并通过对不公正行为的谴责和制裁，增强全社会实现公平与正义的信心。随着文化的交流与发展，当今社会呈现出多元化的价值取向，相当一部分社会成员过分地注重个人利益，为了保护自己，他们选择了用冷漠对待这个社会，所以发生了"小悦悦事件"这样的悲剧。在具体的审判过程中，人民法院不仅严格依法办案而且充分考虑民意，让好人得到保护，也让坏人得到惩罚，从而增强了全社会惩恶扬善的勇气。另外，我国还注重对特殊弱势群体的人文关怀，法官在做出审判之前会充分考虑双方当事人的实际情况，合理运用自由裁量权，使社会公平实现了从形式到实质的跨越，让人们切身感受到了公平与正义。

司法伦理实效性有利于弘扬法律平等精神。法律面前人人平等的核心内涵是：社会公民平等地享有宪法和法律赋予的各项权利，同时也平等地受到法律的制约。司法对实现真正的法律平等具有重要影响。如果说法律条文中的"平等"是一种规定和原则，那么司法过程中的"平等"就是具有实际意义上的"平等"，因为在具体的司法过程中必须依据法律的规定处理案件。因此，只有法律条文的规定并不能实现真正意义上的平等，司法是维护法律平等的重要保障。

司法作为法律实施的途径，对实现法律平等有直接的影响。司法审判能够使社会公民意识到任何违法犯罪行为都会得到法律的严惩。司法审判能够使公民意识到无论一个人的家庭背景和社会地位如何，都同样的拥有法律赋予的权利，同样的会受到法律的保护，即使是一个罪大恶极的犯罪分子也有为自己辩护的权利。

司法伦理实效性有助于弘扬社会主义法治精神。党的十八届四中全会明确提出"弘扬社会主义法治精神","社会主义法治精神具体表现为人们的理性精神、诚信守法的精神、尊重法律权威的精神、权利与义务对称的精神、依法维权和依法解决纠纷的习惯等等,具有客观性、实践性和凝聚性三重属性"。① 司法伦理实效性有助于弘扬法律至上精神,司法作为维护社会公正的最后一道防线,可以通过对行政机关的审查,规范相关人员的行为,并且在司法过程中法官只有树立法律至上的观念,才能免受其他因素的影响从而作出最好的裁决。公民或者法人一旦违法都逃脱不了法律的制裁,若被证实无罪则不予追究,确保不冤枉一个好人也不放过一个坏人。这样就会使得司法主体、行政人员、社会公民自觉树立法律至上的观念,从而使法律在全社会中树立威信。司法伦理实效性有助于培育保障人权精神,增强整个社会的人权保障观念,提高民众对人权保障的认识水平。大部分社会公民并不清楚在具体的实践中应该如何用法律保障自身的合法权益,合理的司法审判不仅能够实现社会公正而且能使当事人对人权有更为详细的理解,同时司法审判也能让相关人员和案子之外的人对审判的过程和原则有一个大致的了解,树立法律维权意识。司法伦理实效性能够提升全社会制约公权的意识,司法审判通过其强制性作用促进了行政人员的自我提升,提高了他们依法行政的意识,但是依旧存在一部分行政人员缺乏法律意识,为了加强对行政机关的监督,法律赋予人民检察院相应的监督权,这种监督权具有形式上的强制性和内容上的广泛性。另外,我国于 1989 年出台了《行政诉讼法》,并于 2014年 11 月决定修改和完善《行政诉讼法》,为"民告官"提供了法律依据,在具体的诉讼过程中民众可以充分表达自己的合理诉求。通过行政诉讼,公民不仅可以维护自身的合法权益,而且对行政机关形成了有效的监督,从而进一步提升了他们的法律维权意识和对公权的监督意识。司法伦理实效性有助

---

① 倪斐:《社会主义法治精神初探》,《金陵法律评论》2015 年第 1 期。

于弘扬程序公正精神。人民法院在司法审判过程中始终坚持公开庭审，接受人民群众的监督，积极引导整个社会树立程序公正意识。在行政诉讼中，人民检察院对行政机关的行政程序进行严格审查，能够督促行政人员按程序办事，从而使他们形成严守程序的意识。在民事诉讼中，若当事人不按照法定程序进行举证，权益就得不到保障，损失将得不到补偿，从而引导社会公民提高对程序价值的认识。

司法伦理实效性有助于弘扬诚信精神。首先，司法伦理实效性有助于推动诚实守信良好社会风尚的形成。在具体的司法审判中，虽然诚实守信并不是直接作为裁决的依据和标准，但这一原则贯穿在司法活动的整个过程之中。比如，在民事诉讼中，为了真正实现司法公正，法官必须诚实守信、忠于宪法、忠于法律、忠于人民，坚决不在私下会见其中一方当事人，在法庭上尊重双方当事人的自由发言权，客观地判断双方当事人提供的证据是否属实，合理地使用司法裁量权。双方当事人也必须做到诚实守信，客观地陈述事实，自觉提供真实的证据，若当事人失信并提供虚假证据、扰乱法官判案，将会得到相应的惩罚。证人和鉴定人等其他诉讼参与人同样需要做到诚实守信，为案件提供真实有效的证据，若是故意隐瞒事实则会影响法官的判断，降低诉讼效率，破坏司法公正。其次，司法伦理实效性有助于引导诉讼当事人树立诚信观念。为了减少冤假错案、真正实现司法公正，我国确立了当事人签署保证书制度和证人签署如实作证保证书制度，并不断加大对违反诚实信用原则行为的处罚力度。民事诉讼司法解释第189条规定："诉讼参与人或者其他人有下列行为之一的，人民法院可以根据情节轻重予以罚款、拘留，构成犯罪的依法追究刑事责任：1.冒充他人提起诉讼或者参加诉讼；2.证人签署保证书后作虚假证言，妨碍人民法院审理案件的；3.伪造、隐藏、毁灭或者拒绝交出有关被执行人履行能力的重要证据，妨碍人民法院查明被执行人财产状况的；4.擅自解冻已被人民法院冻结的财产的；5.接到人民法院协助执行通知书后，给当事人通风报信，协助其转移、藏匿财产的。"这不仅确保了人民法院查清案件事实，而且用法律保障民众选择诚实。不仅如此，司法也可以通过自身的诚信建设推动全社会的诚信建设。

第二节　实现司法公正引领社会公正

司法公正是社会公正最基础性的保障。如果说社会生活在其他领域里尚允许有一定程度的不公正的存在，但是在司法领域里则是绝对不允许的。因为社会生活的其他领域里的不公正所产生的危害，远远不如在司法领域里产生的不公正的破坏力更大更强。因此，司法公正对于实现社会公正来说，也最具有示范性功能。

一、司法伦理实效性是司法公正的直观性结果

司法在国家的法治进程中起着非常重要的作用，担负着解决社会纠纷，缓和矛盾以维护社会安定和谐的重大使命。十八届四中全会《中共中央关于全面推进依法治国若干重大问题的决定》明确指出"公正是法治的生命线。司法公正对社会公正具有重要引领作用，司法不公对社会公正具有致命破坏作用。"由此可见，《中共中央关于全面推进依法治国若干重大问题的决定》的相关举措旨在提高司法的公正性来维护社会的公平正义。而司法公正与否和司法伦理有无发挥实效性有着非常重要的关系，司法是否公正需要有一定的判断依据，它不是虚无缥缈的东西，而判断司法是否公正的实证，就是看司法伦理是否在审判过程中发挥了作用。司法伦理是指与司法职业活动紧密联系，并具有自身职业特征的道德准则和规范，它是法律职业伦理的组成部分，是法律职业伦理中的核心内容。"是法律职业伦理中的核心内容，司法伦理关注的不仅是司法官在司法过程中的权利、规范与责任，而且还特别

关注司法官对法律的忠诚热爱，这有利于司法伦理的建构和法律价值的实现。"①在司法过程中，司法伦理发挥作用，首先要保证司法官心中要有忠诚的信仰，坚决维护司法的公平正义，遵守司法官的职业操守。从这个方面看，司法伦理发挥实效性要求司法官必须要有崇高的人格，必须是一个品质高尚，有德性之人，因为在司法过程中，法官对法律条文进行有限的诠释，法官应当严格执法。如果司法官在诠释法律，作出裁决这一步骤中出现问题，那么之后的司法过程将失去公平，自然就不能实现司法公正，对于社会的公平正义将会有很大影响。司法伦理这个名词包含着两个方面的内容，一方面是司法、法律；另一方面是伦理，也就是我们平常所说的道德。所以，司法伦理的意义就是既要坚持法律，一丝不苟的按照法律来裁决案例，同时也要坚持人道主义精神，在法律审判的过程中，司法官要有较高的法律素养，要恪守法官职业伦理，作出公正的裁决来维护人民群众的合法权益，维护社会的公平正义。在司法过程中，要想保证司法的公正，首先必须有公正的法律，也就是说，法律本身应该是良法，能够维护人们的合法权益，为人们所信仰，维护社会的安定有序。

根据以上诠释，司法伦理具有非常重要的价值，司法公正伦理可以界定为：在司法中心主义立场下，道德、良知、正义等伦理诉求的实现，需要以司法的方式为司法裁判提供严密的逻辑和程序支持，以此增强司法裁判的可接受性。司法伦理的实现主体主要是指司法官，因为司法官就是司法伦理实现的当然主体。前面已经说到，司法伦理实效性的发挥是司法公正的判断依据，即司法伦理的实效性是司法公正的直观结果。也就是说，可以通过司法伦理实效性发挥的表现和发挥的作用来判定司法公正的实现与否。司法伦理实效性发挥主要表现在以下几个方面：

---

① 王淑荣等：《司法伦理在法治国家建设中的价值论析》，《社会科学战线》2014 年第 12 期。

法律本身有实效性，即法律能够适应社会的发展，在社会生活过程中能够作为一种特殊的行为规范，对个体的意志行为发生影响，通过规定法律权利和义务、权力和责任以及违反这些规定的制裁，来指引个体行为，使个体能够保持正当行为，朝着正确的方向前进，从而保证整个社会的安定有序和团结。第一，伦理道德在法治建设的过程中依然发挥着很大的作用。法律的运行不是自动的，而是由法律的专门人士来运行的。法律是为了实现社会的公平正义而制定的，要实现这一目标必须通过司法官来完成。在司法过程中，司法官被认为是正义的化身，根据法律规定惩恶扬善，这就要求司法官心中要有"一杆秤"，司法官的伦理道德意味着司法的公平正义，意味着司法伦理实效性的发挥，从而推动整个社会的进步。第二，法律权威的树立意味着司法伦理实效性的发挥。法律权威的树立依靠人们内心真诚的信仰，只有人们内心相信法律，尊重法律，才能在全社会形成一种法律具有权威的氛围。法律权威的实现能够促进司法伦理的构建，因为在法律权威实现之后，与法律有序运行相关的人员才能拥有一定的社会地位，获得大众的尊重和信任，使这些司法主体能更好地运行和操作法律，更好的发挥维护社会主义法律，捍卫社会主义法律尊严的作用。

确立法律的权威需要提高法律的公信力，也就是前文提及的人们内心信仰法律、尊重法律，人们的一切行为要遵守法律。人们对法律公信力这一概念的界定是法律赢得社会公众信任、尊重的能力，它体现了社会公众对法律的信任与认可程度。换句话说，法律公信力是法律在执行过程中所产生的效果，让人们去认同，从而在社会民众心理上反映出来。而提升法律的公信力需要在理论和实践两方面加以重视。提高法律的公信力能使现行的法律赢得全社会的尊重和信赖，法律公信力是法律权威的外在表现。

提高法律权威的前提是提高法律的公信力。首先，法律自身蕴含的公正性是构建法律公信力的基础。树立法律权威是提高法律公信力的重要一步。目前我国法律公信力面临着一定的挑战，我国法律公信力缺失的原因包括历史原因和现实原因两个方面。其中，历史原因是我国法治传统的缺失，现实原因是法律权威的缺失和法律信用的缺失。要提升我国法律公信力，首先，必须要加强以人为本的法律理念，维护人们的合法权益，增强人们内心对法律的信仰。其次，要坚持十八大提出的"新法治十六字方针"，其内容是"科学立法、严格执法、公正司法、全民守法"。在法治进程中，严格遵守法律程序，确保每个环节的公平正义，以此提升司法公信力。最后，人们要树立正确的法律观念，正确认识现代法律其服务于人、造福于人的本质，从而为法律建立起坚实的群众基础。

法律权威是指法律在社会中居于最高的地位，在人们心中具有崇高的威望，得到广大人民普遍的认同和遵守，法律在调控国家和社会生活方面发挥主导和基础作用，其他一切社会规范都在法律的统率下发挥作用。法律权威其实就包含着法律公信力内容，如果人们不信赖法律，法律的权威性就得不到实现，只有人们信任法律才能够产生对法律的认可，只有人们内心认可法律，法律才能有权威。由此可见，法律公信力和法律权威之间有着密切的关系。一方面，法律公信力与法律权威是统一的。法律公信力是法律权威的基础，法律权威是法律公信力的重要保障；法律的权威性可以保证法律公信力的发挥，反之，提高法律公信力也能增强法律权威性。另一方面，法律权威和法律公信力之间也有不同，他们有不同的侧重点。法律权威侧重的是法律本身所具有的强制力和尊严，它是从法律所拥有的社会地位而显示出来的；法律公信力侧重的是人民群众对法律的尊重和信仰，是从人民群众的角度来看法律。

二、司法伦理实效性对社会公正的基础性建构

党的十八届四中全会后，全国法院认真学习贯彻党的十八届四中全会精神，充分发挥司法公正对社会公正的重要引领作用，严格依法办案，保障改革发展。司法伦理发挥作用具有非常重要的作用，具体表现在以下几个方面：

（一）司法伦理的实效性发挥作用有利于法律权威的树立

在司法过程中，司法官严格遵守法律法规和职业伦理，确保司法过程的公平正义，法律伦理发挥的作用越大，越能够树立起法律的权威，因为只有这样，才能使广大人民群众感受到，不论是于情还是于理，法律都能够维护自身的合法权益，才能使人民群众发自内心的信仰法律，遇到违反自己合法利益的事情，才会主动自觉地寻求法律的帮助，从而确立起法律的权威地位。

（二）司法伦理的实效性对于遏制司法腐败现象有着举足轻重的作用

司法不公就会导致司法腐败，司法是维护社会公平正义的一道防线，一旦司法在审判过程中发生腐败现象，就会对社会公正产生巨大的影响。而司法伦理实效性的发挥可以保证公正的审判，司法伦理可以使法律不受权力、舆论与大众的制约，能够有效地避免司法腐败的现象。

（三）司法伦理实效性的发挥能够促进社会公正的实现

公正作为一种价值形态，是人们一直以来所要追求的价值目标，不公正的现象对社会公共秩序造成消极影响，对社会安定带来了不利影响。在社会生活中，人们之间发生矛盾或纠纷，往往会借助于法律的途径来加以解决。所以，司法伦理在维护社会公正的过程中，发挥着非常重要的作用，司法伦理也需要去不断地完善来保证法律程序的正常运行。

首先，要为司法公正营造良好的外部环境，破除司法"行政化、地方化"弊端，各级党政机关和领导干部要支持法院、检察院依法独立公正行使职权。为保证这一要求落到实处，十八届四中全会《中共中央关于全面推进依法治国若干重大问题的决定》指出，建立领导干部干预司法活动、插手具体案件处理的记录、通报和责任追究制度。这一表述彰显了法治高于人治的基本立场。现实生活中影响独立司法活动，造成各种执法不公的情况还大量存在。当前，法院、检察院独立公正行使审判权、检察权的最大障碍是法律的行政化和地方化问题。在目前的行政体制中，地方法院、检察院在人事、财政、职权各方面都不独立的情况下，地方党政机关就容易对司法审判和检察监督形成各式各样的干预。这种地方保护主义和权位思想，将使国家的法治统一遭受严重破坏，冲击和削弱司法公信力。因此，需要构建更加切实具体的制度，保障独立公正行使审判权和检察权。

其次，要优化能够保证司法运行的内部环境。最重要的是健全司法机关内部监督制约机制，既要赋予司法机关足够的权力，又要避免司法机关滥用职权，这是我国司法改革进程中一项非常重要的内容。针对这一问题，《中共中央关于全面推进依法治国若干重大问题的决定》提出了以下举措：当其他人员在办理案件时，司法机关内部人员不得插手他们正在办理的案件。一定要保证司法主体办理案件的独立性，司法机关外部人员不能插手正在办理的案件，司法机关的内部人员也不能插手正在办理的案件，一旦有违反规定的情况发生，必须要依法追究相关人员的责任。

司法主体在办理案件的过程中，要致力于提高司法案件的质量。要做到这一点必须要规范司法主体的行为，因为司法主体是案件的处理者和法律运行的操作者，一旦司法主体的行为不规范，就会严重影响案件的处理结果，会造成司法腐败现象，成为社会的毒瘤。《中共中央关于全面推进依法治国若干重大问题的决定》致力于清除危害司法公正的"绊脚石"，指出要"坚决破除各种潜规则，决不允许法外开恩，决不允许办关系案、人情案、金钱案。坚决反对和克服特权思想、衙门作风、霸道作风，坚决反对和惩治粗暴执法、野蛮执法行为。对司法领域的腐败零容忍，坚决清除害群之马"。同时，要求"依法规范司法主体与当事人、律师、特殊关系人、中介组织的接触、交往行为"，"严禁司法主体私下接触当事人及律师、泄露或者为其打探案情、接受吃请或者收受其财物、为律师介绍代理和辩护业务等违法违纪行为，坚决惩治司法掮客行为，防止利益输送"。在司法过程中一定要推进严格司法，司法机关和司法主体一定要严格办案以提高司法质量。其中，事实认定和法律适用是两个方面。在事实认定方面，《中共中央关于全面推进依法治国若干重大问题的决定》要求："坚持以事实为依据、以法律为准绳，健全事实认定符合客观真相、办案结果符合实体公正、办案过程符合程序公正的法律制度。""推进以审判为中心的诉讼制度改革，确保侦查，审查起诉的案件事实证据经得起法律的检验。"在法律适用方面，《中共中央关于全面推进依法治国若干重大问题的决定》要求"加强和规范司法解释和案例指导，统一法律适用标准"。另外还要保证人民群众参与司法，保证司法程序的透明，让权力在阳光下运行，《中共中央关于全面推进依法治国若干重大问题的决定》提出要通过多种途径让人民群众参与司法："在司法调解、司法听证、涉诉信访等司法活动中保障人民群众参与"。《中共中央关于全面推进依法治国若干重大问题的决定》对完善人民陪审员制度提出要求："完善人民陪审员制度，保障公民陪审权利，扩大参审范围，完善随机抽选方式，提高人民陪审制度公信度。逐步实行人民陪审员不再审理法律适用问题，只参与审理事实认定问题。"

司法伦理实效性在司法过程中发挥的作用，是对社会公正的基础性建构。也就是说，要想维护社会的公平正义，首先要保证司法伦理体系的建构与完善，保证司法伦理能够发挥它的实效性，从而为维护整个社会的公平正义打下坚实的基础。提到司法伦理的建构和司法伦理时效性的发挥，法律权威发挥作用在这个过程中非常重要，为司法伦理体系的建构和司法伦理时效性发挥作用保驾护航。法律权威要求任何个体和团体必须要尊重法律，无条件的服从法律。法律权威形成之后，法律在社会众多的规范中居于主导地位，社会生活中的任何政策、道德、习俗等社会规范都不能代替法律；社会的一切主体的行为都必须遵从法律，不能超越法律的界限，一旦有人超越法律的界限，就会受到法律的惩罚。法律的权威在社会生活中发挥的重要作用主要体现在以下几个方面：第一，法律权威保证法律法规能切实发挥作用。

如果一项法律不具有权威，那么它的应有功能就不会真正的发挥出来，社会秩序建立在这样的法律之下就无法保障社会的安定有序。针对这种情况，人们在思考，不能发挥作用的法律权威是由什么原因导致的？在今天的学术界存在着一种影响深远的解释："除非人们信赖法律，除非他们赋予法律以普遍和终极的意义，除非他们依据一种超验的真理来看待和判定法律，一切都不会发生。法律将形同虚设，它将是'死法'。"①这也就是说，如果人们不信仰法律，那么它就没有任何真正意义上的价值。于是，法律的权威性没有发挥出来的原因就被认为是因为它没有被人们从内心真正的认同，没有成为指导人们行为的信仰的一部分。从更深的层次上来看，要想树立法律的权威性，还要从法律自身来看，不断地随着社会的进步和发展去完善法律，更好维护人民群众的合法权益，让人民群众从内心深处去认同法律，自觉维护法律的权威，为实现社会的公平正义，保证社会的和谐稳定打下坚实的基础。法律只有受到信任才会有效发挥作用。那么，如何使法律成为人们内心一种热烈而深切的信念呢？这就要求在立法、司法、执法和守法的环节，特别是司法过程中必须要严格遵守法律，在实践中使人们认可法律。所以说，树立法律的权威，使之成为人们内心的坚定信念，这是一个实践上的重要问题，光靠理论研究不能解决根本问题。所以，在司法过程中，要认真思考我们当下所处的社会环境，考虑到我们社会生活的因素，并能根据我们的现实生活条件去制定符合社会发展规律和人们生活要求的制度，严格加以执行。

三、司法伦理实效性对社会公正的普遍性延展

司法伦理的实现是良法实现的重要环节，是社会公正的最后屏障。在我

---

① ［美］哈罗德·伯尔曼：《法律与宗教》，梁治平译，三联书店 1991 年版，第 91 页。

国的法治化进程当中，公民热烈的追求司法活动的公正，对此赋予了热切的期望，而司法活动的最终目标也是为了实现公民对于司法活动的伦理诉求。创制良法只是实现了应然层面上的法，要想将其转化为实然层面上的法，使其真正在现实生活当中发挥重大作用，就必须要通过司法活动来完成。司法伦理承载着司法主体是否能够诚信司法、公正司法的重任，司法伦理的建设及司法伦理是否具有实效性，关乎着法治中国的建设，关乎着中国治理体系和治理能力现代化的实现。

法律的价值得以实现必须要通过司法活动，司法活动作为法律运行的最终环节，是为了实现法律的终极目标，把理论意义上的法变成现实实践的法，并且为公民所遵守，从而保障法律运行过程的完善。司法活动被认为是社会公平正义的最后一道防线，公正这一目标的实现是司法的理想和追求，法治价值的实现必须要靠司法程序的公正和完善，如果没有司法公正，那么法律正义就无法实现，失去了司法伦理的建构和完善，司法的价值追求也将难以实现。公民是法治进程的重要基础，实现社会公正也是公民的价值诉求，这一诉求可以追溯到十八、十九世纪的资本主义社会，当时的政治家、思想家、哲学家，把这一群体组成的团体称为市民社会。市民社会"就其一般意义而言是指社会中各个私人利益关系的总和，它是国家政治生活之外的所有社会秩序和社会过程，它通常只有在把政治国家当作自己的参照体系时才有意义。市民社会代表'私'的领域，而政治国家则代表'公'的领域"①。恩格斯说："国家是社会在一定发展阶段上的产物；国家是承认：这个社会陷入了不可解决的自我矛盾，分裂为不可调和的对立面而又无力摆脱这些对立面。而为了使这些对立面，这些经济利益互相冲突的阶级，不致在无谓的斗争中把自己和社会消灭，就需要有一种表面上凌驾于社会之上的力量，这种力量应当缓和冲突，把冲突保持在'秩序'的范围以内；这种从社会中产生

---

① 俞可平：《社会主义市民社会：一个新的研究课题》，《天津社会科学》1993 年第 4 期。

但又自居于社会之上并且日益同社会相异化的力量，就是国家。"① 黑格尔认为，"市民社会，这是各个成员作为独立的单个人的联合，因而也就是在形式普遍性中的联合，这种联合是通过成员的需要，通过保障人身和财产的法律制度，和通过维护他们特殊利益和公共利益的外部秩序而建立起来的。"② 法治对个体的独立价值的尊重，维护着个体独立存在的一切合法权益，个体的自由与平等是法治追求的最终价值目标，而个体的自由和平等需要通过政府采取相应的举措来实现。在法治现代化进程中，个体追求自由和平等的诉求则体现为期待司法过程当中建立起有效的伦理机制。道德和法律之间有着非常重要的关系，他们之间既有区别又相互联系。法律与道德相互交叉与渗透，一般来说，法律所禁止和制裁的行为，也是道德所禁止和谴责的行为；法律所要求和鼓励的行为，也是道德所培养和倡导的行为。也就是说，许多道德观念体现在法律之中，许多道德问题也是可以诉求法律去解决。法律和道德相互区别，首先，法律是由国家制定的并强制力保证实施，而道德是通过人们的内心信念，风俗习惯等形成，所以说法律具有强制性，道德不具有强制性。但两者最终都是为了营造良好的社会秩序，为了维护民众的公共利益，只有维护好民众的公共利益，才能维护好个人的利益。化解社会矛盾的最后一道防线就是法院，社会民众把法官当成是法律的化身，对司法工作者有非常大的期待，一旦司法程序上出现了漏洞，将会直接导致司法公信力的下降，有损司法工作的权威性乃至法律的至高无上性，所以说司法伦理的构建和完善必须能够满足公民对司法活动的期待。

司法伦理的基本原则是惩治罪恶、扶持正义，司法公正是这一基本原则在法治实践中的贯彻和实施。要求对司法的全过程实行有效的控制，仅仅用法律的手段是不完全的，还必须具有道德的运行机制存在。建立健全司法道

---

① 《马克思恩格斯文集》第4卷，人民出版社2009年版，第189页。
② ［德］黑格尔：《法哲学原理》，范扬等译，商务印书馆1961年版，第174页。

德运行机制的过程，实际上就是使司法道德制度化的过程。司法伦理作为一种法律家职业伦理，它从内部维系着这个团体的成员，以及团体的社会地位和声誉。司法公正与否影响着人们对于法律的信仰，公正的司法必然会成为人们心中神圣的信仰，人们信仰司法，就会尊重法律，继而尊重法律家团体，那么这个团体的社会地位和声誉也必然会得到很大的提高和巩固。从理论上看，司法活动的公正性要求司法主体有较高的伦理道德水平。法律条文中的一些模糊的表达，有赖于执法者个人的理解和把握。法治活动的运作离不开人的因素，好的法律也不会自动产生作用，这需要高素质、廉洁公正及理性的司法主体来操作。在现实生活中，当事人为了得到自己满意的裁判结果，司法主体在司法过程中存在被当事人贿赂的可能性，一旦司法主体被贿赂，司法公正就很难保证实现。司法主体的法律综合素质、法律信仰、职业道德和执法勇气常常会受到各种各样的考验和干扰。司法主体的伦理道德对于司法活动公正性的实现具有极其重要的作用。司法工作人员不仅要具备高水平的法律专门知识，更需要具备高尚的道德情操、优秀的思想品质和持久的敬业精神和高尚的职业操守。由此可知，司法主体自由裁量行为的不恰当使用会影响司法公正的实现，而司法主体自由裁量行为是否合理，在很大程度上取决于司法主体的价值观以及伦理道德水平，因而司法主体的伦理道德是保证司法公正实现的必然内容。所以，研究司法伦理，要构建司法伦理规范，建立司法伦理机制，重视司法伦理教育，加强司法主体的道德自律。

"司法公正和公信力，集中反映了人民群众对司法的期望，集中反映了司法建设的目的和规律，也是衡量一个国家或地区法治化水平的基本标志。"① 保证人们的合法权益，必须实现司法公正，提高司法公信力，只有司

---

① 龙宗智：《影响司法公正及司法公信力的现实因素及其对策》，《当代法学》2015年第3期。

法公信力得到提高，才能更好地运用法律手段去维护社会的公平正义，这是法律手段比道德观念更加客观，更加理性的方式。实现了司法公正，司法伦理的实效性就会得到很大程度的发挥。司法伦理作为一种具有职业特征的道德准则和规范，伴随着司法公正的实现而体现出来。法治国家建设的最终目的是创造良好的社会秩序，法治不仅包括用法律来约束社会成员的行为，还包括创建良好的司法伦理结构，在司法运作过程中，司法主体具有良好的法律修养和道德品质，才能使法律受到普遍的信服，为人们所接受和尊重，法律的权威才能得以体现，社会的良好秩序才能得以维护。

第三节　推进中国特色社会主义法治国家的进程

法律是治国之重器，良法是善治之前提。法治作为我国主要的治理手段，其重要性不言而喻。在建设社会主义法治国家的进程中任务艰巨，包括以宪法为核心的中国特色社会主义法律体系的完善，坚持依法行政的法治政府的建设，公正司法的保证执行，全民法治观念的增强，以及优秀的法治工作队伍建设等。这些都是为了更好地完成全面依法治国这一国家治理领域的革命，以求真正建设成为中国特色社会主义法治国家，做到社会公平正义，保障最广大人民群众的根本利益。在真正实现司法公正的过程中，司法技艺和司法伦理二者缺一不可。"法律家不仅是具有娴熟法律技术的操作者，也应当是具有无私奉献、正义精神的掌握者，这是法治国家建构的内在需求，也是司法职业伦理价值之真义。"[①]司法伦理建构活动通过对司法工作队伍进行进一步建设，从而推动司法公正，增强司法公信力，在司法这一关键环节充分体现建设法治国家的要求，有力地推进了中国特色社会主义法治国家的

---

①　宋远升：《司法论》，法律出版社 2016 年版，第 73 页。

进程。

司法伦理实效性是指司法伦理能够产生的实际效果。司法伦理实效性是相对于司法活动而言的，体现了司法活动的预期效果和最终结果的关系。当预期最终效果同最终结果越接近，则说明司法伦理的实效性越强，反之则越弱。这一部分从司法伦理实效性与中国特色社会主义法治国家建设进程的关系上来进行研究。

一、司法伦理实效性是现代国家治理能力的实证依据

2014 年，习近平总书记在江苏的调研时提出"四个全面"，其中全面深化改革是"四个全面"战略布局中至关重要的环节。同时在党的十八届三中全会上指出："全面深化改革的总目标是完善和发展中国特色社会主义制度，推进国家治理体系和治理能力现代化。"① 推动这两者的现代化是大势所趋，是满足时代发展需求的表现。司法作为现代社会中国家最主要的治理手段之一，通过必要的司法伦理建构来推动司法建设，使得司法更具有公信力，更能彰显公正，在促进公正的同时推进了我国国家治理能力的现代化提升，有利于使国家在面对矛盾冲突时更为从容，能够保证一直运用较为稳妥的方式来处理矛盾冲突，这在另一个侧面体现了我国国家治理能力的提升，满足了时代化和现代化的高要求。

（一）何为国家治理能力

研究一件事情简单来说需要遵循是什么、为什么、怎么办的基本程序。要想研究司法伦理实效性与国家治理能力的关系，必然要研究国家治理能力的具体内涵。以此为前提，才能对具体问题进行有效深层次的研究。

---

① 《十八大以来重要文献选编》上，中央文献出版社 2014 年版，第 512 页。

在中国古代，治理这一行为由来已久，有各朝各代为维护统治采取的各种措施，包括春秋战国时期，诸子关于治国理政的观点，形成了百家争鸣的盛况，还有明朝的重修吏治等。由此可见，关于治理的历史源远流长。在西方，治理行为也可追溯很久，包括古希腊的城邦自治，现代资本主义国家的三权分立等。而不论过去还是现在，或者是未来，对一个国家进行治理，其根本目的都是要维护统治阶级的利益，国家治理能力水平的高低直接关系到统治阶级的统治。因此，对国家治理能力进行适当的调整相当有必要。但是，从过往经验来看，古代中国封建社会时期和国外资本主义社会时期，其关于国家的治理从根本上都只是为极少数人谋利益，而忽略甚至侵犯多数人的利益，其本质是剥削的，同当前我国的国家治理体系和国家治理能力有着本质上的区别。但其关于某些方面的国家管理方式方法值得我们辩证地看待。

新中国成立初期，采用怎样的治理模式，具备什么水平的治理能力，对拥有如此多人口的中国进行管理，是一个亟待解决的问题，而这一任务毋庸置疑就落在了中国共产党身上。新中国成立初期，我国尝试过苏联的"全能主义国家治理模式"，这种模式虽然有一定的好处，但是长期实行则对国家治理极为不利。因此，中国共产党人发挥其实事求是的精神，认真思考中国的具体国情，在辩证吸收其他治理经验的基础之上，逐步改善对国家的治理。关于一个国家的治理，并非一朝一夕，一招一式就能够做好，它需要完善的国家治理体系和强大的国家治理能力，它可以充分、完全地体现国家的制度及该制度的执行力。

在当代中国，国家治理体系是中国共产党领导的，包括各领域的体制机制、法律法规安排，是一整套关系密切、休戚相关、相互配合和协调的国家制度。国家治理能力是指运用国家制度管理社会各方面事务的能力。在当代中国，国家治理体系与国家治理能力是紧密相连、不可分割的，二者相互作用、相互促进，当国家治理体系的大框架确立并不断完善之后，国家治理能力的提升才有意义；反之，能力的提升促进体系的完善。通过如此，二者共同走向现代化，才能有利于更好地提高我国的软实力。关于国家治理能力包括什么，不同的人根据不同的划分标准，有着不同的分类。其中有人指出，在我国，国家治理能力包括诸多方面，他们共同组成了中国现有的国家治理能力。在当代中国，国家治理体系发展需要以中国特色社会主义制度为基础，以此展开，这就从根本上表明了我国国家治理体系同西方资本主义国家有着本质上的区别，我国国家治理体系是真正为人民服务的。正如马克思主义哲学所说，事物总是发展前进的，即使道路不会平坦，但是也会是一个螺旋式上升和波浪式前进的过程。我国正处于改革开放的关键时期，科技的进步和时代的发展为我国国家治理体系的现代化提出了更高的要求，它们的改进完善事关我国经济持续健康发展、社会和谐稳定，以及在激烈的国际竞争中保持优势。因此，这两者的现代化迫在眉睫。

（二）现阶段我国国家治理能力的现状

国家治理能力和国家治理体系的完善和发展关系紧密，但同时前者又有一定的相对独立性。

随着我国社会主义市场经济的确立和不断完善，我国经济和社会得到了迅猛的发展，人们的生活水平和社会的发展水平也随之提升。但凡事欲速则不达，迅速发展的同时我国也付出了较为严重的代价。其中社会贫富差距变大，环境污染等问题随之而来。因此，加强国家治理体系的建设和国家治理能力的提升迫在眉睫。能否紧紧依靠法治来进行管理，体现了治理能力和治理体系的合法性、科学性和正当性。因此，这二者现代化可以从法治的角度进行。法治作为现代国家治理最不可缺少的一部分，是基本的、重要的、需要贯穿在整个治理过程中的方式。进行法治建设需要坚定地贯彻依法治国方略，走中国特色社会主义法治道路。随着我国法治建设的推进，我国的社会主义民主法治建设能力逐步增强，法律体系和法治体系逐步走向完善，逐步向科学立法、严格执法、公正司法、全民守法推进。但事物的发展是一个曲折漫长的过程，不可能一蹴而就，民主法治建设上，国家治理能力的现代化出现了一些问题，比如主要是由于立法缺乏科学性和全面性，执法缺乏规范的管理与监督，以及司法队伍的建设力度不够，导致司法不公正等问题，这些问题的出现都最终会影响到社会的公平正义。

（三）司法伦理实效性能够提升国家治理能力

著名法学家卡多佐曾指出："法律作为社会控制的一种工具，最重要的是司法的作用。"当法律的社会控制作用即国家法治治理能力不能很好地发挥时，必须考虑到司法这一重要环节。在现实情况中，司法环节出现不容忽视的问题。比如司法过程中出现的徇私舞弊、贪赃枉法、伦理道德意识十分淡薄等现象，这些都将导致司法公信力的下降，影响法治效果和国家治理效果。这些情况的出现与我国司法队伍建设不够完善不无关系。因此，加强司法队伍的司法伦理建设十分紧迫，对解决我国法治过程中存在的问题，提高我国社会主义民主法制建设能力有着重要的意义。

司法伦理是出现在司法领域的伦理问题，它要求司法工作人员在进行司法活动时，心中必须拥有一种道德规范，而这一道德规范则包括个人、职业和社会几个方面，要求司法主体能够以此来指导自己的行为，做到不偏不倚，这种道德规范和思想信念就可以称之为司法伦理。但是，司法伦理和司法技艺不是完全无关的，而是司法活动中工作人员必须同时具备的两种素质。其中司法技艺是司法官职业行为最基本的要求，但如果一味强调司法技艺，而忽视司法伦理，很容易就陷入过于机械的困惑之中。因此，司法伦理的建设不容忽视。

司法机关校准天平，让人民群众在每一个司法案件中都感受到公平正义，这是司法伦理实效性的表现之一。同时拥有完备司法技艺和高尚司法伦理，无疑对司法官进行司法活动有着重要的影响。拥有高尚的司法伦理，会促使司法官在进行司法活动时有着一定的道德标准，而不会轻易受到外界因素的干扰。它相当于在司法官心中的一种美德形式的约束，即使不具备法律般的强制效力，但它却是使司法官在关键时刻不至于丧失基本原则。在司法伦理的有效指导之下，司法官能够更好地承担"判决人"的角色，在严格的法律条文和高尚的道德规范两者之间找到完美契合点，尽最大可能既保证案件判决的公正性，又不违背社会大众认可的正义。这保证了司法官司法活动的正当正义，保证了国家法的尊严和权威，使人们不至于丧失对法的信仰，国家的治理活动仍然可以依法进行，国家和社会的运行秩序得到了一定的保障，有利于维护社会的公平正义，加强社会主义民主政治的建设，从而提高了社会主义民主政治建设能力，也就是说，国家的治理能力得到了一定程度的改善。

司法伦理的建构，其实效性不仅体现在提高法治能力上，也在德治上有着体现。司法伦理作为社会公德和职业道德以及更高层次的道德的集中展现，不仅对司法官自身产生道德上的约束，使其发挥典范和榜样作用。同时也通过司法活动向社会民众传递司法伦理蕴含的价值内涵，激励其他社会公民学习。司法伦理的实效性促进了法治和德治效果的共同改善。

因此，司法伦理建构活动的实效性能够提高现代国家治理能力。换句话说，司法伦理实效性的强弱是判断现代国家治理能力强弱的依据。

二、司法伦理实效性是法治国家建设的客观基础

司法伦理是在司法环节中实现的伦理。司法是依法治国里的核心领域，因此，司法伦理的实效性也自然就是法治国家里的核心客观基础。

（一）法治国家需要一定的根基

存在于客观物质世界的一切事物的产生发展都需要一定的土壤，而这个土壤就是其基础。何为基础，基础就是某一事物产生、发展所必须具备的条

件，是其发展的起点。若没有基础，事物将会如无本之木，无源之水。法治国家的产生和法治国家的建设也不例外。法治国家的产生和建设是由多种因素共同作用的结果，因此，从不同角度来讲，法治国家具有多重基础。比如法治国家拥有一定的经济基础，经济基础决定上层建筑，什么样的经济基础就决定着其法治国家的特点是什么样的。宪法规定，我国基本经济制度是以公有制为主体、多种所有制经济共同发展，这种特殊的经济基础就要求法治国家建设要站在最广大人民群众的根本利益的立场上，为人民服务。法治国家拥有一定的法律基础，法治国家建设是以具有强制约束力的法律为前提的。这就意味着法治国家必须通过科学民主的立法程序，来保证良法的出现，以此建立以宪法为核心的法律体系。法治国家的客观基础是建设法治国家所应解决的基本问题。

（二）司法伦理实效性为法治国家提供了客观基础

所谓客观基础，是指一个事物外部条件中最为核心的原因和制约性要素。我们一般称其为"客观条件"，它与"主观条件"相对应。司法伦理实效性对于国家治理来说，从法律的角度就是法治国家的客观基础。

1. 程序正义和实体正义的统一为法治国家提供了客观基础

人们对于正义的追求总是无止境的。在不同的历史时期、不同的地域，正义的具体内涵或许会有所不同，但其本质都是人们对所处的社会以及产生的现象进行的一种统一的价值标准的划分，都是由当时的经济基础所决定的。休谟认为："正义起源于人类惯例。"[①] 由休谟的这句话来理解，一个行为的正义与否取决于它是否符合人类惯例。

在当代进行法治国家建设，其最终目的都是为了追求社会的正义。在这里，将正义按照一定标准划分为程序正义和实体正义。何为程序正义？随

---

① ［英］休谟：《道德原理探究》，王淑芹译，中国社会科学出版社 1999 年版，第 121 页。

着近代法治理论和法治实践的深入发展，程序正义应运而生。季卫东指出："缺乏完备的程序要件的法制是难以协调运作的，硬是推行之，则易于与古代法家的严刑峻法同构化，其结果，往往是'治法存'、法治亡。因此，程序应当成为中国法制建设乃至社会发展的一个真正的焦点。"[①]事物发展是循序渐进的，法治国家也不例外，建设法治国家需要通过一系列的正当过程，而这些过程又需要借助一系列的正当程序来完成。因此，程序正义在法治国家建设过程中是必不可少的。在司法活动中，司法主体需要严格按照法律条文，严格遵守司法程序，以求在司法活动中实现程序正义。但是，丰富的事实和经验教训得出，单纯依靠正当的程序，不考虑实际情况来进行司法判决，极容易陷入机械主义错误。单纯的通过程序来判决，有时产生的只是逻辑上的正确，即逻辑证明是根据前提条件来判断某种结论的思维过程，只能证明司法活动中前提条件和结论是否具有一致性，是否符合逻辑，而并不能判断其真理性。这样一来，有时就会出现判决结果同绝大多数人的价值标准相悖，人们对司法活动的争议性就会产生怀疑。因此，在保证程序正义的同时，也要保持对实体正义的不懈追求。

何为实体正义？"司法中的实体正义是立法所确立的一般正义由诉讼而在法院裁判的具体个案上的传承和落实，要使司法结果正义，就必须正确适用法律。"[②]通过在司法工作队伍当中推进司法伦理的建设，可以使司法官具有公正无私的品质，并有一定的符合社会发展要求的道德准绳的引导。这样一来，司法官进行司法活动时，在处理具体案件时，坚定自己的中间立场，依法办事，依据恰当的司法伦理的引导，作出客观公正，符合社会正义的判决，以求圆满妥善的完成某一具体司法活动，这便是程序正义，同时也保证了实体正义。

---

① 季卫东：《法律程序的意义——对中国法制建设的另一种思考》，《中国社会科学》1993年第1期。

② 薛传会：《论司法正义的理念》，南京师范大学硕士学位论文，2004年，第23页。

实体正义的存在弥补了程序正义可能存在的不足。因为社会总在不断发展，会出现新的实践、新的法律现象，如果司法官不具备完善的司法伦理，一味依靠自身的司法技艺来解决问题，恐怕会影响司法的公正性，使得新出现的法律漏洞无法弥补，对法治国家的建设造成阻碍。因此，司法伦理就要求司法官在处理某一具体案件时，要认真分析案件的前因后果、来龙去脉。司法主体进行司法活动不只是为了解决当前的纠纷，更是要善于从具体案件的特殊性中总结出普遍性，争取提高处理不同案件的能力，始终将正义彰显出来，尽量避免因为重视程序正义忽视实体正义而造成坏人钻了程序的空子得不到应有的惩罚，而好人得不到正义伸张的情况。因此，由于司法伦理的存在，司法活动的程序正义和实体正义都能得到应有的满足，符合我们建设法治国家的最终目标。在法治国家建设过程中，以实现正义为出发点和落脚点，并贯穿始终，才能更好地保障法治国家的顺利建成。

2. 高度自律为法治国家提供了客观基础

通俗来讲，自律是指自身不受外界因素影响，靠自身来约束自己。作为法律从业人员，司法官同法律有着不可分割的联系。要想从事司法活动，首先，要进入学校学习相关的法律知识，并在一定的实践中培养自己的能力；其次，当走上司法官这一岗位时，就要求司法主体不仅要具备普通社会公民应具有的社会公德，还要具备司法官本身的职业道德，要具有职业的认同感和归属感，要对自己的职业活动有着强烈的敏锐性，并且要在法律的约束下行使自身作为司法官应行使的职权，以保证司法活动的完成。在这一过程中，需要对司法主体进行司法伦理方面的培养。但是，培养过程不是一蹴而就的，而是有步骤、循序渐进的。因为进行司法伦理建构活动，司法官自身会经历内化于心到外化于行的过程。在内化于心的环节，由于司法工作队伍中每个人并不是白纸一张，他们在受到不同教育的影响和不同环境熏陶后，都已经形成了一定的道德认知，不同的人对不同的事物有着不同的认知，因此，要改变他们的已有认知并不容易，需要进行不断教育与培养，不断加强和巩固教育效果。在司法伦理逐步为司法主体的内心所认可，逐步转化为他们自身正确的认知后，还要经历一个外化于行的过程。因为一个人只有做出一定的行为，我们才能判断其行为是否符合预期。同理，司法主体只有在做出合乎司法伦理的行为，我们才能判断司法伦理建构活动是否产生了良好的效果。因此，能否在合理的司法伦理的指导下进行维护公平正义的司法行为，取决于他们自身，即取决于能否做到自律。我们知道，人是自由存在的，他有意识、有能力为自己制定能够约束自己的规则，保持慎独。当司法官内心认同司法伦理时，能够依靠坚定的信念做出合乎司法伦理的行为，就表明其做到了自律。并且司法官能够自觉地在司法伦理的指导下，利用掌握的司法技艺，进行具体的司法活动，而不受外界强制因素的干扰，也表明其能够做到自律。因此，在司法伦理的建构下，司法官拥有高度的自律，能够自觉坚定地将司法伦理作用于自身的司法活动中，以保证司法活动的公正性。

自律这一标准为法治国家的建设提供了一定基础。比如建设法治国家为的是全民守法，实现社会公平正义。但是，普通的社会成员同司法官一样，也是独立的个体，对他们进行法治观念的教育，要求他们守法，也有着一个内化—外化的过程，同样需要自律。对法律的尊重与遵守，不仅是因为法律的强制规范作用，也是因为公民自身对社会主流道德规范产生认可，从而产生的自觉行为，而这种认可就可以被认作是自律。人的最高境界是能够做到慎独，即不管身旁有没有外人，有没有硬性的法律强制自己，都能够自觉地遵守道德规范，这也是自律的表现。因此，评价司法伦理实效性的标准之一就是高度自律。将研究范围扩展到法治国家的整个建设过程中，高度自律这一标准有着较大的借鉴意义。

三、司法伦理实效性是建设法治国家的标志性典范

典范是指被认为是值得效仿的人或物在某方面的表现和基本特征，即是

可以被当作学习的对象。

在人类社会，判断一个国家是否走向了民主，一个重要的判断标准就是它是否做到了法治，法治国家作为人类社会不可逾越的一个环节，越来越受到重视。"司法伦理在法制国家现代化建设的过程中具有重要的意义，是实现良法的重要环节，是实现社会公正的最后屏障和社会和谐的有效保证。"①司法伦理构建活动有着重要的意义，对建设法治国家有着一定的示范作用，也可称是标志性典范。

（一）司法伦理构建活动对法律工作队伍的建设具有借鉴意义

建设社会主义法治国家的最终目的是为了真正实现社会的公平正义，维护最广大人民群众的根本利益。司法作为维护社会公平正义的最后一道屏障，预防司法腐败，保证司法公正是法治国家建设的重中之重。在所有司法活动中，司法官是主体，其真实的实践水平和自身的伦理道德水平对其进行的司法活动产生的效果起着决定作用。因此，对司法工作队伍进行司法伦理方面的培育与建设不容忽视。

司法工作队伍首先是由人组成的。每个人成长发展所面临的环境、教育不尽相同，导致不同的人对事物总是有着不同层次的认识，对不同事物的掌握程度也不尽相同。因此，在构建司法工作队伍时，如果没有一个统一的严格的标准，任意选择普通社会公民作为司法工作队伍的一员，就很容易造成队伍整体素质和实践能力参差不齐，这种情况下如果将司法活动这一重大艰巨的任务交给他们的话，效果必然不尽如人意，甚至适得其反。因此，选拔队伍成员需慎重，并且需要对其进行技能上的培养。但另一方面，如果只注重对司法主体的司法技艺的培养，而忽视司法伦理的培养，也会导致司法活

---

① 范晓慧：《提高我国司法伦理实效性的路径探析》，《兰州教育学院学报》2017 年第 6 期。

动效果不明显，司法公正得不到保证。因为，司法主体首先为人，对事物有自己的判断，只是依照自己内心原始的想法来对相关案件进行审理和判决，或者由于自制力不足导致受到外界不良因素影响，这就极易产生司法腐败、司法不公正、司法公信力下降的不良现象，严重影响我国建设法治国家的进程。因此，在对司法主体进行司法技艺培养的同时，更要加强司法官相关职业伦理，即司法伦理的培养。

通过对司法主体进行司法伦理的培养，有利于司法官自身综合素质的提高。在其进行司法活动时，内心自然而然会出现一种道德形式的约束，而这种约束既包括基本的社会公德约束，也包括职业道德约束。通过这一约束，司法官沿着道德准绳，自觉努力的克服自身的不足，坚决抵制外界不良因素的诱导，并且熟练利用自身掌握的司法技艺，兢兢业业做着自己的本职工作。这样一来，通过司法伦理的培养，就从司法工作队伍方面保障和提升了司法公信力，有效保证了司法公正。建设法治国家，需要科学立法，严格执法等，但这一切都是需要靠人来完成的，司法伦理的培养活动就是培养了一批合格的法律从业人员，他们一方面拥有着丰富的法律知识，高超的司法技艺，另一方面又拥有完善的司法伦理道德，可以确保司法公正这一道最后的屏障完好无损，为建设法治国家提供了可靠的司法工作队伍。

因此，司法伦理建构活动对司法工作队伍的培养所形成的经验，可以为建设法治国家培养合格的法律工作队伍提供一定的借鉴意义。

（二）司法伦理构建活动对社会主流价值观的宣传具有借鉴意义

在我国，建设法治国家除了需要进行法律工作队伍的建设，也要进行主导价值观的宣传。根据历史唯物主义的观点，一个社会存在什么样的道德标准，有什么样的价值追求，归根结底取决于社会的经济基础。比如，在中国封建社会，生产力低下的小农经济、延续已久的封建君主专制，不断给人们灌输着忠君思想；在资本主义社会，随着蒸汽机的产生，生产力得到较大提高，这时资产阶级为了自身能够得到更好的发展，便宣传自由、平等之类的口号，以此作为社会共同追求的道德标准。到了当代中国，人民当家做主，社会主义市场经济的确立和不断发展，逐步形成了当今社会的道德标准。而它又促进了社会主义核心价值观的形成，其中包括国家、公民、社会三个层次，体现了当今人们的价值追求，真正体现了社会主义的本质要求。道德规范是一种高于法律规范的存在，它要求人们进行自省、自律，通过自身来规范约束自己的行为。法律规范的存在，其实是针对道德规范得不到普遍自觉遵守的基础之上而产生的，这就意味着它是国家治理和社会治理的最底线的要求，若不遵守法律，就是破坏了社会最基本的规则，应当也必须受到惩罚。进行法律规范时就应该将基本的道德要求赋予其中，以求道德规范和法律规范的方向保持一致。因此，在进行法治国家建设的进程中，要始终将正确的社会的主导价值追求贯彻其中，以促成依法治国与以德治国的相辅相成。

在法治建设的最关键环节——司法中充分体现社会主导价值观的要求，才能够不断推动法治国家建设进程中正确价值观的宣传工作。因此，在法治国家的建设中，司法承担了一种"特色功能"，体现为一种美德性的社会诉求。在司法伦理的构建过程中，充分体现了这一点。司法伦理建构要求司法工作人员必须遵守最基本的道德准则，比如爱国、诚信、友善等，作为一个司法官又应遵守职业道德规范，这就体现了敬业的价值追求，当司法工作人员能够做到司法技艺和司法伦理二者有机结合，将二者共同有效地运用在司法活动中，就能够在最大程度上保证司法的公正，提高司法公信力，而这就体现了公正的价值追求。由此可见，司法伦理的建构可以推动社会主导价值观在司法环节的体现。如果司法环节能够做到如此，社会普通公民就会有目共睹，会受到社会主导价值观的影响和熏陶。

因此，司法伦理建构活动可以推动社会主流价值观在司法这一环节中的宣传，其经验对法治国家主导价值观的宣传有借鉴意义。

（三）司法伦理构建活动对法律权威的树立具有借鉴意义

权威是一种普遍存在的社会现象，不同社会存在着不同的权威。在法治社会的建设中，就需要法律权威。当法律的权威能够得以确立和巩固，社会成员就会自觉尊重和遵守法律，不触碰法律底线，也就实现了全民守法，有利于社会公平正义的最终实现。而如何让法律能够发挥自己的作用，就需要靠司法来进行，即司法是法律的实现环节。同样，法制权威的确立离不开司法权威的实现。关于司法权威的概念，有人认为，"司法机关和司法权力具体行使者——法官基于其依法享有的司法权，通过裁判活动所形成的令人信服的威望"[1]。由此可见，当司法官能够妥善圆满处理其司法活动来保障社会正义的彰显时，其司法权威就能够确立。"判决就像法律的格言或谚语，应该作为真理而接受。"[2] 在司法伦理的建构过程中，要求司法官不仅要具备高超的司法技艺，还要有完备的司法伦理。司法伦理要求司法官公正无私，坚定站在中间立场，对案件进行不偏不倚的判决，这时纯靠熟练的司法技艺是无法做到这一点的，此时就彰显出司法伦理的重要性。在司法伦理的指引下，有利于司法官作出客观的、真正彰显正义的判决，实现司法公正，司法权威也会因此树立起来。司法权威的树立，使得社会公民愿意将涉及自身利益的争端诉诸司法途径，希望借此获得公正的裁决，保证自己的正当权益。这样一来，社会争端与摩擦能够通过有效途径解决，有利于社会公平正义的实现与和谐社会的建立。司法伦理建构活动，提高了司法活动的有效性和公正性，比如，提高了司法工作队伍的整体素质和处理案件的实践能力，预防

---

① 顾开龙：《论司法权威生成之路径》，苏州大学硕士学位论文，2008 年，第 6 页。

② 孙笑侠：《西方法谚精选——法、权利和司法》，法律出版社 2005 年版，第 74 页。

和解决可能会出现的不公正隐患，从而规范了司法行为，并且提高了司法工作的效率。

由此可见，司法伦理的建构保障了司法公正的实现和司法权威的确立。因此，在司法伦理建构下，司法权威的确立为法律权威的确立提供了助力，法律权威的确立，则大大加快了法治国家的建设进程。

主要参考文献

著作类:

[1]《马克思恩格斯选集》第 1—4 卷，人民出版社 2012 年版。

[2]《马克思恩格斯全集》第 1—4 卷，人民出版社 1999 年版。

[3]《马克思恩格斯文集》第 1—10 卷，人民出版社 2009 年版。

[4]［古希腊］《亚里士多德·政治学》，吴寿彭译，商务印书馆 1965 年版。

[5]［古希腊］《亚里士多德·尼各马可伦理学》（注释导读本），邓安庆译，人民出版社 2010 年版。

[6]［德］黑格尔：《精神现象学》（上），贺麟、王玖兴译，商务印书馆 1979 年版。

[7]［德］黑格尔：《法哲学原理》，范扬、张企泰译，商务印书馆 1961 年版。

[8]［法］孟德斯鸠：《论法的精神》（上），张雁深译，商务印书馆 1961 年版。

[9]［法］卢梭：《社会契约论》，商务印书馆 1980 年版。

[10]［英］休谟：《道德原理探究》，中国社会科学出版社 1999 年版。

[11]［英］弗朗西斯·培根：《培根论说文集》，水天同译，商务印书馆 1983 年版。

[12]［美］德沃金：《法律帝国》，李常青译，中国大百科全书出版社 1996 年版。

[13]［德］拉德布鲁赫：《法学导论》，米健、朱林译，中国大百科全书出版社 1997 年版。

[14]［美］伯而曼：《法律与宗教》，梁治平译，生活·读书·新知三联书店 1991 年版。

[15]［美］博登海默：《法理学——法哲学及其方法》，邓正来等译，华夏出版社 1987 年版。

[16]［美］E.博登海默：《法理学：法律哲学与法律方法》，邓正来译，中国政法大学出版社 1999 年版。

[17]［德］斐迪南·滕尼斯：《共同体与社会：纯粹社会学的基本概念》，林荣远译，北京大学出版社 2010 年版。

[18]［英］布莱恩·巴利：《社会正义论》，曹海军译，江苏人民出版社 2007 年版。

[19]［德］汉斯·普维庭：《现代证明责任问题》，吴越译，法律出版社 2000 年版。

［20］［美］约翰·赞恩：《法律的故事》，刘昕等译，江苏人民出版社 1998 年版。

［21］高清海：《高清海哲学文存》第 2 卷，吉林人民出版社 1997 年版。

［22］张文显：《法理学》，高等教育出版社 2001 年版。

［23］张文显：《马克思主义法理学——理论、方法和前沿》，高等教育出版社 2004 年版。

［24］张文显：《法哲学范畴研究》（修订版），中国政法大学出版社 2001 年版。

［25］张文显：《司法的实践理性》，法律出版社 2016 年版。

［26］王淑荣：《法官职业伦理——现代法治建设与法治教育必破之掣肘》，延边大学出版社 2008 年版。

［27］王利明：《司法改革研究》，法律出版社 2000 年版。

［28］何怀宏：《良心论》，北京大学出版社 2009 年版。

［29］叶传星：《法律信仰的内在悖论》，中国人民大学出版社 2006 年版。

［30］戴庆康：《权利秩序的伦理正当性——以精神病人权利及其立法为例证》，中国社会科学出版社 2007 年版。

［31］刘正浩、胡克培：《法律伦理学》，北京大学出版社 2010 年版。

［32］彭克宏：《社会科学大词典》，中国国际广播出版社 1989 年版。

［33］范愉：《司法制度概论》，中国人民大学出版社 2004 年版。

［34］曹刚：《法律的道德批判》，江西人民出版社 2001 年版。

［35］刘晓兵：《法哲学思考》，知识产权出版社 2005 年版。

［36］宋希仁、陈劳志、赵仁光：《伦理学大辞典》，吉林人民出版社 1989 年版。

［37］徐少锦、温克勤：《伦理百科辞典》，中国广播电视出版社 1999 年版。

［38］孙国华：《中华法学大辞典·法理学卷》，中国检察出版社 1997 年版。

［38］蒋永福、吴可、岳长龄：《东西方哲学大辞典》，江西人民出版社 2000 年版。

［39］罗竹风：《汉语大词典》第 8 卷，汉语大词典出版社 1991 年版。

［40］肖小芳：《道德与法律 哈特、德沃金与哈贝马斯对法律正当性的三种论证模式》，光明日报出版社 2011 年版。

［41］徐培华：《市场经济的义利观：市场经济与义利思想》，云南人民出版社 2008 年版。

［42］刘武根：《执政伦理基本问题研究》（马克思主义理论研究丛书），中国社会科学出版社 2011 年版。

［43］王泽应：《伦理学》，北京师范大学出版社 2012 年版。

［44］陈宝庭、刘金华：《经济伦理学》，东北财经大学出版社 2001 年版。

［45］吴忠民：《社会公正论》，山东人民出版社 2004 年版。

［46］罗国杰：《马克思主义伦理学》，人民出版社 1983 年版。

［47］曹刚：《道德难题与程序正义》，北京大学出版社 2011 年版。

［48］张传有：《道德的人世智慧——伦理学与当代中国》，人民出版社 2012 年版。

[49] 李仁武:《制度伦理研究——探寻公共道德理性的生成路径》,人民出版社2009年版。

[50] 刘丽:《西方传统伦理——道德关系的严谨逻辑与马克思的变革方式》,中国社会科学出版社2015年版。

[51] 范愉、彭小龙、黄娟:《司法制度概论》,中国人民大学出版社2016年版。

[52] 张玫瑰:《司法裁判中论证有效性的法哲学研究》,法律出版社2016年版。

[53] 胡夏冰、冯仁强:《司法公正与司法改革研究综述》,清华大学出版社2001年版。

[54] 秦策、张镭:《司法方法与法学流派》,人民出版社2011年版。

[55] 刘青峰:《司法判决力研究》,法律出版社2006年版。

[56] 刘作翔:《法理学视野中的司法问题》,上海人民出版社2003年版。

[57] 公丕祥:《当代中国的法律革命》,法律出版社1999年版。

[58] 宋英辉、李忠诚:《刑事程序法功能研究》,中国人民公安大学出版社2004年版。

[59] 石文龙:《法伦理学》,中国法制出版社2006年版。

[60] 柳正权:《法治类型与中国法治》,武汉大学出版社2016年版。

[61] 陈兴良:《法治的使命》,法律出版社2003年版。

[62] 江疆:《法治中国现实与选择》,群众出版社2006年版。

[63] 李林、石茂生:《依法治国与宪政建设》,人民出版社2009年版。

[64] 曹建民:《中国特色社会主义法治问题研究》,兰州大学出版社2009年版。

[65] 刘作翔:《法与公平论》,西北大学出版社1995年版。

[66] 宋远升:《司法论》,法律出版社2016年版。

[67] 孙笑侠:《西方法谚精选法、权利和司法中英法文本》,法律出版社2005年版。

[68] 李龙:《西方法学名著提要》,江西人民出版社1999年版。

[69] 张宏生、谷春德:《西方法律思想史》,北京大学出版社1990年版。

[70] 肖金泉:《世界法律思想宝库》,中国政法大学出版社1992年版。

[71] 蔡治平:《职业道德、家庭道德、社会公德》,黑龙江人民出版社1985年版。

[72] 陈嘉明:《建构与范导·康德哲学的方法》(知识论与方法论丛书),上海人民出版社2013年版。

政策文件类:

[1] 江泽民:《高举邓小平理论伟大旗帜,把建设有中国特色社会主义事业全面推向二十一世纪》,《人民日报》1997年9月12日。

[2] 江泽民:《全面建设小康社会,开创中国特色社会主义事业新局面》,《人民日报》2002年11月8日。

[3] 胡锦涛:《高举中国特色社会主义伟大旗帜,为夺取全面建设小康社会新胜利而

奋斗》,《人民日报》2007 年 10 月 15 日。

　　[4] 胡锦涛:《坚定不移沿着中国特色社会主义道路前进　为全面建成小康社会而奋斗》,《人民日报》2012 年 11 月 8 日。

　　[5] 习近平:《决胜全面建成小康社会　夺取新时代中国特色社会主义伟大胜利》,《人民日报》2017 年 10 月 28 日。

　　[6]《中共中央关于全面深化改革若干重大问题的决定》,《人民日报》2013 年 11 月 15 日。

　　[7]《中共中央关于全面推进依法治国若干重大问题的决定》,《人民日报》2014 年 10 月 29 日。

　　[8]《习近平在中共中央政治局第二十一次集体学习时强调　以提高司法公信力为根本尺度　坚定不移深化司法体制改革》,《人民日报》2015 年 3 月 26 日。

　　法律文件类:

　　[1]《最高人民法院关于全面深化人民法院改革的意见》,《人民法院报》2015 年 2 月 27 日。

　　[2]《关于完善人民检察院司法责任制的若干意见》,《检察日报》2015 年 9 月 29 日。

　　[3]《中华人民共和国法官法》,《人民日报》2019 年 7 月 28 日。

　　[4]《中华人民共和国检察官法》,《法制日报》2019 年 4 月 24 日。

　　[5]《中办国办印发〈关于进一步把社会主义核心价值观融入法治建设的指导意见〉》,《人民日报》2016 年 12 月 26 日。

　　期刊报纸类:

　　[1] 张文显:《和谐精神的导入与中国法治的转型——从以法而治到良法善治》,《吉林大学社会科学学报》2010 年第 3 期。

　　[2] 李步云、赵迅:《什么是良法》,《法学研究》2005 年第 6 期。

　　[3] 王利明:《法治:良法与善治》,《中国人民大学学报》2015 年第 2 期。

　　[4] 胡玉鸿:《马克思的良法观及其时代意义》,《浙江社会科学》2015 年第 1 期。

　　[5] 王利明:《"良法""善治"并举四中全会将绘就"法治中国"路线图》,《人民论坛》2014 年第 27 期。

　　[6] 陈卫东、杜磊:《司法改革背景下规范司法行为的进路》,《学习与探索》2015 年第 11 期。

　　[7] 王淑荣、孟鹏涛、许力双:《司法伦理在法治国家建设中的价值论析》,《社会科学战线》2014 年第 12 期。

　　[8] 龚怀林:《司法道德的向度及其实现》,《南京医科大学学报》(社会科学版)2010 年第 3 期。

　　[9] 王申:《法官道德须满足司法伦理的客观需要》,《政治与法律》2016 年第 7 期。

　　[10] 冯彦君:《关于"法律信仰"的遐思与追问》,《东北师大学报》(哲学社会科学版)

2015 年第 5 期。

[11] 胡玉鸿：《论马克思主义的司法平等观》，《法学》2003 年第 2 期。

[12] 刘远传：《当代哲学前沿问题专题研究之九——关于本体论和社会本体论问题研讨综述》，《武汉大学学报》（哲学社会科学版）1995 年第 4 期。

[13] 许富仁：《论司法与伦理结合的内在基础》，《江西社会科学》2003 年第 4 期。

[14] 卓泽渊：《热话题与冷思考——关于"把社会主义核心价值观融入法治建设"的对话》，《当代世界与社会主义》（双月刊）2017 年第 4 期。

[15] 刘后务：《论司法主体》，《韶关学院学报》（社会科学版）2001 年第 11 期。

[16] 马铁夫：《司法、司法权与司法主体》，《湖南工业职业技术学院学报》2011 年第 1 期。

[17] 马贵翔：《论司法环境对司法公正的影响及其制度构建》，《杭州商学院学报》2004 年第 2 期。

[18] 赵爱玲、董京波：《德法共治的学理探析——兼论德法共治在首都公共文明建设中的意义》，《渭南师范学院学报》2016 年第 20 期。

[19] 袁春湘：《社会主义核心价值观的司法解读》，《法制资讯》2014 年第 6 期。

[20] 倪斐：《社会主义法治精神初探》，《金陵法律评论》2015 年第 1 期。

[21] 曹守晔、杨奕：《促进守法诚信，提升司法公信——对民事诉讼法司法解释中体现诚信原则若干条款的理解与适用》，《人民司法》2015 年第 7 期。

[22] 王淑荣：《司法伦理在法治国家建设中的价值论析》，《社会科学战线》2014 年第 12 期。

[23] 龙宗智：《影响司法公正及司法公信力的现实因素及其对策》，《当代法学》2015 年第 3 期。

[24] 季卫东：《法律程序的意义——对中国法制建设的另一种思考》，《中国社会科学》1993 年第 1 期。

[25] 范晓慧：《提高我国司法伦理实效性的路径探析》，《兰州教育学院学报》2017 年第 6 期。

[26] 张新、邱仁富、李梁：《冲突与引领：大学生多元价值观念与社会主义核心价值体系》，《重庆大学学报》（社会科学版）2014 年第 1 期。

[27] 汪习根：《论人权司法保障制度的完善》，《理论参考》2014 年第 5 期。

[28] 江国华：《论司法改革的五个前提性问题》，《政治与法律》2015 年第 3 期。

[29] 陈淑萍、崔昌玺：《论司法伦理的内涵——以司法公正为视角》，《教育教学论坛》2014 年第 1 期。

[30] 周永坤：《提升司法公正的路径选择——以正当程序和司法良知的关系为切入点》，《苏州大学学报》（哲学社会科学版）2012 年第 5 期。

[31] 朱志峰：《中国特色社会主义法治理念发展论纲》，《社会科学战线》2012 年第 12 期。

责任编辑：崔继新
编辑助理：邓浩迪
封面设计：汪　阳
责任校对：张红霞
版式设计：东昌文化

图书在版编目（CIP）数据

司法伦理的实效性问题研究 / 王淑荣　著 . — 北京：人民出版社，2020.12
ISBN 978 - 7 - 01 - 022796 - 2

I.①司…　 II.①王…　 III.①法伦理学 - 研究　 IV.① D90 - 053

中国版本图书馆 CIP 数据核字（2020）第 249179 号

司法伦理的实效性问题研究
SIFA LUNLI DE SHIXIAOXING WENTI YANJIU

王淑荣　著

人 民 出 版 社 出版发行
（100706　北京市东城区隆福寺街 99 号）

中煤（北京）印务有限公司印刷　新华书店经销

2020 年 12 月第 1 版　2020 年 12 月北京第 1 次印刷
开本：710 毫米 ×1000 毫米 1/16　印张：17.5
字数：240 千字

ISBN 978 - 7 - 01 - 022796 - 2　定价：68.00 元

邮购地址 100706　北京市东城区隆福寺街 99 号
人民东方图书销售中心　电话（010）65250042　65289539